# tu cambio es tuyo

Sylvia de Béjar

# tu cambio es tuyo

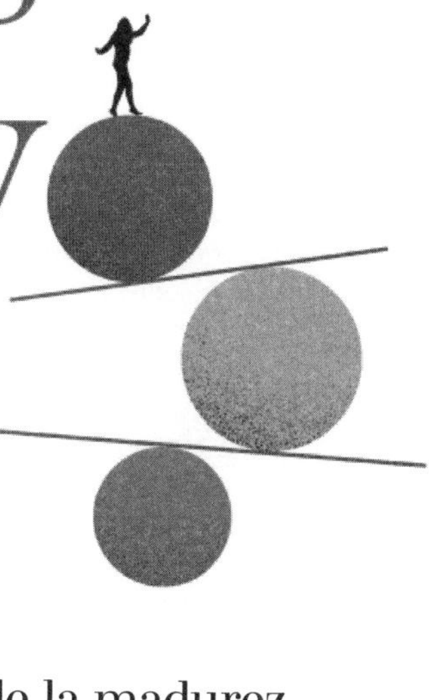

Guía para disfrutar de la madurez sin rendir cuentas

Planeta

Av. Diagonal, 662-664, 08034 Barcelona
www.planetadelibros.com

Ilustraciones del interior: © Naiara Yerobi y © J. Mauricio Restrepo

Diseño de maqueta: J. Mauricio Restrepo

Primera edición: abril de 2024
Depósito legal: B. 4.644-2024
ISBN: 978-84-08-28622-6
Preimpresión: J. A. Diseño Editorial, S. L.
Impresión: Egedsa
Printed in Spain – Impreso en España

PEFC Certificado
Este libro procede de bosques gestionados de forma sostenible
PEFC
PEFC/14-38-00305
www.pefc.es

# Índice

## TERCERA PARTE. Mi cuerpo no me sigue

*A Eugenia Sanz Goena.*

*Un gracias no basta.*

*If I can stop one heart from breaking,*
*I shall not live in vain;*
*If I can ease one life the aching,*
*Or cool one pain,*
*Or help one fainting robin*
*Unto his nest again,*
*I shall not live in vain.*

*Si puedo evitar que un corazón se rompa,*
*no viviré en vano;*
*si puedo aliviar a una vida del dolor*
*o mitigar una pena*
*o ayudar a un petirrojo desmayado*
*a encontrar de nuevo su nido,*
*no viviré en vano.*

EMILY DICKINSON, poema 919

# Este desafío tiene premio

Llegar a los 45. La punzada. *Si hace tan solo dos días era una cría.*

Atravesarlos y continuar sumando. Es lo que hay.

Acercarse, a velocidad de vértigo, a los 50. Sin remedio.

Cruzar el tan temido umbral.

Seguir.

No hay vuelta atrás.

Solo avanzar.

El inevitable paso del tiempo.

El no reconocerse.

Ni en el espejo...

ni en quien siempre creíste ser.

Toca afrontar *el cambio.*

*Tu cambio.*

A qué negarlo. Somos muchas las mujeres —¡demasiadas!— a quienes nos da cierto respeto, cuando no miedo, ir quemando años a partir de los 45, aproximarnos irremediablemente al mojón de los 50, vernos rebasarlo y, sin más opción, seguir arrancando hojas del calendario... Y, por supuesto, no olvidemos esa indigesta guinda —esa prueba inapelable de que el tiempo ha volado— que suele suponer adentrarse en la menopausia.

Podríamos vivirlo todo sin tanto prejuicio, incluso felicitándonos por haber llegado hasta aquí y, ¿por qué no?, disfrutando del recuerdo de lo vivido, de nuestro presente —lo único que, en realidad, *poseemos*— y de lo que nos queda por vivir. Pero ¡qué va! Quien más, quien menos llega a la madurez percibiéndola como *el principio del fin*.

No es de extrañar, porque...

¿Qué puedo explicarte de bueno acerca de ir sumando años? Aparentemente, *todo* son pérdidas. Toca decirle adiós a la energía, a la agilidad física, a la belleza, a la visibilidad, al respeto social, a la fertilidad, a la salud, a la sexualidad...

Y si hablamos de la tan denostada menopausia, ¡alerta, que vienen curvas! Que si sofocos, que si insomnio, que si altibajos emocionales, que si pérdida de memoria, que si aumento de peso, que si incontinencia urinaria, que si sequedad vulvovaginal, que si falta de libido... ¡y podría continuar!

Como ves, nada bueno bajo el sol. Todo son mensajes negativos.

Así las cosas, muchas de nosotras esperamos *esta etapa* o la vivimos, cuando nos toca, con miedo, inseguridad, angustia...

Sin embargo, ¡vaya despropósito!, porque, aun siendo cierto que el paso del tiempo nos obliga a afrontar nuevos retos, también lo es que son nuestras limitaciones mentales —todas esas creencias estereotipadas, sexistas, *edadistas,* temerosas y, sobre todo, poco informadas— las que nos hacen presagiarlo todo negro, ¡sin que, necesariamente, lo sea!

En cuanto a los desórdenes hormonales del climaterio[1] y sus posibles síntomas, no todas los sufrimos y, de padecer algunos, no necesariamente lo hacemos en grado extremo o vivimos con *tanta* conmoción; es más, casi siempre, remedios, *haberlos, haylos.*

En fin, ¡qué cansina es la narrativa dominante!

¿Acaso no estás harta *¡hasta decir basta!* de tanta negatividad?

¿Y si hablamos de lo bueno? Porque, aunque parezca mentira, lo hay. ¡Ya lo creo que lo hay!

Verás, lo que no suelen contarnos es que...

*¡Estamos adentrándonos en la segunda parte de nuestra vida!*

Y si entendemos lo que *realmente* nos está sucediendo y somos proactivas, *vamos a ganar*, no a perder. Tal vez no te

1 En general, uso los términos *menopausia* y *climaterio* como sinónimos, porque es lo habitual en el lenguaje coloquial y la Real Academia Nacional de Medicina española admite esa posibilidad.

lo parezca en un principio —es lo habitual—, pero si te adentras sin reparos, confiando, en lo que a ratos puede semejar un terreno de arenas movedizas, descubrirás que *este desafío tiene premio*, porque...

*Ha llegado tu momento.*

Es probable que casi toda tu existencia la hayas vivido según las normas, amoldándote a las demandas de tu entorno y, básicamente, por y para los demás, sobre todo si has tenido pareja e hijos.

Pues bien...

*Toca dejar de aplazarse.*

Es posible que siempre lo hayas hecho.
Postergarte.
Todo lo demás iba por delante.
Pero ya no.
Es tu turno.

*Ahora te toca a ti.*

Igual te sorprende o te cuestionas mi optimismo, sobre todo si tienes pánico a envejecer, piensas que tu cuerpo te la está jugando, vives subida a una noria emocional, crees haberte fallado, te sientes invisible, estás muy desengañada

¿de la vida, de ti misma, de los demás?... Añade lo que consideres.

Si te ves reflejada, no desesperes, porque *eso* que te pasa, por desagradable que te pueda resultar, entra dentro de la normalidad; el problema es que nada ni nadie te ha preparado —¡nos prepara!— para comprenderlo y vivir *esta transición,* con todos sus *necesarios* ajustes, con serenidad. Al contrario: nos han llenado la cabeza de recelos de todo tipo y en esas condiciones cuesta ser optimista.

Aun así, has de saber que, por mal que nos lo pinten, nuestra vida acostumbra a ir a mejor. No te estoy contando una milonga. Palabra. No es el final de nada. Más bien es *una liberación, una llamada a despertar.* Después de tantos años desatendiéndonos —¿acaso no lo has hecho a menudo?—, la mayoría abrimos los ojos y reaccionamos permitiendo que emerja nuestra autenticidad:

*Esta soy yo,*
*esto es lo que necesito y deseo,*
*y así es como quiero vivir.*

No es extraño, pues, que, en la mayoría de los casos y, tras algún que otro *retoque* —¡o significativo viraje!—, sintamos una placidez y una satisfacción mayores que las ya conocidas, porque, por fin, *aprendemos a tenernos en cuenta... de verdad.*

¿Desconfías? Si no es mucho pedir, dame y date un tiempo. No te arrepentirás.

**_El cambio:_**
**no todo es hormonal, también cuenta el momento**

Solemos utilizar la expresión *el cambio* en referencia al cese menstrual, dándole excesivo protagonismo y, para colmo, negativo. ¿No sería más lógico usarla en un sentido más amplio? Verás, independientemente de los desarreglos hormonales y sus posibles estragos, superar los 45 y transitar por los 50 conlleva inevitablemente *mudar de* piel. Piénsalo. Puede que una mujer viva su menopausia sin apenas sintomatología y tal vez otra lo haya hecho precozmente, pero, sea cual sea su historia, ambas atravesarán —todas lo hacemos— algunos baches y crisis a lo largo de este período que nos empujan *a cambiar* y, gracias a ello, a (re)encontrarnos o (re)inventarnos. ¡Algo absolutamente positivo!

Cada mujer es única. Tú lo eres. Por lo tanto, *tu cambio es tuyo.* Y puedes hacer mucho por evitar que lo que estás viviendo sea la desgracia en que lo ha convertido el prejuicio colectivo.

Va siendo hora de que desterremos la perorata del miedo, la decadencia, el sufrimiento, la frustración, el vacío... Hay que acabar, de una vez por todas, con esa falacia de que cumplir años es *lo peor de lo peor: una maldición.* Lo mires como lo mires, *¡el fin!* No lo es, y romper el silencio —la vergüenza— y hablar de ello, incluida la menopausia —algo natural y temporal, ¡no una condena de por vida!—, es fundamental, y todo lo que hagamos —también tú, compartiendo tu experiencia con otras mujeres— va sumando, porque la ignorancia y el tabú a los que nos enfrentamos son enormes.

Por eso he escrito este libro, que pretende: desmontar todas esas falsas creencias que posiblemente hayas dado por verdades absolutas y han ensombrecido tu realidad o tus expectativas acerca de la madurez; animarte a planteártela de otra forma, enfocándote en lo positivo, que es mucho, e incitarte a *espabilar* y hacer *los reajustes* necesarios para exprimir tu vida según tus propias coordenadas.

Quiero compartir contigo lo que me hubiera gustado saber antes de adentrarme en *esta movida*. Empecé a escribir estas páginas en una época de lo más desapacible, pero aun así enriquecedora, a pesar de que me costara verlo. Era yo, por fin, yendo a mi encuentro. Aprendiendo a escucharme, desprendiéndome de lo que me sobraba y, poco a poco, tomando decisiones, ¡las que me convenían a mí!

Hoy ya no me siento una veleta a merced de todo y todos. *Me conozco mejor, lo que soy, lo que necesito.* Soy más yo y más libre que nunca, a pesar de mis flaquezas y fluctuaciones. Son mías, y las acuno amorosamente. Ahora, ser fiel a mí misma es mi prioridad; otra cosa es que lo logre siempre, pero persisto, y eso me da una paz y una seguridad que desconocía. Soy muy consciente de que ¡es mi vida!, y tengo mucho por lo que sentirme plena, continuar vibrando y disfrutando.

Desconozco qué te ha animado a leerme y cuán complejas son tus circunstancias personales, pero entiendo que algo en tu vida te remueve y estás buscando respuestas, esa hoja de ruta que yo también necesitaba. Ojalá mi libro te sirva. Ojalá te llegue y te motive con la fuerza y la ilusión con que lo he escrito. Ojalá te ayude a reflexionar y a no dejarte engañar por el discurso peyorativo imperante. Cuando dejamos de prestarle oídos y empezamos a escucharnos y a hablar desde nuestra propia experiencia, la mayoría reconocemos que, aun con dificultades, cambiamos a positivo. Hay quien dice que es como adentrarse en una *segunda primavera* y hay quien lo describe como una *segunda adolescencia,* por lo que tiene de renacimiento y de vitalidad reencontrada. Y créeme, es así, solo que ahora nos pilla más sabias y sabemos sacarle provecho.

Toca florecer.

Y, si me lo permites, me encantaría acompañarte.

**Cómo sacarle partido a tu lectura**

Antes de seguir, vete de compras a por una libreta bonita. A medida que leas, te voy a invitar a plantearte ciertas cuestiones y a reflexionarlas por escrito. Además, podrás apuntar todo aquello que te llame la atención, inquiete, ayude... Ella será tu compañera, tu testigo de lo que vaya aconteciendo y el espacio al que podrás volver para recordar e *iluminarte* siempre que lo requieras.

Escribir a mano te ayudará a adueñarte de la experiencia y a escuchar *tu propia voz.* Expresarnos en un papel nos ayuda a conocernos y nos permite ver las cosas desde otra perspectiva, lo que puede ser clave para procesar lo que nos sucede y evitar que se enquiste y nos dañe. Si te dedicas este tiempo tan merecido, se te ocurrirán ideas, reflexiones y, espero, algún *momento ajá* —esos en que algo se te revela de forma clara y *comprendes*—, que harán de este viaje algo realmente valioso.

Por favor, no dejes de abrir los QR que te vayas encontrando. Hazme caso. Incluyen información útil y recursos que he elegido basándome en mi propia experiencia o por consejo de personas que los han considerado útiles.

Hay demasiado ruido en nuestras vidas y es fácil dejarse atrapar por las supuestas urgencias y distracciones cotidianas que nos hacen perder el rumbo, o sea que si decides adentrarte en este texto, proponte *vivirlo* sin prisas: ¡gasta sus páginas y tu cuaderno!, escucha lo que te dices y te dice tu cuerpo, reflexiona, ata cabos con tu historia, profundiza en lo que te mueva, pon en marcha las propuestas que te llamen...

Por último, si, por las razones que sean, te sientes mal o atrapada en un lugar insano, no te creas esa frivolidad de «si quieres, puedes». *No siempre se puede*, o sea que, por favor, no te hagas la fuerte o te descuides. Si no lo ves claro, ¡pide ayuda!

PRIMERA PARTE

# No es como te lo han contado

*Y siempre tú después, y siempre luego,*
*y siempre, para ti, más adelante.*
*Y siempre tú detrás, y siempre nunca,*
*y el tiempo, que se va sin esperarte.*

MAGDALENA SÁNCHEZ BLESA, poetisa, *Te necesitas*

*Y llegó el día en que el riesgo que corría por permanecer dentro del capullo era más doloroso que el riesgo que corría por florecer.*

ANAÏS NIN, escritora

*Lo hiciste lo mejor que sabías. Ahora que sabes más, lo harás mejor.*

MAYA ANGELOU, escritora y activista por los derechos civiles

*Sobre todo, sé la heroína de tu vida, no la víctima.*

NORA EPHRON, escritora, guionista, directora de cine

### *Algo de mi propia historia*

«Cumplir años nunca me ha preocupado en exceso. No me duele sumar, si acaso me arrepiento de lo *no hecho*. Suelen adjudicarme menos *velas* de las que soplo, creo debérselo a mis *contados* genes filipinos y a que nunca me he reconocido como adulta. Hasta hace poco —en mi imaginación— tenía menos de 30. Desde hace unos meses, los he superado, pero ni por asomo me percibo con la edad que tengo, que, obviamente, pasa de largo esas cifras. Y de la menopausia, ¿qué decirte? Me parecía algo tan lejano... De hecho, jamás me interesó el tema regla y sus efectos. Sabía que, cuando ovulaba, quería más sexo y que, según el momento del ciclo, estaba más de bajón, pero, por lo demás, ni caso. Supongo que el día que me diagnosticaron el cáncer de mama —había superado los 50— estaba en plena perimenopausia. Supongo, porque no recuerdo haber tenido ningún desajuste menstrual, ni un sofoco, tal vez *exhibí* alguna alteración anímica y, eso sí, dormía mal, pero en su momento no até cabos. En fin, la diagnosis fue un jarro de agua fría, seguida de dos operaciones, *quimio* a lo bestia y 33 sesiones de radioterapia. En ese orden. *Agur,* menstruación, tras la primera sesión del diablo rojo (un fármaco que mata las células cancerígenas y te deja hecha polvo y sin pelo). Y, claro, el tiempo que dediqué a combatir la enfermedad no me pregunté si estaba o no climatérica. Bastante tenía con la que me estaba cayendo. La verdad es que tardé en darme cuenta de que el caos físico y psicológico en el que me vi inmersa durante el año de mi tratamiento y el que lo siguió no solo se debían a la batalla contra *el puto bicho*, también estaban los descuadres de mi vida —unos cuantos— y, cómo no, *¡la condenada meno!* ¿Alguien da más? No entiendo por qué *narices* no nos preparan para *esta movida*. Con lo fácil que sería explicarnos: pasados los 45 —incluso antes—, puedes esperar esto, aquello y lo de más allá, aquí tienes una guía para ayudarte y, te digan lo que te digan, no eres una histérica ni es el fin del mundo, o sea que no te derrumbes, que de *esta* sales renovada. Y es que es así. Tras muchos meses como alma en pena —que parecen una eternidad cuando los vives—, empecé a ver el lado bueno. A descubrirme: esto es lo que quiero, aquello no me gusta, se acabó lo de más allá. Me saqué unas cuantas cargas de encima y gané espacio, tiempo, ¡vida! Y lo vi claro. Tenía que sentarme a escribir: lo que tienes entre tus manos es el resultado.»

# 1

# Lo bueno que está por venir

## *La madurez tiene muy mala fama...*
## *y no debería*

Es natural asustarse y hasta renegar de lo que solo se nos narra como un cúmulo de pérdidas. Una se va adentrando en los 40, peor aún si hablamos de los 50, y, lo dicho, es inevitable sentir que se nos condena a una *letanía* de horrores: perdemos la energía, la agilidad física, la destreza mental, la belleza, la visibilidad, la fertilidad, la salud, la sexualidad... y agrega lo que quieras ¡en negativo!

No es extraño, pues, que muchas lo vivamos como un drama. Tremendo (y muy triste) error, porque es previsible que aún nos quede por vivir una tercera parte de nuestra historia, incluso más. Piénsalo: ¡la de frutos y alegrías que nos puede deparar!

Primera parada de este capítulo —primera, espero que de muchas y de lo más fructíferas—: esto se merece tu consideración, y te recuerdo que tienes tu libreta… ¡o los márgenes de este libro! ¿Te ves reflejada en lo que acabo de decir?, ¿eres de las que se *malmiran* o compadecen por estar inmersas en esta metamorfosis? Y no te detengas ahí: pregúntate de qué formas lo haces. Encuentra todas esas cosas que te dices, manifiestas o escuchas en boca de otros sin cuestionártelas y aún menos rebatirlas. Date tiempo para sentir y pensar en ello y, solo cuando hayas hecho los deberes, sigue.

Visto lo visto, quizá te den ganas de bajarte del tren. Pero no puedes, ni falta que hace, porque de lo que menos se habla es de lo más importante. Te lo explico de una forma sencilla.

Cuando llegamos a la pubertad y nuestra producción de hormonas sexuales se dispara, estas influyen en nuestro carácter, avivando esa tendencia a ser cuidadoras y a estar pendientes de las necesidades y sentimientos de los demás, por encima de los propios, que la *aún* potentísima educación nos inculca desde que al nacer se nos asigna al género femenino.

Pues bien, cuando la progesterona y el estrógeno empiezan a fluctuar —lo que suele suceder en algún momento de los 40, a veces incluso antes— y, con el tiempo, acaban cayendo en picado, el efecto que tenía ese *velo hormonal* también lo hace y quienes no nos dimos cuenta antes comenzamos a ver nuestra realidad desde otra perspectiva más lúcida... ¡y a entender muchas cosas! Entre ellas, una fundamental: que, casi siempre, hemos sido personajes secundarios de nuestra propia película y, a menudo, nos hemos atado corto —¡o contenido!— para amoldarnos a lo que la sociedad esperaba de nosotras y primar los intereses ajenos —hijos, parejas, trabajo...— a los nuestros.

En definitiva, llega un momento en que, si estamos atentas y tenemos el valor de escucharnos —imprescindible para no enfermar psíquica o físicamente—, *abrimos los ojos* y percibimos que algo no cuadra y que nuestra cotidianidad no nos convence como quizá lo haya hecho hasta ahora. Es entonces cuando nos empezamos a remover por dentro, dejamos de ser tan conciliadoras e iniciamos un viaje, más o menos tortuoso y profundo, para recobrar nuestro poder.

Por eso digo que *este desafío tiene premio.* Si asumes el reto —insisto en lo esencial de consentírnoslo—, es lo mejor que te puede pasar, porque *(re)conectarás con tus propios deseos y necesidades* —lo que te importa realmente a ti— *y te permitirás ser quien realmente eres,* con lo que te sentirás mucho más satisfecha y realizada.

Como verás, *esto* no tiene nada que ver con lo que solemos creer acerca de la madurez, que siempre concebimos de lo más oscuro y decadente, ¡cuando dar a luz a nuestro *nuevo yo* es lo más relevante de este proceso! Sin embargo, qué curioso, ese *ser* —¡por fin!— *para una misma* es de lo que menos se habla. Da que pensar, ¿no te parece?

Desconozco en qué momento de tu vida te encuentras. Igual estás de lo más tranquila y muy receptiva a lo que acabas de leer, pero si tienes varios frentes abiertos y te sientes un tanto ofuscada o algo peor, es lógico que te sorprenda o dudes de mi palabra. De ser así, sé amable contigo misma, no abandones tu lectura y haz por confiar: tarde o temprano comprobarás en propia piel que *todo acaba por reordenarse*. Mientras llega el momento, deja que te lleve de la mano.

Existe una cuestión que creo imperativo examinar. Ya te he explicado que uso la expresión *el cambio* en un sentido amplio, porque, digan lo que digan, las hormonas no tienen la culpa de todo lo que nos sucede pasados los 45. Es raro que, en la segunda parte de su vida, una mujer no afronte algunos baches —cuando no puras crisis—, independientemente de si está o no atravesando mudanzas fisiológicas. ¿Acaso conoces a alguna que haya logrado *pasearse como si nada* por este periodo etario, sobre todo pasados los 50? Ninguna vida es tan simple. Ninguna. Hay que considerar, pues, algunos acontecimientos que pueden impactarnos sobremanera. Voy a exponerte algunos, a fin de que te plantees si te afectan y en qué magnitud, y empieces a considerar qué puedes hacer al respecto.

Mi objetivo siempre es el mismo: espolearte a indagar, porque la parte importante de este trabajo —encontrar tu voz y tu poder— solo puedes realizarla tú. Confía en ti. Todas podemos salir airosas de esta *movida*. Lo irás constatando.

Vamos a por los ejemplos (búscate en lo que sigue ¡y usa tu libreta!).

## Echar la vista atrás

Sea por nuestra edad, sea por el fin de nuestro ciclo biológico… o por ambos a la vez, lo habitual es sentirnos empujadas a hacer balance, siendo inevitable que surjan los interrogantes. Habrá quien salga victoriosa del lance —o eso crea—, pero lo común es que no sea tan sencillo. Por poner unos ejemplos, no te extrañe si te pillas…

- cuestionándote qué clase de vida has llevado y hasta qué punto has decidido tú el guion;
- planteándote si no te habrás equivocado en alguna de tus decisiones clave (pareja, hijos, profesión, amistades…);
- arrepintiéndote, compadeciéndote, e ¡incluso rabiando!, por aquello a lo que creas haber renunciado;
- recriminándote por tus errores o esas actuaciones de las que no estás muy orgullosa, te perjudicaron o dañaron a otras personas, sea *eso* cierto o no;
- inquietándote por no saber si te dará tiempo a hacer realidad tus deseos;
- preocupándote por no saber qué vas a hacer a partir de ahora;
- arrastrando una enorme melancolía por quienes ya no están y lo que ya no será, esas ausencias que duelen tanto;
- preguntándote el sentido de tu existencia (lo trascendente, si no lo tenía, acostumbra a cobrar importancia)…

**Oportunidades perdidas**

Con los años, tenemos *menos* posibilidades de hacer y deshacer y, a menudo, nos recriminamos al pensar que algunas de nuestras decisiones nos han hecho perder oportunidades o llevado por caminos no planeados. Es cierto, hay vidas que ya no viviremos (en todos los planos posibles: amor, descendencia, profesión, aficiones...), y tomar conciencia puede generarnos una sensación de pérdida, pero ¿y si desdramatizamos un poco?

Imagínate que te dan varias opciones y todas te parecen tener sus puntos de interés. Por las razones que sean, acabas decantándote por una. Pasa el tiempo —bastante— y un día te ves cuestionándote tu decisión, preguntándote qué habría sucedido si hubieras optado por cualquiera de las otras. Incluso te tiras de los pelos porque seguro que hubieras sido más libre, más feliz, más *lo que tú quieras*. Pues te equivocas, porque, de seleccionar otro camino, hoy también estarías discutiéndote tu elección. Dale un par de vueltas. Convendrás conmigo en que solemos idealizar las alternativas *no escogidas* y que, cuando estamos cabizbajas, nuestra capacidad de razonamiento se estrecha y no captamos lo palmario. A saber, que decidirse por algo conlleva *siempre* excluir otras posibilidades, y que cuando revisamos nuestro pasado, desconocemos qué hubiera ocurrido de adentrarnos por otro camino y lo fácil es caer en pintar de rosa lo que ignoramos. Pero ¿lo hubiera sido?

Hay más: cada elección cierra puertas, por supuesto, pero también abre otras que traen sus recompensas. Te pongo un ejemplo. Si en vez de estudiar Medicina y ejercer en su ciudad natal, Ana hubiera elegido la carrera de Biología Marina, puede que hubiese acabado dando la vuelta al mundo en un barco científico investigando la vida en los diferentes océanos, algo que le hubiera encantado porque el mar es su pasión. Pero eso le habría impedido conocer a su pareja (con la que vive feliz), tener a sus dos hijos, estar al lado de su madre en sus últimos días, participar en una coral (con lo que le gusta el góspel...), resultas todas ellas de decidir ser neuróloga y quedarse en Valencia, donde, por cierto, también hay playa. Y, entiéndeme, esta historia también la podríamos contar al revés, porque si bien es cierto que la Ana bióloga no tiene compañero (sus colegas de viaje no le interesan), ni camada (impensable criar en el buque), ni pudo despedirse de su madre (siempre está en las quimbambas), ni es miembro de un coro (aunque eso no impide que cante a todas horas), sí disfruta de otros beneficios: conocer mundo desde su hogar flotante, disponer libremente de sus ingresos (¡no tiene a nadie a su cargo!), tener muchas horas para pintar (otra de sus aficiones), no sufrir el estrés de la ciudad...

En definitiva, cada cosa tiene su haz y envés. Lo que sucede es que, cuando estamos en crisis, es fácil verlo todo con negatividad.

Ya te he dicho que hay mucho por lo que celebrar *el cambio* —lo califico de *regalo*—, pero lograrlo implica afrontar los desajustes. Por ello, si has leído deprisa los párrafos anteriores —¿acaso temes descubrir algo?—, te recomiendo repasarlos sintiendo cómo te resuenan mis palabras. Todas arrastramos *residuos* del pasado que ahora pueden resurgir con fuerza (la caída del velo hormonal deja al descubierto mucho de lo que antes apenas percibíamos): sueños rotos, heridas no sanadas, renuncias de todo tipo... Y es de esperar que nos provoquen pesar, enojo, resentimiento (también hacia nosotras mismas) o cualquier tipo de pesadumbre más o menos difícil de tolerar.

Sin embargo, negar, evitar o disfrazar lo que sentimos no solventa la situación. Más bien nos estanca en ella y, para colmo, ¡la de esfuerzo que *invertimos* en no afrontarla! Se trata de un malgasto que, bien dirigido, podría llevarnos a superar el problema, sea solventándolo, sea aceptándolo y aprendiendo a coexistir con él. ¿No sería, pues, mejor afrontar lo que nos está sucediendo con una actitud abierta, receptiva y curiosa? Preguntarnos, por ejemplo, qué nos están diciendo nuestros malestares, decepciones, enfados o lo que sea que te provoque esta lectura, mejor dicho, tu existencia. Todos esos sentires tienen un mensaje para ti y puedes sacarles provecho (= *hacer tu trabajo* y, de ser necesario, pidiendo ayuda), algo a lo que le vamos a dedicar espacio, o sea, que no te inquietes si no acabas de ver claro a qué me refiero.

## Un mundo de posibilidades

Si no tienes pareja, ¿cómo lo llevas? Fijo que muy bien si es por decisión propia y tú, tu día a día, tu familia, tus amistades, tu profesión, tus aficiones... te llenan. Pero si no es el caso, porque acabas de protagonizar una mala o indeseada ruptura, estás llorando la muerte de tu compañero o compañera de vida o eres de las que creen que sin amante te *falta algo* y no puedes ser feliz, ¡*eso* va a ensombrecer tu experiencia! Y por supuesto que tienes derecho a llevarlo mal, llorar, enfadarte..., ¡a sentir lo que sientas! Pero una cosa es el desgarro causado por una pérdida —algo humano y que precisa de un período de aflicción de entre uno y dos años, incluso algo más— y otra muy distinta minusvalorar tu vida por no tener a alguien a tu lado. ¿En qué lugar estás tú? Y si no te convence, ¿qué te ayudaría a recuperar tu impulso vital?

Vamos a por otro escenario. Supondré ahora que compartes techo con alguien o te has apuntado a la corriente LAT (del inglés *living apart together,* es decir, vivir juntos pero separados, algo así como «somos pareja, pero tú en tu casa y yo en la mía»). La pregunta en cualquier caso es la misma: ¿cómo os va? Si estáis bien y sientes que fluis, estupendo, pero si no atravesáis vuestro mejor momento por los motivos que sean (de relación, salud, económicos...), necesitáis encarar algunos reajustes, tal vez afrontar que vuestro futuro juntos sea dudoso. Cualquier coyuntura inestable o la sensación de *callejón sin salida,* como tú comprenderás, tiene consecuencias en tu estado de ánimo y tu día a día. Nuevamente: ¿hay algo que debas plantearte o hacer?

**Tu sexo es tuyo**

En cuanto a tu vida sexual, aquí solo apunto algunas ideas a modo de anticipo. Si no mantienes una relación, puede que lamentes no tener con quien compartirte. Muchas mujeres heterosexuales se quejan de haber dejado de interesarles a los hombres o de que ellos las prefieren más jóvenes. Entre las lesbianas no parece ser una queja usual (o, al menos, eso es lo que me aseguran las consultadas). O quizá pases del plan habitual, o sea, encuentros casuales —*de una noche*— que no te convencen ni emocional ni físicamente. Y tengas o no pareja, es posible que no te sientas físicamente atractiva y eso te está afectando, que no te guste cómo se desarrollan tus encuentros —e incluso ya no los tengas ni contigo misma—, que te estés planteando tu orientación sexual, que tu deseo esté fluctuando, que tu amante ya no sea quien fue o no lo seas tú...

Continuemos. Puede que estés padeciendo el *síndrome del nido vacío,* es decir, cuando los hijos abandonan el hogar, algo que —momentáneamente— nos puede romper el corazón, aunque sepamos que la partida de nuestros hijos es lo que procede. O quizá en tu caso hayan tenido que volver por las razones que sean, cuando tú ya te has acostumbrado a tu tranquilidad... Uf, ¡no sé lo que es peor! O acaso tengas alguno en plena adolescencia y ¡aguanta sus salidas de tono, manías y tonterías, con lo que te está pasando a ti!

**Soltar el rol maternal**

Cuando una mujer se ha construido —ha sido— con relación a su camada, priorizándola, a veces hasta extremos tan innecesarios como contraproducentes para ella, desprenderse de ese rol es complicado: que se vayan de casa no solo acarrea el aguijonazo de su partida, también conlleva perder la identidad que su quehacer le confería. Siendo así, la crisis está asegurada. Puede costar lo suyo superar el dolor y lograr responderse al «¿Y ahora qué hago con mi vida?». Pero con tiempo y escuchándote a ti misma, la respuesta llega. No lo dudes: no solo eres una madre.

Algunas ideas:

- Felicítate por la labor bien hecha: repasa tu historia y siéntete orgullosa de ti, por haber estado allí y haberle/s ayudado en su camino y también por dejarle/s partir sin victimismos, algo que no todas logramos. Si crees no merecerte la medalla, ten en cuenta que, como todas las madres, lo hiciste lo mejor que pudiste.
- Valora, honra lo que te han aportado... y te aportarán. En vez de quedarte en la pérdida —¡que no es tal!, continuarán en tu vida, aunque de otras formas—, atesora los buenos recuerdos: nada de lo que guardas en tu corazón se pierde. Y crearéis nuevos.
- Reconoce tu dolor, pero no te estanques en el sufrimiento. Déjate sentirlo y entiende tus razones, pero no pierdas de vista que con el tiempo su marcha se supera o al menos no escuece tanto.
- No caigas en querer seguir solventándoles la vida.

- Comparte lo que sientes con tus amigas y, si lo vives mal y no ves salida, acude a terapia.
- Adopta otra perspectiva. Por ejemplo, ¿qué te aporta su partida? Más tiempo para ti, eso seguro. ¿A qué lo quieres dedicar?
- Otras mercedes: muchas mujeres aseguran que la distancia ha mejorado su relación maternofilial y, si tienes pareja, ¿no será hora de disfrutarla más? Si es así, ya estás haciendo planes.
- ¡Ojo con echarte a los hombros la tarea de cuidar u ocuparte de otras personas! No sustituyas.

Tal vez no has tenido hijos y vivas como una liberación el fin de tu etapa fértil, ya sea porque lo tenías más que decidido o porque la duda te corroía y sientes «alivio, porque, como ya no puedes planteártelo, ¡se acabó la incertidumbre!» (recojo las palabras textuales de una amiga que decidió no procrear). Pero quizá, en su momento, resolviste centrarte en tu carrera o en disfrutar de ti misma, de tu libertad, y ahora te cuestiones si hiciste bien y hasta puede que sientas culpa. Y si ser madre era tu deseo y tu *fin de ciclo* está llegando o ha llegado antes de tiempo y no diste el paso, es comprensible que el dolor emocional que causa la dificultad o, más comúnmente, la imposibilidad de poder tener descendencia de forma natural sea grande y difícil de asimilar. El desconsuelo que genera el fin de tu sueño se merece todo el respeto del mundo. Se trata de una pérdida y como tal requiere de un período de aflicción para aceptar que si no vas a procrear por medios propios ni adoptar, toda esa energía *creativa* has de redirigirla. Si es tu caso, no lo afrontes sola.

Por otra parte, tú también eres hija. Para empezar, ¿tus padres te hacen la vida imposible o existen asuntos pendientes que te pesan e influyen en cómo te relacionas con ellos? Si es así, no minusvalores lo no resuelto, es algo en lo que trabajar. Otras consideraciones: puede que hayas perdido a uno o a ambos progenitores y estés atravesando el duelo; que vivan lejos y poco puedas hacer, pero no te libres de la preocupación o el sentimiento de culpa por no atenderlos; que te sobrepases en su cuidado —¿intentando saldar deudas?— o dependan más de ti —o eso creas—, con lo que vas agotada, incluso enojada o harta, de tener que lidiar con tanto... Si te sucede, no te mortifiques: es razonable anhelar espacio —¡y descanso!— para una misma. Ser una buena hija no te exige anularte, y vigila, porque, de hacerlo, corres el riesgo de enfermar.

**Entre ancianos y adolescentes**

Presenciar cómo se deterioran nuestros mayores no es fácil. Es de esperar que nos conmueva, genere estrés, cierta ansiedad... Por un lado, nuestra relación entra en otra dinámica: si antes acudíamos a ellos en busca de auxilio o consejo, los veíamos como un punto de apoyo, un faro o un lugar seguro, ahora son ellos quienes pasan a depender de nosotros.

Por otro, lo previsible es que verlos así nos haga temer nuestro propio ocaso, nuestra vulnerabilidad, que probablemente vaya a más con el paso de los años. Muy duro.
Y, en muchas ocasiones, todo eso se produce a la vez que vemos cómo empiezan a volar nuestros hijos. El contraste es brutal: mientras unos decaen, otros florecen, y nosotras en medio, comprobando que la autonomía que van conquistando quienes criamos no nos trae una mayor libertad, ya que la dependencia surge por el otro lado. Decirse «Y yo, ¿qué?, ¿cuándo podré ocuparme de mí?» es razonable. No te fustigues si sientes una punzada de hastío por tener que ser tan buena hija o si sientes envidia o celos por la juventud y libertad de tus vástagos. Tienes derecho a querer tener una vida.

Sigamos. ¿Has sido o vas a ser abuela? Algo tan *aparentemente* natural tampoco se libra de tener implicaciones emocionales. Estrenamos rol y la estructura y dinámica familiar evolucionan. Hay una suerte de relevo generacional y eso, por fuerza, influye en cómo nos vemos y cómo nos relacionamos con nuestros hijos y sus parejas. Y luego está lo que para cada una de nosotras implique tener nietos. No a todas nos hace tremenda ilusión... Es más: ¿acaso serlo te ha convertido o convertirá, en contra de tus deseos o planes, en la canguro a todas horas del bebé? O todo lo contrario, ¿mueres por ejercer, pero apenas te dejan, por lo que te sientes apartada de un papel que te haría feliz? A veces la realidad tiene poco que ver con la imagen idílica que se ha creado en torno a ella.

## Cuestión de bolsillo

El climaterio abarca un período significativo de nuestra vida laboral (solemos entrar en la perimenopausia en algún momento de los 40) y, según cómo, puede convertirse en un obstáculo, porque algunos de sus posibles síntomas (sofocos, fatiga, dificultad para concentrarse...) pueden afectar nuestro desempeño. Y, seré clara, la edad tampoco suele jugar a nuestro favor. De hecho, la habitual falta de comprensión de quienes nos rodean (a menudo por desconocimiento) suele empujarnos a disimular (no vaya a ser que seamos *devaluadas* o algo peor). Esto puede llevarnos a vivir nuestra ocupación con mucha angustia e incluso hay quien, por decisión propia, da un frenazo a su trayectoria o directamente dimite. Más despreciable aún, por lo que implica: hay mujeres que han visto esfumarse una merecida promoción porque alguien las ha *descartado* por considerar que *no podrían* con el cargo, sea por edad, sea porque «Ya no es la que era».

Existen otras coyunturas perturbadoras. Igual has perdido tu puesto de trabajo. O echas la vista atrás y te arrepientes del camino que escogiste, de algún traspié que resintió tu carrera o de haber priorizado tu profesión a costa de renunciar a formar una familia o disfrutar de ella, a dedicarle más tiempo a tu vida social o tus aficiones... Tal vez te dices que ya es muy tarde para hacer realidad tus aspiraciones profesionales o tienes una ocupación que no te llena en absoluto, pero no puedes dejarla, porque la necesidad invalida tus preferencias y «¿Quién encuentra algo a esta edad?»... Y qué decir si te dedicas a cuidar de tu casa y los tuyos a tiempo completo: no serías ni la primera ni la última mujer que, llegada a este punto, descubre —¿y se arrepiente?— cuánto depende de su pareja. Peor aún si, deseando o necesitando romper tu relación, no puedes permitírtelo.

**Ama de casa, ¿ama de tu vida?**

Lo doméstico es tan valioso y tiene tanto mérito —¡o más!— como cualquier otra ocupación, pero ya sabemos lo poco que se considera. Según las Naciones Unidas, el valor del trabajo no remunerado, básicamente las tareas del hogar y de cuidado, «representa entre un 10 y un 39 % del producto interior bruto; puede pesar más en la economía de un país de lo que pesan la industria manufacturera, el sector del comercio o el del transporte».[2]

Y hay otro aspecto importantísimo que considerar: ¿crees que cuando una mujer depende económicamente de su pareja existe una relación de igualdad? ¿Puede alguien, sin medios de subsistencia propios, decidir con entera libertad o llevarle la contraria o desafiar, si lo necesita, a quien paga sus gastos? No nos engañemos.

2 ONU, Comisión de la Condición Jurídica y Social de la Mujer, *El empoderamiento económico de la mujer en el cambiante mundo del trabajo*, Informe del secretario general, diciembre de 2016.

Termino este apunte refiriéndome a lo que acostumbra a ser una de las grandes preocupaciones del momento: la seguridad financiera. Y no solo por tener que afrontar el día a día, también solemos pensar en el futuro: «¿Podré vivir de la pensión que me toque?», «¿Bastarán mis ahorros?», «¿Perderé calidad de vida?», etc. No nos engañemos, esto suele inquietar y ninguno de los escenarios que acabo de describir —y no dudo que haya más— es fácil. Pero piénsalo bien antes de cerrarte tú misma las puertas: ¿hay algo (más) que puedas hacer?

**«Cuanto antes empieces, menos tendrás que ahorrar»**

Natalia de Santiago[3] es ingeniera de formación, pero ha dedicado su vida a las finanzas, pasión que no ha dejado de crecer desde que, con 8 años, le sisó un cuaderno de contabilidad a su padre. Autora de *Invierte en ti (Cómo organizar tu economía en 11 pasos para vivir mejor)* e *Invierte con poco (Haz que tu dinero crezca)*, le he pedido consejo para quienes estamos preocupadas por nuestro futuro económico.

**¿Cuándo debería empezar a pensar en mi jubilación?**

Invariablemente, la respuesta más acertada es ayer. Por varias razones, pero, sobre todo, porque cuanto antes comiences, me-

3 Aparte de sus libros, muy fáciles de entender, ha creado dos cursos *online: Pensión completa,* que enseña a preparar la jubilación, y *Finanzas EXCELentes,* sobre cómo gestionarlas con ayuda de Excel. La encuentras en <www.natdesantiago.com> y como @natdesantiago tanto en Instagram como Twitter.

nos tendrás que ahorrar. La esperanza de vida ha aumentado tanto que la necesidad de empezar pronto es cada vez mayor.

**Ya voy con demora, ¿puedo hacer algo?**

Rara vez es tarde. Como la edad de jubilación se va retrasando, aunque tengamos 50 y tantos, nos quedan 15 o 20 años por delante. Tiempo de sobra para darle un empujón.

**¿Cómo debería utilizar mis ingresos mensuales?**

Hay tres ratios que cumplir para tener unas finanzas a prueba de sustos. La suma de las cuotas mensuales de tus deudas (hipoteca, préstamos personales, la financiación del coche y los pagos fraccionados con tarjetas, entre otros sospechosos habituales) no ha de superar el 40 % de tus ingresos netos ni has de gastar en vivienda más de un tercio. Y, ojo, no solo hablo de la hipoteca o el alquiler; has de incluir los gastos de tu casa, como los suministros, el seguro, el IBI, etc. Por último, si las cosas van razonablemente bien, deberías ahorrar por lo menos un 10 % de tus ingresos netos. Mejor si es más, pero con eso vas por buen camino.

**¿Invertir es algo que hemos de hacer todos? ¿O es solo para ricos?**

Para protegernos de la inflación tenemos que buscar productos de ahorro (como depósitos o cuentas remuneradas) o de inversión (como fondos de inversión o productos de renta fija o variable) que nos den una rentabilidad adecuada para contrarrestar el efecto negativo de la inflación, sobre todo a largo plazo. Hay que darse cuenta de que la inflación es un proceso acumulativo. Es decir, la de un año se añade a la del anterior y así sucesivamente, por lo que nuestros ahorros van perdiendo más y más valor. Así que, ahora que proveer para la jubilación es tan importante, la mayoría no nos vamos a escapar de invertir en algún momento de nuestra, esperemos, larga vida. La buena noticia es que ya no es algo para ricos. Hay productos estupendos para todos los bolsillos.

**Si mis ingresos son bajos, ¿qué puedo hacer?**

Lo importante es marcarse una cantidad realista y ahorrarla en automático mediante una transferencia a la cuenta de ahorro, o lo que sea, en cuanto cobramos. Da igual lo pequeña que sea, la constancia es lo más importante, porque muchos pocos, al final, suman mucho.

**Tendré que pensar en formas de ahorrar cada día...**

Hemos de entender en qué se nos va el dinero y, para eso, necesitaremos un buen presupuesto anual con todos los gastos detallados por categorías. Es importante diferenciar entre los fijos, que son difíciles de variar (como la hipoteca y los colegios), los optimizables, que se pueden cambiar (como los seguros o los contratos de suministros), y los discrecionales, como el ocio o la ropa, que se pueden suprimir de un día para otro. Lo suyo es empezar a cortar por los optimizables, renegociando las comisiones, pidiendo ofertas para bajar las primas de tus seguros, revisando tus contratos de telefonía, etc. Aunque solo sean unos cuantos euros al mes, al ser gastos recurrentes, los beneficios se mantienen en el tiempo y significan no tener que privarnos de las cosas que nos hacen felices.

## Y de salud, ¿cómo andas?

Quizá tu mayor preocupación sean las alteraciones, tanto físicas como emocionales, asociadas a la menopausia, que tal vez estés viviendo, puede que sufriendo. Vamos a dedicarles un capítulo, pero, mientras llega, déjame decirte algo: la mayoría de esas dificultades tienen solución o cuidados que las palían. Lo crucial, pues, es cómo navegamos por este periodo *transitorio* de *reajuste*. No lo olvides: *esto también pasará*.

Y, cuidado, no todo es la *meno*. En esta época podemos ser más vulnerables a algunas dolencias propias o más comunes a medida que cumplimos años —como enfermedades cardiovasculares, diabetes tipo 2, osteoporosis y cáncer— y también se pueden exacerbar problemas que ya teníamos. No pretendo asustarte, pero es lo que hay y toca cuidarse.

## Sumando velas

Sin rodeos. Con el paso de los años, el cuerpo envejece y es fácil no reconocerse en el espejo. Y si a nuestra turbación le sumamos el fardo que supone el ideal de belleza y cómo nos tornamos invisibles a ojos de la mayoría, ¡entramos en terreno pantanoso! Se trata de un duelo en toda regla; un duelo por la juventud, que observamos —¿impotentes?— cómo se va perdiendo. Tienes derecho a sentirte mal, a llevarlo mal, pero... ¿vas a dejarte arrastrar por esas expectativas irreales y crueles? De no existir, ¿crees que lo llevarías así?

¿Y qué sucede con esa sensación de cumplir años, de ser ignorada o minusvalorada por el hecho de envejecer en una sociedad que no nos prepara para ello ni nos educa en el respeto a los mayores? Es evidente que ese estigma aprendido en nuestra juventud, esa mirada ajena y despectiva que hemos hecho nuestra —¡y también hemos aplicado a los demás!— no ayuda. Al contrario, nos empuja a vivirlo en negativo, pero no estaría de más que nos planteáramos qué parte del mal nos corresponde ante esta situación... Acaso si no te ven, ¿no te valoras? ¿Quién decide tu valía? Y... ¿no será que eres cómplice al permitirlo, al creértelo, al no cuestionártelo y cuestionarlo públicamente?

Si rescatases una foto de tu abuela a tu misma edad, salvo que ella fuera una mujer avanzada a su tiempo, comprobarías que su imagen tiene poco que ver con la tuya. Y ya puesta, si pudieras comparar cómo era o qué esperaba de la vida, te darías cuenta de que tampoco en eso coincidís demasiado. Hoy no solo vivimos más, también lo hacemos mejor. Sin embargo, muchas llevamos fatal lo de apagar velas —¿cuántas ni las soplamos?—, porque nos dejamos influir por los estereotipos, prejuicios y discriminación existentes en torno a envejecer.

Una pena, porque, salvo que exista enfermedad o serios problemas físicos, hacerse mayor es, sobre todo, un obstáculo imaginario. Tener X años no implica que la vida ya no tenga valor, no puedas disfrutar de ella o cumplir tus sueños, incluso algunos nuevos. Más vale hacer algo bueno de lo que tenemos que lamentarnos por la juventud perdida o lo que ya no será. Lo que nos conviene es sumar: *darle espacio a la alegría, a la ilusión, a lo posible.*

Dime, ¿tienes prejuicios edadistas? Si es así, ¿de dónde surgen?, ¿qué hay de verdad en ellos?, ¿a quién le interesa que nos veamos así?... No me explayo porque, a medida que avancemos, te daré ideas que te ayudarán a ponerle coto a tu negatividad en cualquiera de sus formas. Por ahora, deja que te comparta un *momento ajá* mío que espero te sirva.

No hace mucho, encontré una reflexión que me repito a menudo: «Si no sabes qué día vas a morirte, ¿cómo sabes que ya es tarde para empezar algo nuevo?». Una joya, ¿no te parece? Son palabras de la psicóloga Patricia Ramírez, quien asegura que «la falta de confianza y la actitud limitan mucho más que la edad» y nos anima a preguntarnos cómo actuaríamos de no coartarnos: «¿Qué estarías viviendo ahora?, ¿qué estarías intentando?».[4]

Piensa en cuántas veces te has dicho «Ya voy tarde» y has dimitido sin darte una oportunidad. O cuántas has permitido que los demás decidan qué puedes hacer o no en función de tu edad. Una cifra no debería determinar tu camino, ¿no crees? *Cada puerta que te cierras sin motivo es vida que te robas.* Tirar la toalla es lo que hace que nos sintamos viejas:

4 P. Ramírez, *Somos fuerza. Cómo vencer la adversidad y superar todas las crisis*, Grijalbo, Barcelona, 2021. Te animo a seguir su Instagram, porque @patri_psicologa es muy generosa a la hora de compartir su sabiduría.

¿de veras no hay algo que quieras hacer, vivir, disfrutar? Párate, cavila y decide: ¿en qué te quieres embarcar? Y, por supuesto, tu respuesta puede ser «en no hacer nada», algo tan maravilloso y lícito como cualquier otra alternativa.

Tenlo claro, hay que ir a por todas.

*La vida es mientras estás.*

## *Memento mori* ('recuerda que morirás')

Me gustaría terminar hablando de nuestro miedo ancestral a la muerte: a la nuestra y a la de nuestros seres queridos. Algo que, hasta ahora, muchas pudimos ignorar empieza a ser insoslayable. Es difícil omitir que somos finitas y que quienes amamos lo son, lo que nos expone a nuestra enorme vulnerabilidad. Tal vez te asuste afrontarlo, no quieras pensar en ello, pero date cuenta de que, siendo *tu estancia* aquí limitada, es un desatino no decidir a qué y a quién quieres dedicarla. Cada minuto de tu vida tiene mucho valor. Siempre lo tuvo, pero ahora el tictac del reloj se hace cada vez más evidente.

Una pregunta y tres propuestas. Tú verás qué haces con ello.

1. ¿De cuánto tiempo dispones? Vivimos como si esto no fuera a acabarse y... *spoiler:* tarde o temprano aparece el cartel de FIN.
2. Negar la muerte, no convertirla en nuestra compañera de viaje, es un error. Nada como esa certeza de que

esto se acaba para darle su justo valor a cada uno de nuestros días.

*Podríamos no ser, no estar.*

De asumir nuestra fugacidad, cuán distinta sería nuestra percepción de la vida hoy.

*Este instante es mucho más valioso de lo que pensamos.*

3. Bronnie Ware trabajó durante varios años cuidando de pacientes terminales, a los que acompañó durante sus últimas semanas de vida. A muchos les preguntó de qué se arrepentían o qué harían de forma diferente de tener otra oportunidad.[5] Fueron cinco los temas recurrentes:

    - *Ojalá hubiese tenido el valor de vivir una vida más acorde con mi forma de ser, no la que otros esperaban de mí.*
    - *Ojalá no hubiese trabajado tanto.*
    - *Ojalá hubiese tenido el valor de expresar mis sentimientos.*
    - *Ojalá no hubiese perdido el contacto con mis amigos.*
    - *Ojalá me hubiese permitido ser feliz.*

5 Bronnie Ware, *Los cinco mandamientos para tener una vida plena*, DeBolsillo, Barcelona, 2021.

Dime, ¿qué tendrías que hacer para no tener que arrepentirte algún día?

4. En tu funeral, ¿qué te gustaría que dijeran acerca de cómo viviste? Escríbelo. Lleva esa nota siempre encima —en tu monedero o móvil— como recordatorio.

## Llamada a despertar

Ya ves. No todo lo que te pasa —y te cuesta— se debe a tus años. Tampoco a tus hormonas. Te están sucediendo muchas cosas. Muchas y a la vez.

Lo dicho: ninguna vida es tan simple. Y la tuya se merece tu atención. Toda tu atención.

Igual te estás preguntando: ¿y cuál es el plan?, ¿qué me propones? Verás, puedo compartirte *hilos de los que tirar* —lo estoy haciendo constantemente y lo haré a lo largo de todo el libro—, pero eres tú quien ha de *entender* la oportunidad que supone esta *llamada a despertar* y *plantearte qué necesitas, responsabilizándote de ti misma mucho más de lo que has podido ¿o querido? hacer hasta ahora.* Ojalá estés frunciendo el ceño, porque este último comentario pretende provocarte. Si te parece bien, sigo un poco más y te lo planteas.

Vivimos en una sociedad determinada que, por el hecho de ser mujeres, nos atribuye un lugar y unas características, roles y responsabilidades bien definidos (amabilidad, empatía, cuidado, tolerancia, bondad, abnegación...), que nos llevan a priorizar el proyecto de vida de los demás. A *ser para los otros.*[6] En ese mandato hay poco margen —o ninguno— para *ser para una misma* y autoafirmarse. Y a eso súmale *un detalle:* cuando hemos internalizado lo que el sistema espera de nosotras («mi valor reside en cuidar del otro y en *su* reconocimiento»), quizá ni nos lo cuestionemos, pero, de hacerlo, no dudes que nos sentiremos egoístas, culpables, malas, fallidas... ¿Te suena? Pues empieza a pensar. ¿Cuántas veces habrás aceptado tu situación de subordinación *sin darte cuenta*? ¿Cuántas, para no liarla o evitarte el malestar que te provoca transgredir —¡con lo buena que tú eres!—, no has movido ficha? ¿Cuántas no has podido dudar de ciertas cosas porque contradecirías tu manual de funcionamiento? ¿Alguien da más? Uf... y aún nos preguntamos por qué estamos tan cansadas.

Toca fijarse en lo que he escrito sobre la posibilidad de que *no hayas querido responsabilizarte de ti misma.* Es de prever que te haya sorprendido: ¿por qué no habrías de hacerlo si *supuestamente* te iba a reportar algo bueno? Em, ¿porque tal vez *desentenderte* te beneficia de alguna manera? Parece

6 Por supuesto, a los varones se les asigna *lo suyo.* Han de proveer, ser independientes, seguros, competitivos, racionales, poco emotivos..., y podemos reconocer que tampoco les beneficia ese rol. Pero, sinceramente, no creo que la injusticia o el perjuicio que arrastran sea comparable y, menos aún, justifique el nuestro.

contradictorio, pero no lo es, y te bosquejo un par de escenarios para demostrártelo.

Imagina a una persona que reniega de su pareja porque siempre toma las decisiones, pero, salvo reprochárselo, no hace nada por evitarlo, porque, en el fondo, le resulta más cómodo no tener que arriesgarse (a equivocarse) y censurarle si algo va mal ¡que esforzarse o asumir las consecuencias de decidir por sí misma! Pregúntate por ejemplo si alguna vez has evitado responsabilizarte y culpado a otra/s persona/s de tus desaciertos o de lo que no ha podido ser. Y acaso las *ventajas* no terminen ahí. Imputarle —de tiranía nada menos, «porque siempre hacemos lo que tú dices»— puede servirle para cobrárselo de otras formas: negarse a visitar a los suegros; darse un capricho que la economía familiar no debería permitirse; evitarlo sexualmente, porque no *se lo ha ganado,* etc. A eso se le llama obtener *beneficios secundarios:* parece que pierde, pero, de eso, nada. Salta a la vista: sus ganancias son mayores que sus costos. Escuece, lo sé, pero no te atrincheres si te ves reflejada, porque reconocerlo —¡y tomar medidas!— es necesario para avanzar.

Vamos a por el segundo escenario. Mujer volcada en el cuidado de su familia, a la que siempre prioriza. A ojos de los demás, una santa con pase VIP al cielo, porque «es la persona más generosa que he conocido, se desvive por los suyos, nunca piensa en sí misma, *bla, bla, bla*». Eso parece, pero ¿es su solicitud tan altruista? Si relegarse a un segundo plano no le rentara, ¿crees que lo haría? Salvo que la obligaran, permíteme dudarlo. ¿Soltamos el lirio? Puede que cuidar de los demás le haga sentirse valiosa, o que el temor a que dejen de quererla sea su motor, o que esa entrega sea la excusa perfecta para no tener que atender a su propia vida, algo que igual le da muchísima pereza... o miedo.

Ha sido escribir «Si relegarse a un segundo plano no le rentara, ¿crees que lo haría?» y sentir un aguijón en el estómago. Es la señal. Mi cuerpo advirtiéndome que *me he salido de madre*. Decido pedirle consejo a Eugenia Sanz Goena, la persona a la que dedico este libro.[7] La llamo para leerle lo que intuyo un desatino y corrobora mi patinazo.

> Ten en cuenta —me advierte— que hay quienes ni siquiera nos damos cuenta de la vida que llevamos, aún menos de que *no* estamos responsabilizándonos de nosotros mismos. Nos hemos acostumbrado *a lo que hay*. A veces, cuando nos asfixiamos empezamos a sospechar de nuestra forma de proceder..., pero, otras, ni siquiera entonces. Y, aun así, lograr reconocer el perjuicio que nos causa *nuestra programación*, lo poco que nos conviene seguir por el mismo camino, no implica que logremos cambiar de comportamiento: algunas personas no sabemos dejar de ser y de actuar como lo hemos hecho siempre.

7 Psicóloga, se ha formado en apego, *mindfulness*, EMDR, mediación familiar desde la perspectiva sistémica, PNL y un largo etcétera. Contacté con ella cuando buscaba una psicoterapeuta con experiencia oncológica, porque me sentía desarraigada tras mi batalla contra el cáncer y todo lo que vino después. Trabaja presencialmente en Zaragoza, pero también *online*.

¡Qué razón tiene! No me extraña que haya tantas personas empantanadas —en la queja, la rabia, la tristeza, la ansiedad, la depresión, la impotencia...— sin siquiera saber el motivo.

Dicho esto, tampoco vale tirarse la caballería encima, porque esa es otra: demasiadas nos condenamos cuando echamos la vista atrás, hacemos balance y no nos convence el resultado: «¿Cómo he podido estar tan ciega, ningunearme tanto, ceder tantas veces?». Estas recriminaciones, ¡tanta culpabilidad!, ¿de qué sirven? Esto me recuerda una frase atribuida al Dalái Lama que me reconforta: «Cuando pierdas, no pierdas la lección». El pasado ya ha sido y no se puede modificar, por lo tanto, lo productivo es extraer su moraleja, porque lo vivido —y, fundamentalmente, eso que se te atraganta— te está dando pistas del camino a explorar, aunque a veces nos cueste bastante verlas.

Deja, pues, de culpabilizarte: lo hacemos lo mejor que podemos (no erramos deliberadamente). Pero, eso sí, tarde o temprano, tendrás que decidir qué vas a hacer. Si hasta ahora no te has priorizado y *autocuidado,* no significa que no seas capaz de hacerlo. Y es lo que hagas desde ya lo que cuenta... ¡y renta!

O sea que, sin excusas que valgan, ni dudas ni culpas (o a pesar de ellas), toma la firme decisión de *ser para ti* y gestionar tu vida, a partir de ya, diciéndote «Yo primero» y haciéndote valer como sujeto de derechos y no solo de obligaciones para con los demás. Va siendo hora de que inviertas en ti misma toda esa energía que siempre dedicaste y benefició a otros y te des, con amorosa paciencia y tolerancia, el tiempo y el espacio para empoderarte y (re)conectar con lo que realmente te importa... o te importe a partir de ahora.

Esa ha de ser tu principal misión, porque, si tienes el coraje de *convertirte en tu proyecto* —te permites desplegar tus alas día a día, en un continuo proceso de ser cada vez más tú— y dejas de seguir *amoldándote a lo que se espera de ti o haciendo tuyo el ofensivo discurso dominante,* lograrás que tu vida sea, con sus altos y bajos, todo lo auténtica y maravillosa que pueda llegar a ser.

Y si, en algún momento, dudas, recuerda que *el cambio* lleva consigo un regalo de lo más valioso. Doy fe: toda esa energía no invertida (ya) en menstruar, en gestar, en parir, en criar y en cuidar de la familia —ese *ser para los otros*—, la podemos emplear en nuestro crecimiento personal *dando a luz,* creando vida, también para nosotras, de otras formas.

Hay quien empieza —¡ya era hora!— a cuidarse y a mimarse y, con ello, a disfrutar más de su existencia; quien se da, por fin, el permiso de no someterse a la tiranía del «tengo que...» y se deja fluir alegremente por la vida sin presiones de ningún tipo; quien recupera el respeto por sí misma; quien se descubre y comienza a disfrutar como nunca antes de estar en propia compañía; quien renegocia su relación de pareja o decide que ya no la llena y que prefiere viajar sola... y tan feliz; quien cambia su forma de compartirse en el plano amoroso o su orientación sexual; quien elige volver o empezar a estudiar (sea un idioma, un oficio, una carrera...); quien se anima a poner en marcha un sueño largamente postergado (recorrer el mundo en bicicleta, retirarse al campo, cambiar radicalmente de profesión, dedicarse a hacer tapices...); quien recupera una pasión injustamente olvidada (esa soy yo y con este libro); quien logra, por fin, mirar de frente a su pasado y pasar página (enfrentándose o no a quienes le han faltado al respeto, utilizado o abusado); quien se apunta a luchar por una causa poniéndole todas sus ganas; quien amplía su círculo de amistades o las cambia casi por completo en busca de nuevos horizontes; quien abraza un camino de trascendencia...

*Hay alegrías, planes y propósitos de vida para todos los gustos.*

Y, gracias a ellos, dejamos de mirar atrás, de pensar en pérdidas, de tener miedo...

*Y empezamos a vivir.*

Escanea este código para acceder a recursos (lecturas, películas, webs...) sobre los temas tratados en este capítulo.

Este QR incluye entrevistas con psicóloga Nika Vázquez, sobre las ventajas de vivir sola, y con la *coach* Marita Osés, que aporta una perspectiva distinta de la pareja.

## *1a*
## *Quizá necesites un punto de partida*

No reconocerte, tampoco en el espejo, cuestionártelo todo o casi todo o darte cuenta de que ya no te acabas de identificar con tu vida desconcierta. A eso súmale que la incertidumbre y los cambios suelen dar miedo, más si los juzgamos radicales o complicados de realizar, ¡y lo que nos estamos planteando —darnos prioridad— lo es!

Eso puede asustar, incluso paralizar a la más valiente si nuestro cerebro, que está programado para evitar el peligro —incluso algo bueno, deseado o una gran oportunidad se lo puede parecer si le suena a reto—, dispara el timbre de alarma y ejerce resistencia: «Pero si llevo toda la vida igual», «Me veo incapaz», «Afectará a toda mi familia», «Tendré problemas con *tal o cual*», «Esto no tiene que ver conmigo»...

Sin embargo, salvo que te encante tu vida actual, capitular es un pasaporte infalible a la infelicidad, o sea que mejor nos planteamos qué podemos hacer para poner coto al boicot, ¡a nuestro *autosabotaje*!

Convendrás conmigo en que sería una locura que una atleta ambicionara correr una maratón a la primera; que la mejor estrategia sería irse preparando, poco a poco, para lograr cubrir con éxito tanta distancia. Lo mismo sucedería con una alpinista: no pretenderías que conquistara el Everest sin entrenarse previamente atacando picos de menor dificultad. Pues aplícate el cuento. Como nos recuerdan las sabias palabras del filósofo Lao Tse, «Un camino de mil millas comienza por un solo paso».

No pretendas tener *ya* todas las respuestas o solventar de la noche a la mañana todo eso a lo que le estés dando vueltas. Necesitas tiempo, así que dátelo. Sé paciente. *Ser para una misma* es algo que aprendemos *haciendo camino al andar*. Y en ello estamos.

Por si necesitaras un punto de partida, he pedido consejo a una *coach* experta en transformación. ¿Acaso no estamos viviendo una metamorfosis? Por supuesto que sí, ¿y quién mejor que una profesional acostumbrada a bregar con los cambios para ayudarnos a encontrar una brújula que nos sirva de orientación? Pues, con esta idea en mente, lo primero que nos dice Cristina Beascoechea Gual[8] es que nos relajemos, porque «puede que no sepas hacia dónde vas,

8 Entrenadora de vida, *coach* y conferenciante, ayuda a sus clientes a encontrar la claridad y el foco que necesitan para retomar su poder en momentos de incertidumbre. Es la creadora de *Encuentra tu norte,* programa *online* que actúa como brújula para ayudarte a descubrir tu propósito en etapas de cambio y transformación. La encuentras en <www.cristinabeascoechea.com>.

que no tengas un objetivo, un proyecto, una ilusión... No importa. *No te hace falta.* Lo que sí necesitas es decidir cómo quieres sentirte, porque tenerlo claro te guiará. Y eso sí puedes hacerlo».

Para ello nos propone un ejercicio al que llamaremos *Palabras que te guían.* Arranca pidiéndonos que pensemos en nuestra vida: «De hoy en adelante, ¿qué te gustaría que la definiera?», y nos sugiere una serie de palabras para inspirarnos. Hemos de escoger las que consideremos que nos ayudarían a mejorarla. Máximo 10. ¿Cuáles te llaman?

| | | | |
|---|---|---|---|
| Alegría | Amabilidad | Amistad | Amor |
| Aprendizaje | Atrevimiento | Autenticidad | Autocuidado |
| Autonomía | Autorrealización | Aventura | Ayudar |
| Balance | Belleza | Compasión | Comprensión |
| Compromiso | Comunidad | Conexión | Confianza |
| Creación | Crecimiento | Curiosidad | Desafío |
| Descanso | Determinación | Disciplina | Disfrute |
| Diversión | Eficiencia | Empoderamiento | Entusiasmo |
| Espacio | Esperanza | Espiritualidad | Estabilidad |
| Ética | Éxito | Familia | Fe |
| Felicidad | Flexibilidad | Fortaleza | Generosidad |
| Gratitud | Honestidad | Humildad | Humor |
| Independencia emocional | Integridad | Intimidad | Intuición |

| | | | |
|---|---|---|---|
| Justicia | Lealtad | Legado | Libertad |
| Límites | Logro | Maestría | Mimo |
| Motivación | Optimismo | Orden | Paciencia |
| Pasión | Paz | Perdón | Perseverancia |
| Persistencia | Poder | Productividad | Resiliencia |
| Respeto | Rutinas | Sabiduría | Salud |
| Seguridad | Sencillez | Serenidad | Servicio |
| Ternura | Tradición | Valentía | Vibrante |
| Visibilidad | Vulnerabilidad | Otras: | __________ |
| __________ | __________ | __________ | __________ |

¿Las tienes? Te habrá costado, o sea que felicítate. Vamos a por el siguiente paso. *Quien mucho abarca, poco aprieta,* o sea que toca reducirlas a 5. Para ello, imagínate situaciones en las que tengas que aplicar esas palabras. La *coach* nos da un ejemplo:

> Si has elegido *perseverancia,* cierra los ojos y visualiza un escenario en el que te muestras teniéndola. Observa cómo reacciona tu cuerpo. ¿Notas que respiras mejor, que te relajas, que te expandes...? Tener sensaciones agradables indica que ese comportamiento te inspira y podría marcar una gran diferencia en tu vida. Por lo tanto, puede ser una de tus finalistas. Si, por el contrario, te tensas o notas alguna sensación desagradable, es un claro «no». Mejor la descartas.

¿Hecho? Felicidades de nuevo. Vamos a por el último y más difícil reto: dejarlas en 3.

> Entiendo que es difícil —dice—, incluso que quieras hacer trampas. Es típico crear palabras compuestas como amistad-amabilidad o valentía-serena. Por eso te propongo que las escribas en 5 *post-it*. Colócalos en un lugar donde puedas verlos. Observa tus elecciones y siente qué te producen. Hazlo durante un día. Al siguiente, coge uno y llévalo contigo a lo largo de la jornada. Date cuenta de cuánto de ese ingrediente hay en tu vida o cómo cambiarían las situaciones si estuviese presente. Repite lo mismo con las restantes notas. Dedicarle ese tiempo a cada una de tus palabras te permitirá comprobar cuáles te van a impactar más positivamente.

Cuando tengas tus tres finalistas, podrás integrarlas en tu vida cotidiana: te acompañarán en todo momento y, cada vez que vayas a dar un paso —te enfrentes a una situación, problema, decisión...—, te servirán para comprobar si estás honrando lo que *realmente te importa*. Preguntarte «¿Es esto lo que quiero?, ¿se alinea con mis tres *palabras guía*?» te permitirá reflexionar y actuar como mejor te convenga. Si tu respuesta es positiva, si existe consonancia con la vida que quieres crear a partir de ahora, adelante. De no serlo, podrás plantearte qué acciones tomar para priorizar tus elecciones.

Este chequeo es una herramienta muy útil tanto para situaciones simples como complejas: desde un «¿Acompaño a mi amiga al cine en vez de acabar la novela que me encanta?» hasta «¿Voy a visitar a mamá y me salto mi clase de baile?» pasando por «¿Cambio de profesión, aunque implique empezar de nuevo?» o «¿Debería dejar esta relación aun a riesgo de quedarme sola?». Todo ha de alinearse con tus palabras, porque, cuando no es así, tu vida se tuerce y te puede parecer que *solo* un poquito, pero, con los años, puedes encontrarte, nuevamente, en un lugar muy alejado del que te gustaría.

Por último, la *coach* nos anima a revisar nuestras *palabras guía* anualmente, coincidiendo con nuestro cumpleaños, Nochevieja o cualquier fecha importante para nosotras.

**¿Y si no sabes lo que quieres?**

Divide una hoja de papel en dos columnas. En una, lista aquello de lo que estás cansada, como: «Siempre tengo que hacerlo todo», «En mi trabajo no me valoran», «Mis hijos van a la suya»... En la otra, escribe cómo te sientes: triste, minusvalorada, rabiosa, etc. Eso es lo que ya no deseas. Si te preguntas por qué sentimientos te gustaría sustituirlos, empezarás a captar lo que sí quieres.

SEGUNDA PARTE

# Ahora te toca a ti

*La voluntad de aceptar la responsabilidad de nuestra propia vida es la fuente de la que brota el respeto a uno mismo.*

JOAN DIDION, escritora

*Cada tictac es un segundo de la vida que pasa, huye, y no se repite. Y hay en ella tanta intensidad, tanto interés, que el problema es solo saberla vivir. Que cada uno lo resuelva como pueda.*

FRIDA KAHLO, pintora

*Lo más difícil es la decisión de actuar, el resto es mera tenacidad. Los miedos son tigres de papel.*

AMELIA EARHART, aviadora

*Las mujeres no pueden tenerlo todo si eso significa hacerlo todo.*

GLORIA STEINEM, activista feminista, periodista y escritora

### *Algo de mi propia historia (II)*

«Mi nido acababa de quedarse vacío. "Misión cumplida. ¡Toca vivir!", me jaleaba, pero mi sensación de pérdida era enorme. Al poco, mi madre mostró las primeras señales de demencia y, por si no bastara, encontré *el bicho*. Adiós libertad. Adiós todo. Mi vida en suspenso. Han pasado algo más de doce meses —mi *annus horribilis*— y he *medio* asumido la partida de mi hijo, reorganizado impecablemente el día a día de mamá —entre mis quimios, radios y sus secuelas— y dicen que he ganado la batalla contra el cáncer. Debería darme una palmadita en el hombro, estar contenta, pero... Ya no me puedo engañar: sé que soy finita. Me digo: "Es *ahora o nunca*". He perdido tanto tiempo... No puedo perder más. Llevo días dándole vueltas a mis miedos. Sé que muchas veces no he querido afrontar ciertas cosas por recelo: ¿y si me tengo que replantear mi relación, esta amistad, mi trabajo, mi vida entera? ¿Cuántas veces me he negado a ver lo que me molesta, me daña, deseo o necesito por temer las consecuencias? Uf, esto escuece. ¡Cuánto peligro indagar en una! ¿Cómo me perdono por cuanto me he ninguneado? ¿Cómo digo *basta* sin sentirme culpable? ¿Cómo dejar de verme tan pequeña, salvo cuando estoy enfadada? Entonces me crezco. Sale mi niña rabiosa y no tengo piedad. ¡El mundo me ha fallado! Cómo osa. Pasan las semanas y sigo igual. Hablo con otras mujeres y, pasados los 50, algunas incluso antes, es fácil oírlas decir que se lo cuestionan todo y que no se acaban de encontrar. ¿Yo? Zozobrando. Cero energía, cero ilusión. Nada *me llama* y voy experimentando desganada con posibles *propósitos*... sin resultado. Desarraigada por completo. Una extraña dentro de mí. ¿Cómo me levanto cada mañana cuando nada de lo que me sostenía me sirve?, ¿cuando mi cuerpo no tiene ganas y mi cabeza no sabe, no contesta? "Sé amable contigo misma. No te exijas estar a tope. Escúchate. Medita", me recuerdo una y diez veces al día... y lo hago. Sé que es el camino. Me soy amable. Me escucho. Medito. Suspiro. No dejo de suspirar. Esto es... ¿Cómo definirlo? *Un momento a franquear.* Aún no lanzaré las campanas al vuelo, pero empieza a clarear. Mi cielo se abrirá. Sé que habrá *nortes,* las jugarretas hormonales, el cansancio por mi mal dormir, el haberme postergado... ¡La vida —¿la crisis de la mediana edad?, ¿la *meno*?— me ha obligado a despertar y a mirar en mi interior! ¿Qué me mueve? ¿De qué pie cojeo? ¿Qué necesito? Hay que hacer frente a todo con el mayor coraje posible: la luz y las sombras. Pero ya no hesito:[9] confío, y me propongo disfrutar de lo que venga.»

9 Me apasiona descubrir palabras curiosas. Esta viene del latín y significa 'dudar', 'vacilar', en la definición de la RAE. Supongo que su uso se perdió hace mucho. Sin embargo, en inglés *to hesitate* es de lo más cotidiano.

# 2

# Date tu sitio

## *Estrategias para cambiar tu relación contigo misma... y los demás*

Es hoy. No mañana.

No esperes más.

Cuando evitas, también eliges.

Como se suele decir: *mañana es donde los sueños van a morir.*

Cuando nos adentramos en esta etapa, nuestra muda no es solo física, es mucho más profunda y, tarde o temprano, es normal hacerse preguntas: ¿quién soy?, ¿qué es lo que realmente (me) importa?, ¿qué quiero?, ¿qué necesito?, ¿ahora qué toca?, ¿cómo lo logro?, ¿qué sentido tiene todo esto?

Responderte puede requerir de un período de mirar en tu interior, quizá de recogimiento. Descubrir qué es lo que hace que *tu biografía te llene,* te valga la pena a ti y no solo a los demás, pasa por aceptar los cambios y las pérdidas, lo que ya no será, y adentrarse en un territorio nuevo, con curiosidad y apertura de miras. Se trata de un tránsito indispensable para desprenderte de la historia con la que te has identificado durante tantos años —incluidos esos roles y compromisos que posiblemente ya no sientes como tuyos—[10] y (re)definir quién quieres ser y cómo quieres vivir de aquí en adelante.

Y, así las cosas, es de esperar que en algunos —o muchos— momentos te vivas como una extraña y tal vez te sientas a la deriva, triste, decepcionada, agobiada... Lo que te está sucediendo —esa sensación de estar desencajada— te empuja a examinar bajo lupa y con espíritu crítico —a veces profundo dolor— asuntos trascendentales, incluidos tus valores, tu modo de ir por el mundo y tus relaciones. Evolucionar y aceptar la muerte de tu forma de entenderte y entender tu existencia no suele ser fácil: ya no te reconoces, tampoco físicamente, en quien fuiste, pero aún no tienes claro hacia dónde vas, quién eres... Tu *nuevo yo*.

Por eso necesitas darte tiempo —el que haga falta— y no perder la perspectiva. De nada sirve renegar, luchar, intentar evitarlo. *Ríndete,* no en el sentido de darte por vencida, sino de *aceptar* tu vulnerabilidad, la incertidumbre, la per-

10 Quizá, en tu caso, los tengas que soltar a desgana, empujada por una ruptura no anhelada, la pérdida de tu trabajo, la partida de tus hijos, una enfermedad..., por algo ajeno a tu deseo. Sea como sea, no puedes más que avanzar.

plejidad, el no reconocerte, la irritación, los altibajos, lo que sea que se (te) pueda torcer... La única forma de salir airosa es *dejándote vivirlo.*

Eso sí...

Va siendo hora de decir: «Yo primero».

De hacer por ti lo que, probablemente, siempre has hecho por los demás.

Esa atención, esa diligencia, ese esmero... te los has de adjudicar.

*Ahora te toca a ti.*

¿Acaso no te lo has ganado con creces? Sabes muy bien que sí. Sin embargo, *entenderlo* no garantiza esa metamorfosis tan necesaria. Va a requerir de tu compromiso contigo misma y de tu valor y tu fuerza de voluntad, porque es fácil renunciar a hacer algo que te conviene, ¡que necesitas y te mereces!, cuando te machaca el cansancio, estás anímicamente *bajoneada*, te sientes perdida, temes las consecuencias —sobre todo ser rechazada—, lo estimas demasiado difícil...

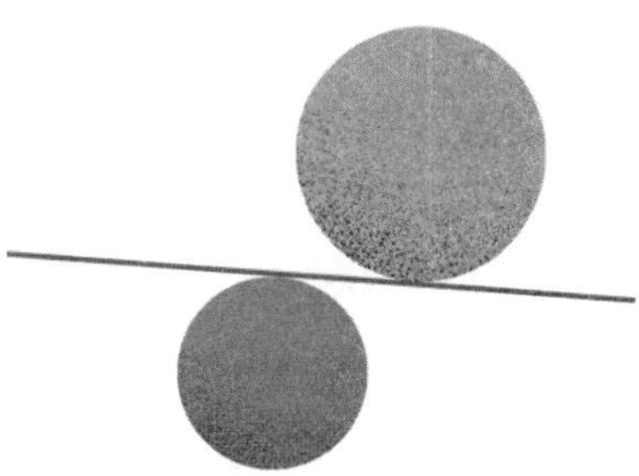

**Resistencias propias y ajenas**

Cuando llegue el momento, habrás de encontrar tu valor y arriesgarte a salir de tu *zona de confort*, ejercer tu poder y mantenerte firme, esforzándote en aceptar la incomodidad —¡la tensión!— que te pueda generar y enfrentándote, de ser necesario, a quienes intenten cortarte las alas, seas *tú misma* quien lo haga, a través de tus evasivas o caducas creencias —como eso de escudarte en el cuidado de los otros para no responsabilizarte de ti—, o *los demás*, porque, no nos engañemos: que cambies afecta a tu entorno más cercano y, si eso les incomoda o sienten que dificulta sus vidas, ¿qué crees que pasará? Siendo o no conscientes de ello, es de esperar que intenten frenarte, que ejerzan resistencia, pero no por ello hay que ceder. Estate, pues, muy atenta.

No. No te conviene titubear demasiado, ni tampoco aferrarte al pasado, enrocarte en el resentimiento, la rabia o el *pobre de mí*... Mejor te movilizas en todo aquello de lo que vayas tomando conciencia y te planteas, *a tu ritmo, pero sin pausa*, qué necesitas hacer, dejar de hacer, afrontar, aprender... para, por fin, *darte tu sitio. El que tú elijas.*

Con esa idea en mente, vamos a lo práctico, porque, como explica la psicóloga Eugenia Sanz Goena (ya te la presenté): «Abandonar una forma de funcionar requiere crear una alternativa. Construirla. De no existir, ¿cómo soltar lo anterior?».

En las páginas que siguen voy a ocuparme de algunas cuestiones que espero iluminen tu camino... ¡si las aplicas!

Y con constancia, porque no basta con entender algo a nivel intelectual para que se produzcan cambios: es necesario integrarlo y, para ello, has de ponerlo en práctica, experimentarlo, sentirlo... Vivirlo, hasta hacerlo tuyo. *Solo así la idea se hace realidad.*

Me he inspirado en aquello que nos ha servido a mí y a otras mujeres (he entrevistado a muchas), porque creo en los denominadores comunes y porque diferentes estudios —y se van sumando— avalan la efectividad y lo beneficioso de lo que te voy a compartir. Es probable que mucho de lo que te cuento te suene, quizá hasta te parezca obvio, pero ¿lo has puesto en práctica? Su *potencia movilizadora* es enorme. Palabra.

Cada sección es un posible punto de partida, *un hilo del que tirar,* y la abordaré de forma concisa; aun siendo breve, soy ambiciosa y espero que *algo* te espoleará a ponerte en marcha, a seguir investigando..., a no dejarte vencer por lo que te esté impidiendo *ser para ti.*

Avanza lento, subrayando y reflexionando en los márgenes o en tu libreta y, sobre todo, detén tu lectura cuantas veces necesites... Ya regresarás cuando hayas asumido lo leído y quieras ir a por más.

## Mírate a los ojos

Es posible que conozcas este ejercicio y hayas experimentado su fuerza, pero, aun así, te animo a repetirlo. Si nunca lo has probado, te has de apuntar. Te invito a que, en un momento en que nadie ni nada te pueda molestar, te sitúes delante de un espejo en el que te veas de cuerpo entero. Igual necesitas dedicarle un buen rato, o sea que, si quieres, acomódate en una silla y ten a mano un vaso de agua. Haz unas cuantas respiraciones lentas para relajarte y no hagas nada más, salvo mirarte a los ojos. Quizá quieras acercar tu rostro a la luna. Si es así, adelante. Quédate ahí y...

*Mírate hasta que sientas que tus ojos te miran con amor.*

Quédate ahí. Tanto tiempo como haga falta.

Es absolutamente necesario que lo sientas... y que nunca más lo olvides.

No creo que haya que añadir nada más, salvo animarte a escribir acerca de tu experiencia.

## Una fórmula infalible

*Seguramente* eres consciente de que te desatiendes en más de una ocasión y de más de una manera. Pero quizá no sepas hasta qué punto. Te sugiero un momento libreta: escribir tu *lista de descuidos*, comprobar lo que ocupa, lo que *pesa*. Piensa en todas esas ocasiones en que antepones la familia, el trabajo, *lo-que-sea,* a ti misma, te autoexiges en exceso, dices «sí» pensando «no», tu descanso es insuficiente, te niegas momentos solo para ti, consientes que los demás dirijan tu vida, callas para mantener la paz, asumes todas las cargas, renuncias a tus sueños, no te manifiestas en todo tu potencial, escondes la cabeza bajo el ala para no enfrentarte a la realidad, culpas a los demás en vez de hacer algo al respecto...

¿Quieres romper esta dinámica? La hoja de ruta es asequible, pero requiere, en primer lugar, que reconozcamos su existencia. Este paso a veces es el más difícil, porque darnos cuenta de cómo *nos maltratamos* nos coloca en una encrucijada: hacer algo, lo que puede dar cierto miedo, o seguir inmóvil, lo que implica fallarnos, ¡sabiéndolo! En ambos casos, *¡tela!* No te extrañe, pues, que haya tantas mujeres que ni siquiera se planteen este tipo de cuestiones. Prefieren evitarse las dificultades. ¿Eres una de ellas? Tal vez quieras recapacitar... en tu cuaderno.

Siguiente parada: decidir hacer algo al respecto. Sabiendo que el tiempo corre veloz, que es *ahora o nunca,* tal vez sea mejor que no procrastinemos. ¿Cuántas ansiedades y cuántas depresiones se cimentan en lo que no afrontamos? Imagino que conoces algunos casos. Quizá seas uno de ellos. Obvio que nadie quiere serlo. O sea, que mejor nos miramos y miramos la vida de frente —sin engañarnos ni excusar lo que desentona— y proveemos, en la medida de nuestras posibilidades —que son muchas— por nosotras mismas.

En definitiva, *toca actuar*. Lo que, en este caso, implica apuntarte a esta *fórmula ganadora:*

*Desconectar tu piloto automático, poner el foco en ti y adoptar, intencionadamente, conductas que te tengan en cuenta.*

Piénsalo. Casi siempre *has funcionado* de una manera un tanto mecánica, como movida por automatismos muchas veces inconscientes y empujada por lo que considerabas tus roles y obligaciones. Pues bien, a partir de ahora, has de elegir deliberadamente formas de ir por la vida que te consideren. ¿Cuáles? Enseguida te haré más sugerencias, pero ya estás —o esa es mi esperanza— aplicando una y disfrutando de sus efectos. Se trata de tus *palabras guía*. Si las estás empleando para alinear tus acciones con lo que realmente te importa, ya habrás empezado a entender lo provechoso de *frenar, enfocar en ti* —escuchar tus deseos y necesidades— *y decidir lo que más te conviene*. Pues se trata de seguir avanzando por ese sendero.

¿Recuperamos tu *lista de descuidos*? Por cada uno que hayas escrito, te animo a apuntar una o más ideas sobre cómo dejar de hacerlo. Si te pones, seguro que se te ocurren muchas *conductas que te ayuden a tenerte en cuenta*. Hechos los deberes, decide cuáles puedes empezar a aplicar *ya*. Te ayudará ir de lo sencillo a lo complejo, pero no te duermas, no dejes que *esta energía de cambio pase*. Mueve ficha.

Iba a zanjar en este punto, pero mi intuición me pide advertirte que *no esperes a tener los vientos a favor para empe-*

*zar.* Si vas a *autosabotearte* alegando que no tienes tiempo, no tienes ánimo, temes las reacciones de los demás y similares, tus excusas demuestran cuánto necesitas movilizarte. ¡Lo estás pidiendo a gritos! *Haz hoy algo que tu yo futuro agradezca.* ¿Acaso quieres seguir donde estás?, ¿esperar a tocar fondo para reaccionar, si es que entonces te quedan fuerzas? No esperes a estar preparada: ¿qué demonios significa eso? *Hechos, que no palabras.* No hay más y lo sabes.

## La felicidad es ahora (date cuenta)

*Podríamos no ser, no estar.*

Me lo recuerdo a menudo.

Lo que exista entre esos dos instantes, entre el antes y el después de mí, me gustaría haberlo vivido.

Es tan fácil no darse cuenta, dejar que se escape.

Si te ves reflejada, esto te interesará.

### *Punto 1. Desconecta tu piloto automático*

Retomamos el tema. Toca darle una vuelta más. Veamos, seguro que te ha ocurrido: *aterrizar* en el trabajo (en casa de una amiga, en el gimnasio...) y no tener ni idea de cómo has llegado hasta allí, sentarte a comer y, al terminar, sorprenderte porque apenas has saboreado tu plato favorito, o estar conversando con alguien y darte cuenta de que no tienes ni idea de lo que te está diciendo ¡o le has dicho tú! Todas tenemos ejemplos como estos. Montones. Y es que, en general, las personas *malgastamos* mucha vida por *falta de atención.* Piénsalo...

¿Dónde sueles estar?

*¿Presente* o en tu cabeza?

Lo cierto es que tendemos a vivir dándole vueltas al pasado o al futuro, cuando lo único que realmente existe —está a nuestro alcance— es el *aquí y ahora.* Es ese trayecto, esa receta tan rica, esa conversación de la que te hablaba. Lo otro solo es pensamiento, solo está en nuestra cabeza, pero tiene tal fuerza, nos atrapa de tal manera que disminuye, cuando no anula, nuestra experiencia del momento... ¡Nuestra realidad!

Dicho de otro modo, ¡nuestra mente nos roba la vida!, no nos permite experimentarla en su plenitud. Y eso sucede a menudo. Para muestra, un botón. Un conocido estudio de la Universidad de Harvard[11] reveló que pasamos el 46,9 % de nuestras horas de vigilia en *modo errante,* es decir, pensando en algo que no tiene que ver con lo que estamos haciendo —«contemplando acontecimientos que sucedieron en el pasado, que podrían suceder en el futuro o que nunca sucederán»— y, más preocupante aún, que ese *no estar presentes* «tiene un costo emocional».

¿Cuál? Los participantes indicaron que eran significativamente menos felices cuando divagaban que cuando no lo

11 M. A. Killingsworth y D. T. Gilbert, «A wandering mind is an unhappy mind», *Science,* 2010, 330 (6006), 932.

hacían..., incluso si estaban ocupados en algo que no les resultaba placentero. Lógico que los psicólogos concluyeran que «la frecuencia con la que nuestras mentes abandonan el presente y hacia dónde tienden a ir predice mejor nuestra felicidad que las actividades en las que participamos».

Funcionar en piloto automático tanto tiempo de nuestra vida diurna es... ¡una barbaridad! ¿O acaso no lo es coger cada uno de nuestros días, restarle las 8 horas que se supone que dormimos y, de las 16 que quedan, *lanzar* casi 8 al vertedero?

## *Punto 2. Acepta lo que es*

Imagino que conoces esta plegaria que suele atribuirse al teólogo, filósofo y escritor Reinhold Niebuhr: «Señor, concédeme la serenidad para aceptar todo aquello que no puedo cambiar, valor para cambiar lo que sí puedo cambiar y sabiduría para reconocer la diferencia». Ese es *el quid* de la cuestión: distinguir entre lo que sí y lo que no puedes hacer. Teniéndolo en cuenta, sigue leyendo.

Las cosas no siempre son como deseamos. Y eso nos hace sufrir. Lo habitual, entonces, es que ejerzamos *resistencia.* Suele ser nuestra *respuesta automática.* Pero las experiencias y emociones difíciles son consustanciales a la vida, ineludibles, y por lógica que pueda parecer nuestra reacción, no funciona ni nos conviene: cuando no podemos hacer nada para evitar lo que nos está ocurriendo, resistirnos solo nos hace sentir peor de lo necesario. Es decir, más estrés, más desconsuelo, más agotamiento, más ira, más impotencia... De hecho, los budistas afirman que *sufrimiento = dolor x resistencia*. Fíjate en que no suman, ¡multiplican!

Sin embargo, *podemos elegir* una alternativa más efectiva: *aceptar la realidad*. Eso no implica que nos parezca justa. Ni que estemos de acuerdo con ella. Ni que tiremos la toalla. Lo único que significa es que aceptamos que *la realidad es la que es...* y que de nada sirve no reconocerla. Lo que sí sirve es renunciar a querer evitarla, huir de ella, pretender controlarla, juzgarla... Lo que sí sirve es liberarnos de (las cadenas de) nuestra resistencia.

Dos ejemplos: uno nimio y otro entiendo que relevante. Por mucho que te quejes, no vas a liberarte del atasco que te impide llegar al teatro, ¿no sería mejor aceptarlo y dedicar esa espera a algo más beneficioso? Por más que te repitas «No hay derecho» y le des vueltas a lo ocurrido, no vas a lograr el ascenso que te han denegado, ¿no sería más efectivo aceptarlo y plantearte tus opciones? Luchar contra la realidad es agotador, y repito: ¿de qué te sirve?

Todas nos encontramos con infinidad de situaciones parecidas, ocasiones en las que *podemos elegir* no empeorarlas aún más. Y escribo *elegir* a posta. Coge un lápiz. Sujétalo con toda la fuerza que puedas, aprieta un poco más, sigue ¡hasta que te duelan los dedos! Y cuando suceda, cuenta muy lento: 1, 2, 3, 4... ¡Déjalo ir! ¿Cómo sientes la mano? Qué alivio, ¿verdad? Pues cuando te aferras a lo que quieres que sea, negándote a aceptar lo que es, haces lo mismo. Te causas un dolor mayor. Pero al igual que sueltas el lápiz, puedes soltar tu insistencia en que las cosas sean como tú quieres... y liberarte.

Quizá te cueste verlo, quizá no quieras dejar ir tus exigencias. Es de esperar. Nadie ha dicho que sea fácil, pero es necesario y se aprende practicando. Y sí, a veces nos resultará imposible. ¿Y entonces? Entonces tendremos que *aceptar* que no aceptamos.

## *Punto 3. Vive con atención plena*

Si sumamos los dos puntos anteriores nos encontramos con algo de lo que se habla mucho e irá a más, porque sus beneficios son innegables. Me refiero al *mindfulness* o atención plena, que podemos definir como el estado de conciencia al que accedemos cuando enfocamos nuestra atención en el presente, reconociendo y aceptando, sin juzgarlos, nuestros sentimientos, pensamientos y sensaciones corporales *momento a momento.*

Si es la primera vez que oyes hablar de esta práctica o no estás familiarizada con ella, no dejes que la definición te asuste. Lo que es se entiende sobre todo experimentándola, así que voy a proponerte algunas formas de hacerlo.

**Haz una cosa cada vez...** y *sumérgete* por completo en ella. Solo una y bien hecha. Y sea cual sea (cocinar, mantener una conversación, darle las buenas noches a tu pareja...), hazla poniendo toda tu atención. Cada vez que te pilles pensando en otra cosa, vuelve a enfocarte en lo que te ocupa. Y por poco que te apetezca, acéptalo. *Es lo que hay.*

De hecho, ¿por qué no intentar disfrutarlo? Descubrir lo divino en lo (aparentemente) ordinario. Puedes hacerlo..., si estás por la labor. El *post* «El zen de lavar los platos»[12] lo ilustra de forma extraordinaria. Arranca diciendo que fregarlos «puede ser un encuentro profundo y agradable con la vida en el momento presente» y, citando las enseñanzas del maestro Thich Nhat Hanh, nos invita, por ejemplo, a contemplar «la galaxia en esa cuchara. ¿De dónde viene este metal? ¿Y el vaso? ¿Y la porcelana del plato? ¿Dónde estarán dentro de 10.000 años?». Aún más hermoso: «Conecta con tus ancestros. Las manos con las que friegas, ¿son las de tu padre o las de tu abuela? ¿Quién te enseñó a lavar los platos? ¿Tus tatarabuelas tuvieron la alegría del agua corriente y tibia y del jabón?». ¡Y vaya final! «Olvídate de todos estos puntos para poder fregar en paz y libertad». La simplicidad al máximo. ¿Queda claro? Salvo que te cause un dolor físico, algo prácticamente imposible de ignorar, a todo le puedes encontrar un motivo de disfrute, su razón de ser. Es cuestión de ponerle intención.

12 Los blogs de la Thich Nhat Hanh Foundation, las comunidades que difunden las enseñanzas del monje budista zen, se merecen tu atención. Y échale un vistazo a su *app* gratuita, Plum Village. Por descontado, los libros del maestro son una delicia.

**Lo bueno del *mindfulness***

Diferentes investigaciones han identificado los siguientes beneficios: genera felicidad y una mayor satisfacción vital; potencia la empatía y la capacidad de crear relaciones (restringiendo la sensación de soledad, aislamiento y alienación); reduce la ansiedad, la depresión y el estrés; mejora el sueño; estimula nuestra atención e intuición; aumenta nuestra conciencia corporal; fomenta la regulación emocional; favorece la memoria y la rapidez de reacción; nos ayuda a ver las cosas con mayor claridad (rumiamos menos); aplaca la irritabilidad y la agresividad; modula el miedo; genera resiliencia y motivación; incrementa el vigor y la resistencia física; disminuye la hipertensión; atenúa el dolor crónico; ayuda a superar las dependencias; refuerza el sistema inmunológico... Hay más, pero cierro con dos cuestiones que te interesarán: los síntomas de la menopausia, porque se ha demostrado que ayuda a reducirlos, y el placer carnal, porque aprendemos a estar muy presentes, atentas a nuestras sensaciones y a afrontar con calma cualquier dificultad sexual que pueda surgir.

**Entrénate a fondo.** Por ejemplo, ahora mismo. Detén tu lectura. Siente el libro en tus manos. Si es en papel, huélelo. Mira a tu alrededor. ¿Hay algo que siempre estuvo ahí y nunca apreciaste? Y repite esta pausa con frecuencia. Descubre lo que nunca viste en algún trayecto que hagas o paisaje que contemples a diario. Come saboreando. Olfatea la piel de tus seres queridos. Escucha cómo suena la noche.

Siente la brisa en tus mejillas. Hay tanto que se nos escapa. Y busca la belleza, lo que te aliente...

Al principio tendrás que esforzarte. Quizá quieras recordártelo programando la alarma de tu móvil para que suene varias veces al día. También te pueden servir de aviso los semáforos en rojo, el sonido de una sirena, el final de una conversación telefónica, cada vez que bebas agua...

¿Y si escoges una actividad rutinaria (regar las plantas, cepillarte los dientes, sacar la basura... y, por supuesto, fregar los platos) y la llevas a cabo prestándole toda tu atención? Por ejemplo, si te haces un café, fíjate en todos los pasos que das para prepararlo y cómo lo viven tus sentidos. Una vez que te lo sirvas: siente el calor de la taza en tu mano, el aroma al acercarla a tu cara, el primer sorbo, la sensación al tragar...

**Establece tu intención.** Esta es una de mis técnicas favoritas para centrarme en el *aquí y ahora* antes de iniciar una actividad. Por ejemplo, cada vez que me siento ante el ordenador a escribir este libro. Consiste en preguntarse:

*¿Cómo estoy?* Responder esta pregunta implica observarse en tres aspectos:

- Mente: ¿en qué estoy pensando? Es decir, toma conciencia de tu diálogo interno.
- Emoción: ¿estoy relajada, nerviosa, triste, enfadada...?
- Cuerpo: ¿qué sensaciones tengo? Dolor lumbar, nudo en la garganta, nada en especial...

Se trata de tomar conciencia y aceptar lo que hay. Darle su espacio y, a ser posible (no siempre lo será), que no te controle.

*¿Cuál es mi intención?* Es decir, en qué vas a poner tu atención (leer este libro, hacerte una ensalada, escuchar a alguien de verdad...) y cómo te predispones o qué vas a hacer para estar realmente presente... y adelante. Siguiendo con el ejemplo, yo podría decir algo así: «Escribir a calzón quitado, sin escatimar esfuerzo ni miedo a mostrar mi vulnerabilidad, y divertirme» (suelo añadir esta coletilla a todo, y a menudo da resultado).

Tal vez te parezca una práctica compleja o no creas disponer de tiempo, pero cuando le pillas el tranquillo se hace en un santiamén. Y piensa en lo útil que resulta cuando vas a mantener una conversación importante, asistir o dar una clase, reunirte con un cliente, entrar en la consulta del médico...

**Créate un anclaje.** Cuando notes que estás pensando en algo que te preocupa, pero hacerlo no te lleva a ninguna parte, utiliza una expresión («aquí y ahora», «presente», «estoy en mí»...) o un gesto (llevarte la mano al pecho, tocarte una oreja, apretar el puño un par de veces, cruzar tus dedos corazón e índice...) para escapar de tu mente. El ejercicio del lápiz es otro ejemplo: ese ademán de soltar.

**Medita.** Hay muchos tipos de meditación: *vipassana*, zen, kundalini, con mantras... Si nunca le has dado una oportunidad y deseas hacerlo, te dejo instrucciones en el recuadro.

**Primeros pasos**

Busca un lugar tranquilo y acomódate en una silla. Tu columna ha de sostenerse a sí misma y sujetar tu cabeza, tus manos, descansar en tu regazo. Pon en marcha la cuenta atrás de tu móvil: ha de sonar pasados 4 minutos.

Cierra o entorna los ojos, respira tres veces profundamente y después sigue haciéndolo, pero suavemente y focalizando tu atención en cómo al inspirar se infla tu abdomen y al espirar se desinfla. Tan solo has de sentir, dejando tus pensamientos de lado. Notarás que, a menudo, divagas. Tal vez te acuerdes de algo, un sonido llame tu atención, te pongas nerviosa... Al darte cuenta, vuelve a enfocarte en tu respiración, sin recriminarte. Hazlo una y otra vez. Cuando suene tu alarma, abre los ojos y vuelve al espacio en el que te encuentras.

Puedes empezar con estos 4 minutos, y, una semana después, añadir otros 4. En poco más de un mes, estarás meditando 20. Hay quien dice que es suficiente y quien asegura que mejor 45 y desde el primer día. En cualquier caso, antes poco que nada. Puedes meditar al despertar (empezar la jornada así puede mejorarla) y antes de dormir (te ayudará a desconectar). Si solo lo haces una vez, mejor por la mañana, pero lo importante es practicar independientemente de la hora.

Bastan de 2 a 4 semanas —la constancia es esencial— para notar cómo el estrés disminuye, aumenta la claridad mental y mejora el sueño, y a partir de los 4-6 meses de práctica cotidiana, disminuye la obsesión y el rumiar y, más importante, se suele tener una mayor conciencia y perspectiva de todo.

## Lo que no puedes o no quieres ver (te está pasando)

Llevo cantidad de páginas escritas y aún no te he hablado de mi amiga Jenny Moix,[13] lo que me pesa como una losa, porque hemos compartido (y compartiremos) innumerables horas dándole vueltas a la vida —casi siempre vía móvil, mientras paseamos..., cada una en su ciudad— y mucho de lo que escribo está influenciado por esas impagables conversaciones. Es una de las personas que me hace de *sparring:*[14] lee todo lo que escribo y me ayuda a sacarle punta y pillar mis traspiés.

Le mandé por correo electrónico lo que has leído sobre cómo solemos *desatendernos* y le pregunté lo de siempre: «¿Qué me estoy dejando?». Estoy convencida de que tenemos telepatía, porque me wasapeó este audio: «Justamente

13 Doctora en Psicología, especializada en cómo funciona nuestra mente, estrés y dolor crónico, es profesora en la Universidad Autónoma de Barcelona, conferenciante y escritora. Su fábula *La cueva del mono (Las siete piedras de la sabiduría)* se merece un lugar en el Olimpo junto a libros como *El monje que vendió su Ferrari* o *La buena suerte*. Además, firma *Mi mente sin mí (Lo único que falta en tu vida eres tú), Felicidad flexible (Atrévete a romper tus propios esquemas)* y *Cara a cara con tu dolor (Técnicas y estrategias para reducir el dolor crónico)*. Encuentras su web e Instagram tecleando su nombre.

14 A medida que escribo, voy enviando mis textos a diferentes personas (psicólogas, *coaches,* doctoras, fisioterapeutas, farmacéuticas...) para consultarles mis dudas: «Existo, luego *titubeo*». Son mis faros en el camino y sus comentarios siempre me abren a nuevos detalles.

llevo unos días cavilando si subir un *post* en Instagram sobre aquello que no vemos de nosotras mismas, de nuestra vida... Reflexionando sobre mi propia historia he comprendido que, durante muchos años, me he descuidado al consentir comportamientos de otras personas que no me convenían en absoluto sin siquiera ser consciente de hacerlo. Ya ves, no me sirve de mucho ser psicóloga». Siempre me hace reír. Es tan humilde.

> Todos tenemos puntos ciegos —continuaba—, es algo universal, cosas que no vemos, porque queremos huir del sufrimiento, lo que, por descontado, no logramos, porque el dolor no se evita del todo, simplemente *corre por vías subterráneas*. O sea que además de las preguntas y ejemplos que propones, podrías advertir a tus lectoras que pueden estar descuidándose de alguna forma que no ven ni por asomo porque, a veces, *no queremos darnos cuenta*. Que andemos por un bosque y no veamos un conejo que corretea por él no significa que no exista. De hecho, si advertimos sus huellas hasta podremos dar con él. En la vida sucede lo mismo, hay muchas cosas que no vemos, también en relación con nuestro *autodescuido,* pero afortunadamente existen señales que pueden ayudarnos a *pillarlas*.

¿La pauta que propone? Atención + honestidad con una misma.

Nos la detalla:

**Atención a las señales de nuestro cuerpo.** «Nuestro raciocinio solo quiere ver lo que le conviene. No está dispuesto a detectar una relación que decae, la traición de una amiga, un trabajo que ha dejado de motivarte..., porque admitirlo supone demasiado dolor. La mente no está por la labor de percatarse de nada, pero el cuerpo lo sabe todo. Así que cuando estamos con esta pareja, amiga o trabajo notamos cómo nuestro organismo protesta».

En ocasiones, lo hace a través de la enfermedad —seguro que conoces a alguien que de no hacer lo que quería, como separarse o cambiar de profesión, acabó enfermando—, pero con mayor frecuencia mediante *indicios* mucho más sutiles, aunque capaces de incomodarnos, incluso, a veces, tirarnos para atrás. Por ejemplo, *estate atenta cuando notas que algo no te apetece* —¿alguna vez una conocida te ha dicho de quedar más a menudo, le has contestado por supuesto que sí, pero luego no has hecho por verla?— o tienes una sensación física que te indica que *aquí pasa algo:* un nudo en la garganta, una punzada en el estómago... y, por qué no, ese sofoco repentino.

¿Cómo podemos fomentar nuestra habilidad para percatarnos de estas *advertencias*? La Dra. Moix nos anima a preguntarnos a menudo si lo que estamos haciendo o vamos a hacer es realmente lo que nos pide el cuerpo. El objetivo de este ejercicio es que aprendamos a notar lo que el cuerpo *intuye* en ese momento. No necesariamente para dejar de hacer algo que nos desagrade, lo que podría resultarnos imposible, sino para aprender a escuchar sus señales: «Si lo atendemos con constancia, las percibiremos y entenderemos hacia dónde nos guía nuestro corazón».

**Una vez detectado ese algo que nos chirría en la vida,** con lo que nos sentimos incómodas, debemos mirarlo, cara a cara, con honestidad; sin dejarnos engañar por lo que nos dice la mente, que...

> Es la representante de la sociedad, de nuestros padres, de todas nuestras programaciones, y nos dirá que nos dejemos de corazones y pamplinas y hagamos lo que sabemos que *nos conviene*. Está tan segura de conocer el camino correcto que no atiende a ninguna otra señal. Actúa como esos progenitores convencidos de saber lo que es mejor para sus hijos y que tantas veces se equivocan. Así que mirar con honestidad lo que nos dice nuestro cuerpo significa mirar directamente a nuestro corazón, no pensar sobre la situación como lo hemos hecho siempre, sino observarla sin contarnos películas ni construir relatos que nos impiden sentir nuestra incomodidad, nuestro dolor, lo que no nos cuadra.
>
> Haciéndolo atravesamos el caparazón (todos esos mecanismos defensivos que utiliza nuestra mente para intentar evitar que suframos) y entonces podemos detectar algún miedo (eso que no quería que viésemos), que se revelará en forma de sentencia —«me rechazarán»—, foto mental —vernos solas y debajo de un puente— o como una combinación de ambas. Siempre son manifestaciones muy

catastrofistas que tienen el poder de hipnotizarnos, porque en ningún momento dudamos de su veracidad.

A veces, también podemos encontrar las huellas del conejo gracias a lo que nos dicen los demás, quienes al no estar bajo el influjo de la ceguera de nuestra mente se suelen percatar de todo *lo nuestro* con más claridad. Así que no te pongas a la defensiva ante los comentarios de las personas que te quieren. Si te advierten de que deberías cuidarte más o te preguntan si realmente confías en tu pareja o en tal amiga, por mal que te siente o mucho que te remueva, ábrete a sus ideas y míralas con honestidad. ¿Hay algo de verdad en lo que te plantean?

Tal como la explica la Dra. Moix, *su pauta* no parece difícil de seguir, pero, a la hora de la verdad, ¿por qué nos cuesta tanto utilizarla? «Porque al principio duele horrores reconocer que nos han estado o nos hemos estado engañando, que nuestras creencias y valores se tambalean, que hemos de cambiar los caminos por los que venimos andando... Es duro, pero no existe mayor recompensa que la liberación que supone. La ceguera implica un esfuerzo. Es como nadar contracorriente. *Nadamos contracorazón.* Así, cuando no dejas que tu mente te convenza de su película, sino que asumes la verdad, por difícil que sea, te liberas del lastre que requiere mantener el autoengaño, y vivir es más fácil.»

Revelador, ¿no te parece? Habrá puntos ciegos que siempre lo serán, pero en muchas ocasiones podemos hacer algo para evitar que nos controlen o corten las alas sin que nos demos cuenta. Tú decides.

**Distraerse para no afrontar**

*Anestesiantes* = *conductas evitativas* en las que incurrimos —generalmente de forma impulsiva— para evadirnos de la realidad. Es decir, son todos esos remedios, excusas o distracciones a los que recurrimos para no sentir eso que desencaja o nos estremece: no encontrarle un sentido a la vida, nuestra *no tan buena* relación de pareja, la deslealtad de una amiga, habernos fallado a nosotras mismas, un trabajo que no nos llena, un hijo con problemas, darnos cuenta de nuestra realidad... No son insignificancias. Y eso nos angustia o nos duele. ¿Y qué hacemos cuando eso sucede?

Intentamos rehuirlo. Puestas las cartas sobre la mesa, seguimos.

¿Conoces tus *anestesiantes*? Te pongo ejemplos (vete buscando, puede que a desgana, pero hazlo): abusar de ansiolíticos o antidepresivos; llenar la agenda de *supuestos ineludibles*; trabajar sin descanso; poner todo nuestro énfasis en parecer una treintañera; dormir más que la princesa del cuento; dedicarle horas y más horas a las redes sociales, las plataformas de *streaming,* los juegos..., incluso a leer (por cultivada que pueda ser la lectura, hacerlo de continuo ¿no será evitación?); vivir pendiente de los *e-mails,* wasaps o similares; darle a las drogas (incluidas las legales); hincharse a ver pornografía; comer compulsivamente; comprar de forma adictiva; evitar personas o lugares; aislarse; encadenar supuestos enamoramientos (¿mejor esa adrenalina o drama que escucharnos de verdad?), etc.

¿Te has reconocido en algo de lo que he listado? Y de ser así, ¿te ves capaz de indagar qué intentas encubrir? Por otro lado, puede que tus *anestesiantes* te alivien momentáneamente, pero ¿te has parado a pensar en qué efectos tienen a medio y largo plazo? Quizá te des cuenta, mejor dicho, seguro que sabes cuánto te perjudican. Piensa si no en su coste en horas, dinero, esfuerzo, crecimiento, sea personal o profesional, salud... Toma conciencia de cuánto inviertes en ellos. Ceder a tus conductas evitativas no te beneficia.

Propuestas:

- Antes de agarrar tu móvil y perderte en tus redes sociales, quemar tu tarjeta de crédito en compras que no necesitas o perder horas jugando a un videojuego, intenta exponerte a tu incomodidad durante rato. No te dejes actuar *ipso facto:* estate en tu malestar. Te costará mucho, pero es una habilidad que se entrena, o sea que insiste cada vez que te veas en una situación de la que intentes escapar. Si te lo permites, algo surgirá. ¿Qué dolor, miedo, desajuste intentas no afrontar? Usa tu cuaderno.
- La próxima vez que te tiente embriagarte, ¿podrías frenar tu piloto automático y decidir si vale la pena, si esa es la conducta que más te va a aportar? Reitero: los *anestesiantes* pasan factura. Bucea en tu interior en busca de ese paso, por pequeño que sea, que te ayude a llevar mejor o a afrontar con menos ansiedad aquello de lo que intentas huir.
- Utiliza alguna técnica de relajación, medita, practica la amabilidad contigo misma...
- No descartes acudir a terapia.

## «Sé amable contigo misma» (imprescindible)

Es mi lema favorito, lo que más me digo y más me sostiene desde que me di cuenta de *su poder*. Conocía el consejo. Lo había escuchado a menudo, pero como quien oye llover (tal vez sea tu caso). Sin embargo, siendo ya adulta, en un período de enorme turbulencia, decidí ponerlo en práctica y, a base de insistir, entendí de forma visceral que esa manifestación de amor hacia una misma debía ser mi columna vertebral. La de todos. Desde entonces, no ha dejado de serlo. Cierto que no siempre lo logro —dudo que alguien lo consiga—, pero en ello estoy y ojalá que tú también, porque, pase lo que pase, venga lo que venga, nos acuna y fortalece haciendo que nuestra vida sea mucho más agradable.

Tu turno: *¿sabes serte amable?*

Mide bien tu respuesta —piensa, por ejemplo, ¿cómo te fue con tu *lista de descuidos*?— y, salvo que contestes con un contundente *sí,* a partir de ya, aprender a tenderte la mano ha de ser tu primer objetivo.

¿Y cuál es el secreto para lograrlo? No existe una receta mágica, pero se suele decir que lo más efectivo es aprender a relacionarte contigo como lo haces con una de tus buenas amigas. Igual te sorprende que te hable de ellas en vez de referirme a tus hijos, pareja, hermanos... Al fin y al cabo, se supone que adoras a tu familia, que son lo más importante de tu vida, pero ¿acaso eso implica que los trates de maravilla? Seamos sinceras, no solemos valorar a quienes más amamos y con ellos nos permitimos licencias que ojalá nos denegáramos. Una amiga, en cambio, es alguien a quien, además de querer, solemos mostrar nuestra mejor cara. Probablemente, porque no la tenemos *garantizada* y podríamos perderla de no andar con cierto cuidado. Reconozcámoslo: nos comportamos mejor con nuestras amistades (¡y hasta con desconocidos!) que con nuestros parientes más cercanos.

A tratarte como a una buena amiga se aprende. Primero, por imitación. ¿Qué haces cuando alguna tiene un problema, dice sentirse mal consigo misma, se minusvalora, lucha por hacer realidad sus sueños, se viene abajo...? Le dedicas tu tiempo, tu escucha, la mimas, la animas, la apoyas, estás a su lado... No se te ocurre ningunearla, descuidarla, no escucharla o menospreciar sus necesidades.

**Aprender a *automaternarse***

Quizá te sorprenda esta palabra, no la busques en el diccionario, no está, pero debería por lo hermosa que es. Significa cuidar de una misma como lo haría una madre bondadosa y compasiva, amándote de forma incondicional, atendiendo y respetando tus necesidades, animándote en tus retos, sosteniéndote en tus miedos, confortándote en tus penas... Te lo mereces. Todas lo merecemos. Y sí, ya sé que las *mamis* perfectas no existen: me basta con fijarme en mí como tal... Quizá llego a un notable *peladito* y no pondría la mano en el fuego. Es indiscutible que ninguna lo logra: ¡somos humanas! Sin embargo, eso no quita que esa referencia nos sirva de guía.

Tratarte como a una amiga o *automaternarte*. Las dos llevan al mismo puerto: a serte amable. Da igual el modelo que elijas, lo importante es considerarte como te corresponde.

Sin embargo, ¿cuántas veces tu comportamiento contigo misma deja que desear? Si son más de las que te gustaría reconocer —es lo común: ponte a la cola—, no te recrimines, pero proponte hacer realidad ese propósito de amistad contigo misma, aprendiendo a ser *esa persona* que está por y para ti, sustentándote a todas horas, sobre todo cuando el suelo se mueve bajo tus pies. Por supuesto, no se logra con tan solo desearlo. Aprendemos a base de persistir en el empeño y no siempre lo conseguiremos, pero eso no ha de frenarnos.

Igual necesitas más ejemplos de cómo lograrlo. Uno muy eficaz para introducirse en esta práctica consiste en iniciar tus mañanas —a ser posible, antes de levantarte de la cama— preguntándote «¿Cómo puedo ser *hoy* amable conmigo misma?» y escucharte con mucha atención. Si dedicas un tiempo a pensar en lo que tienes por delante, lograrás, por ejemplo, plantearte qué puedes hacer por ti para no dejarte comer por la situación si sabes que tu jornada va a ser complicada. Quizá recordarte no sumar negatividad a lo que ya de por sí puede ser un día difícil; incluir detalles que lo mejoren (una llamada a alguien que te alegra, darte un paseo, regalarte un masaje, dedicarle 15 minutos a esa novela que te tiene atrapada después de comer o al llegar a casa, lo que tú consideres); decidir qué necesitas evitar o en qué has de ser más vigilante (esquivar a X porque es muy negativa, no escuchar las noticias porque te enervan, comer ligero y nada de alcohol para no lastrarte...), etc. Y si concluyes que nada te inquieta, pues... ¡qué maravilla desperezarse con un pensamiento tan tranquilizante! Lo mires como lo mires: ganas.

Responderte a diario esta pregunta matinal te servirá para acostumbrarte a usarla y acabarás aplicándotela en otros momentos. Se convertirá en parte de tu cotidianeidad y, cuando algo te inquiete, serás capaz de darte cuenta de que no te conviene caer en una espiral perniciosa, sino que mejor paras y te consultas: «¿Qué necesito hacer ya mismo para cuidarme?».

Otra pista. ¿Te ayudaría escribir una *lista de situaciones,* tanto cotidianas como excepcionales, en las que podrías *serte* más afectuosa y empática? Si no se te ocurren —me cuesta creerlo—, busca en tu historia. Enumera ocasiones en las que te han venido mal dadas, te has sentido inadecuada, te has equivocado, crees haber fracasado, has tenido miedo... Reflexiona acerca de qué hubieras necesitado decirte o hacer por ti. Cuando lo tengas claro, vente al presente y averigua si te está sucediendo algo que necesite de tu cuidado y, de ser así, cómo puedes apoyarte mejor.

Por favor, detente y piensa en cómo puedes aplicar lo que acabas de leer. No te escaquees: ¡la de veces que podrías haberte confortado y seguramente no lo hiciste! Puede que antes no conocieras esta forma tan sencilla como conveniente de mirar por ti. No te saldrá siempre a la primera y, repito, espera reveses, pero insiste, no cejes —has de hacer músculo para integrarlo—, y comprobarás que hay un antes y un después.

Reto exprés a modo de cierre (que espero aceptes y repitas a menudo): ¿qué puedes decirte o hacer *ahora mismo* para serte amable?

Para de leer.

Escanéate.

Implementa.

(Y como, por supuesto, me aplico lo que recomiendo, me he levantado de la mesa y he ido a por un vaso de agua, porque escribo en plena canícula y, aunque el calor es de lo más insoportable, estoy tan absorta en este texto que no era consciente de mi necesidad de beber.)

Como comprenderás, esto solo es una muestra. Hay muchas formas de ser amable con una misma. Vamos a ocuparnos de unas cuantas (de algunas ya lo hemos hecho), o sea que, cuando estés preparada para indagar más, sigue avanzando.

## «Tente compasión», que no pena

Está claro que no podemos pretender que nuestra existencia sea siempre ideal y ser eternamente felices. Sabemos que, hagamos lo que hagamos, vamos a padecer (puede que ahora mismo lo estés haciendo): incertidumbre, decepciones propias y ajenas, fracasos, enfermedades, pérdidas... Aprender a acompañarnos cuando nos sucede es fundamental para no añadir más leña al fuego de nuestro sufrimiento y vivir la adversidad con mayor sosiego (y no, eso no es una contradicción).

De ahí esta propuesta, que va de la mano de la anterior —de hecho, la incluye— e igual te chirría, porque piensas que tenerse compasión equivale a *sentirse pena,* que va de caer en el victimismo. *Para nada.* Va de permitirnos sentir nuestra fragilidad y sostenernos con ternura y sin juicio cuando la vida se nos complica (¿te suena a eso que sabrías hacer por una buena amiga?).

La psicóloga Kristin Neff, pionera y una autoridad en su campo, explica que tener compasión (que etimológicamente significa 'sufrir con') implica darse cuenta de que alguien padece, sentir el deseo de ayudarlo, siendo amable y ofreciéndole apoyo, comprensión y cariño, sin juzgarlo, aunque se haya equivocado o hecho algo incorrecto. Pues bien, tenérsela a una misma consiste en aplicarse la misma receta.[15]

Se entiende a la primera cuán beneficiosa puede resultarnos *esta habilidad,* o sea que fijémonos en lo que necesita-

15 Profesora asociada de Psicología Educativa en la Universidad de Texas (Estados Unidos), es la creadora del programa Mindfulness Self-Compassion (MSC) y autora de numerosos libros, entre ellos *Autocompasión fiera; cómo las mujeres pueden utilizar la amabilidad para expresarse, empoderarse y crecer* y *Sé amable contigo mismo.*

mos aprender para hacerla nuestra. Primero, teóricamente; luego, una experta nos enseñará cómo ponerla en acción y, si aún dudas de cómo funciona, todo cuadrará.

Vamos a por la teoría. Lee lentamente, reflexiona y deja que se aposenten los conceptos. Según Neff, existen tres elementos que interactúan para la práctica de una adecuada autocompasión:

1. ***Mindfulness* (o atención plena).** Ya hemos hablado lo suficiente de este tema, así que solo insistiré en que si no eres (o no quieres ser) consciente de lo que te sucede (me siento sola, culpable, impotente, iracunda...) o te dejas abrumar y controlar por ello, no podrás acogerte a la autocompasión.
2. **Humanidad compartida.** El padecimiento, el fracaso, la angustia... son connaturales a la vida. Todo el mundo pasa por ello. Es algo que compartimos. Recordarte que eres humana y abrirte con humildad a esa perspectiva que te conecta con *los otros* te ayudará a soltar esa falsa creencia de que *esto-solo-me-pasa-a-mí*, que quizá te aísle o te haga sentirte lástima o terriblemente sola, añadiendo peso a tu malestar.
3. **Bondad hacia una misma** o, lo que es lo mismo, sete amable (nuestro imprescindible n.º 1).

Ahora toca compartirte una de las formas de aplicar esta valiosa herramienta para que entiendas su poder. Le he pedido ayuda a Sylvia Comas,[16] la excelente profesora, experta en *mindfulness*, que me introdujo en esta práctica. Nos va a enseñar cómo ejercitar *la pausa de la autocompasión,* que describe como «el camino más amable cuando la vida nos desafía y nos coloca en situaciones límite, sentimos pesar o nos sobrecoge la ansiedad, la depresión o la desesperanza».

Consta de tres sencillos pasos que, una vez familiarizada con su uso, podrás realizar en poco tiempo. La especialista nos guía a través de ellos:

1. Deja que tu cuerpo se asiente en una postura cómoda y estable y sintoniza con la sensación de movimiento de tu respiración, tal y como se produce.

2. Permite que se haga vívida en tu mente una situación reciente de dolor físico o emocional que te haya afectado o lo esté haciendo todavía. Tal vez hayas tenido algún conflicto familiar, te preocupe algo laboral, tengas problemas de salud o te lleves muy mal con el espejo.

   No tienes por qué elegir tu mayor dificultad, puedes escoger, para empezar, algo más ligero y que te resulte

16 Instructora certificada de Mindfulness Based Stress Reduction y de Mindfulness Based Compassionate Living, es autora de *Burbujas de paz,* uno de mis manuales de cabecera, junto con *Mindfulness con corazón,* coescrito con Van den Brink y Koster. Ambos incluyen audios. He sido alumna suya y tanto sus talleres, presenciales y *online,* como sus retiros de silencio son muy recomendables. Más información en: www.mindfulnessconcorazon.com.

manejable. Ese podría ser un acto de amabilidad hacia ti misma.

Con ayuda de tu imaginación, conecta con lo que ocurría entonces y toma conciencia de cómo percibes la experiencia en este momento: qué sensaciones físicas, emociones y pensamientos surgen. Intenta acoger todo lo que se presente con aceptación, es decir, sin luchar contra ti misma o tus sentimientos, para no agregar más malestar a lo que ya de por sí es difícil.

3. Una vez que lo hayas hecho, puedes decirte a ti misma, en voz alta o mentalmente:

- «Este es un momento de sufrimiento». También puedes optar por: «Esto me duele» o «Esto es doloroso».
- «El sufrimiento es parte de la vida. No estoy sola en esto.»
- «Ojalá pueda ser amable conmigo misma.» O bien: «Ojalá pueda tener fuerza (o sabiduría o coraje) para afrontar esta dificultad».

Permite que surjan desde tu corazón las palabras amables que necesitas oír en relación con esa situación... Y si te ayuda, puedes llevar una o ambas manos al pecho o a una zona en la que quizás sientas el dolor asociado a esa experiencia con más intensidad.

Imagínate que hubiéramos aprendido a hacer esto ya en nuestra niñez. La de sufrimiento que nos hubiéramos ahorrado. Pero, como bien dice la sabiduría popular, *nunca es tarde...*

## ¿Qué hacemos con nuestra *grandísima* culpa?

Que tire la primera piedra la mujer que no haya sentido/sienta cómo la lacera. ¿O acaso tú no has caído ni caes en ella? Es tan fácil pillarnos *cargando* contra nosotras mismas: por no llegar a todo, por saltar cuando no podemos más, por no estar a la altura del ideal de belleza, por sentir que al priorizarnos somos egoístas, peor aún, traicionamos —pecado capital— a *los nuestros...*

Sea como sea, nuestros remordimientos suelen hacer acto de presencia a la mínima y no es de extrañar... ¿O acaso ya no te acuerdas de que Eva fue la causante de nuestra expulsión del paraíso? La primera mujer y ya mala. Vamos, que nacemos con el estigma y, detrás, llega toda la carga de nuestra socialización. Tranquila, no voy a repetirte la larga lista de *nuestros deberes,* pero sí que, con ese fardo a nuestras espaldas, ¿cómo no vamos a sentirnos fatal —en falta, egoístas— si osamos darnos prioridad? ¡Incluso solo de imaginarnos haciéndolo! Dudo que exista, aparte de la vergüenza, un mejor instrumento de control.

Seamos sinceras, bueno, selo tú, que eres la protagonista de esta historia: ¿a cuánto has renunciado por sentir culpa? ¿Cuánto te ha impedido hacer, experimentar, disfrutar? Vamos a por más. ¿Qué te permitirías, harías, lograrías, disfrutarías... si no te sintieras así? Usa la libreta para responderte. Verlo escrito impacta. Y sé específica, cuanto más lo seas, mejor notarás los resultados de su zarpa.

Tenlo *pero que muy* claro: sentirte culpable no significa que lo seas. O sea que cuando reconozcas su punzada no desistas *a la primera* de hacer o pensar aquello que te la provoca. Antes de tirar la toalla, pregúntate qué gatilla tu desasosiego. Reflexiona sobre la o las normas, principios, *deberías*... que crees estar transgrediendo, porque eso es lo que genera tu desazón. Y, no menos importante, verbaliza cómo te descalificas y castigas por ello.

Tal vez tengas razones de peso para sentirte así, porque, por ejemplo, le has causado un perjuicio a alguien (a eso se le llama *culpa sana* o *adaptativa*). Si es el caso, toca aprender *—no perder la lección,* ¿te acuerdas?—, disculparse y reparar el daño. Sin embargo, es muy posible que no tengas verdaderos motivos (entonces es *insana* o *desadaptativa*) y te estés dejando llevar por mandatos que te perjudican —«Sé buena», «Sé generosa», «No molestes...»— y va siendo hora de modificar. Para lograrlo, te ayudará preguntarte, afilando tu espíritu crítico: «¿De dónde surgen esas reglas?», «¿Son naturales o se me han impuesto?», «¿Quién o qué me obliga a acatarlas?», «¿Para qué sirven o a quién le benefician?», «¿Acaso eran o siguen siendo válidas?», «¿Qué pasaría si no las obedeciera?» y «¿Cómo puedo ayudarme a desafiarlas?». ¡Quizá hasta puedas crear otras reglas más acordes con tu realidad actual! Entiendo que la batería de preguntas pueda asustar, pero ve a por ellas. Toma una por una tus *grandísimas* culpas y dedícales un tiempo. No te sorprenda que caigan como un castillo de naipes.

De hecho, ya puesta, te animo a enumerar todas aquellas ocasiones en las que te sientes culpable por ponerte en primer lugar (o planteártelo). Puedes hacerlo ahora mismo o dedicar varios días a observarte en busca de tus *grandísimas* faltas... A cada anotación, añádele la regla o mandatos que infringes, cuestiónate su validez y, por supuesto, cómo plantarles cara. Parece una propuesta simple, pero tiene recámara, o sea que dedícale tiempo a solas, en silencio y sin interrupciones. A ver qué te hace sentir, lo que descubres. Y no olvides recurrir al *truco* de la amiga: seguramente, de verla en tu mismo lugar, la disculparías. Pues trátate con la misma bondad y compasión.

**Reparte con ojo**

¿Conoces la técnica de «pensar en tarta»? Nos la explica la psicóloga Milena Gobbo:[17] «Con frecuencia los pensamientos de culpa nos adjudican el 100 % de la responsabilidad de algo con consecuencias negativas. Por ejemplo: "Mi hijo ha suspendido el curso porque no he dedicado tiempo a ayudarle con los deberes". Bien. Sin embargo, ¿es cierto que me corresponde la totalidad de la tarta? Veamos cuántos *culpables* más podemos incluir en la lista. Mi marido. Los profesores del colegio. Los compañeros de clase. El colegio en sí mismo. El sistema educativo. El plan de enseñanza. La Play. TikTok. Y, por supuesto, ¡mi propio hijo! Y podría añadir más cosas. Pero la idea queda clara: si atribuimos un porcentaje de culpa o responsabilidad a cada uno de los actores o situaciones que tienen *su porción* en lo ocurrido, nos damos cuenta de que, en realidad, *la nuestra* no es tan relevante». ¿No te encanta? Pues aplícatelo.

Para acabar, una pregunta: ¿a un hombre le medirías o se le mide por el mismo rasero que te aplicas o te aplicarían a ti? Si nunca te lo has planteado desde esa perspectiva, em-

17 Es psicóloga, especialista en dolor y enfermedades autoinmunes, áreas en las que desarrolla actividad clínica, docente e investigadora. Pasa consulta presencialmente en Madrid (PositivaMente Centro de Psicología) y también hace tratamiento *online*. La encuentras en <www.milenagobbo.com> y <www.positivamnt.es>.

pieza a hacerlo y no solo para afrontar tu culpa. Siempre que dudes de tus derechos o tengas tentaciones de ningunearte, compara. Despertarás a una nueva realidad.

La culpa da para muchas páginas, pero mi propósito aquí ha sido abordarla pensando, sobre todo, en cómo nos suele acechar cuando decidimos priorizarnos o *faltamos* al modelo de buena mujer en el que nos han educado. Por supuesto, te animo a ampliar tus pesquisas a todo aquello que te la genere. En los siguientes apartados sumarás más herramientas que te ayudarán a encarar estos momentos de autoflagelo y a perdonarte.

## Permítete indagar en lo que sientes

Cuando aprendemos a prestarles atención sin dejar que nos gobiernen, nuestras emociones y sentimientos nos ayudan a conocernos, saber qué necesitamos y tomar mejores decisiones sobre cómo actuar al respecto. Sin embargo, lo usual es que no aprovechemos su potencial, sobre todo cuando nos apresa la ira, la culpa, la tristeza, la vergüenza, la envidia, los celos, el miedo…, *lo desagradable*. Entonces, lo típico es que hagamos todo lo posible por sortearlos y evitar el sufrimiento o nos dejemos dominar por ellos, muchas veces con consecuencias indeseadas. En todos los casos, un malgasto energético… ¡y de vida!

Si te ves reflejada en lo que acabas de leer, apúntate a la que ojalá sea ya tu fórmula favorita: detener tu piloto automático, poner el foco en ti y *elegir* una conducta que te ayude. Lo que en este caso implica identificar lo que sientes, escuchar qué te está diciendo —*revelando*— y decidir lo que vas a hacer al respecto, si es que quieres, necesitas o tienes que hacer algo. Lo vemos.

La próxima vez que afrontes una emoción difícil, intenta aceptar la incomodidad que te genera, respira conscientemente para calmarte y deja que se exprese. No pretenderás satisfacer tus necesidades si no eres capaz de sentirlas: «Sin barro no puede haber flores de loto».[18] Para ello, detente a escuchar tu cuerpo. Cierra los ojos, si te es posible, y observa dónde se aloja eso que te está trastocando, es decir, las sensaciones físicas que te genera. Igual notas dolor en el pecho, el intenso bombeo de tu corazón, un nudo en el estómago, tensión en las mandíbulas, opresión en la garganta... Quédate ahí un rato. No huyas, ni analices, ni juzgues. Solo acoge y *acepta* lo que hay. (Y, de no lograrlo, no te censures, tendrás otras oportunidades y, cuanto más practiques, menos te costará.)

A continuación, define lo que te está sucediendo: «Estoy sintiendo rabia, miedo, vergüenza, soledad, rechazo...». Suele costarnos mucho, porque nos falta vocabulario para definirlas con mayor precisión. No es que no existan las palabras, sino que la mayoría nos quedamos en lo básico: en-

18 Son palabras del monje budista zen Thich Nhat Hanh.

fado, alegría, tristeza... ¡Con la de matices que hay! No es lo mismo estar enfadada que rabiosa, dolida, celosa, frustrada u odiar; ni estar triste que sentirse apática, *poca cosa,* avergonzada, aburrida o culpable.

*Nombrar* lo que sentimos es esencial, porque nos permite tomar distancia psicológica. Cuando entra en acción, nuestro córtex prefrontal —capaz, entre otras virtudes, de razonar, ver con perspectiva, controlar los impulsos, resolver problemas y tomar decisiones— reduce el poder de nuestro sistema límbico, es decir, la parte de nuestro cerebro que se ocupa de nuestras emociones y nos aboca a inhibir, huir o a dejarnos poseer por ellas. No es lo mismo estallar a causa de la rabia, y luego arrepentirse —por habernos perjudicado con nuestra reacción o dañado a los demás—, que expresar nuestro sentir o hacer algo al respecto desde la calma, ¿no crees? Y párate a pensar en lo insano y, por tanto, inconveniente de no permitirnos percibir su fuerza y descubrir lo que intenta decirnos: estamos anulando parte de quienes somos. Eso tiene consecuencias. Piénsalo: quizá ya las sufras.

Siguiente paso: nuestras emociones suelen *revelarnos* algo. Si las atendemos y profundizamos en lo que las ha motivado, es probable que nos ayuden a identificar alguna necesidad no atendida y podremos, usando *esta vez* la razón, decidir qué hacer o cómo ayudarnos a afrontar el problema. Dicho de otro modo, serás tú quien decida, no ellas.

Quizá necesites ejemplos. Pongamos, por caso, que sientes miedo. Decide tú a qué. Sentirlo en su justa medida es sano.

Su objetivo es protegernos cuando creemos no disponer de los recursos o no estamos preparadas para afrontar una situación. La respuesta habitual consiste en evitar exponerse, cuando no escapar, a eso que sentimos como una amenaza. Parece lógico, pero ¿lo es siempre? Tal vez en algunas ocasiones (andando por un barrio peligroso, ante un perro que nos gruñe...), pero habrá otras, muchas, en que no. Compruébalo: al igual que hiciste cuando hablábamos de la culpa, pregúntate a cuánto has renunciado por temor y cuánto te ha impedido hacer, crecer o disfrutar. Dedícale un rato a repasar tu historia. No te engañes. ¿Cuánto? Seguro que bastante. Y ¿era necesario? Probablemente no. Probablemente era infundado.

Cuando nos permitimos sentir nuestro miedo, darle su espacio, nuestras posibilidades se amplían, porque, en vez de quedarnos atrapadas en la emoción, nos abrimos a entender su mensaje y a reflexionar. Y al hacerlo, quizá comprobemos que nuestras razones son más imaginarias que reales y que lo que más nos asusta es lo que *nos estamos contando* o comprendamos que, aun estando asustadas, tenemos sobradas razones para no escabullirnos (es eso de *¡hazlo con miedo, pero hazlo!*), o encontremos estrategias para afrontarlo y aliados en los que apoyarnos, o descubramos que sabemos confortarnos y somos más resilientes de lo que pensábamos... Dicho de otro modo, *lo perjudicial es no indagar en lo que sentimos.*

Ocupémonos del enfado, la rabia, la ira... *Eso* tan mal visto por colisionar frontalmente con el comportamiento que debe exhibir una mujer, pero que *—ay, ay, ay—* solemos manifestar con mucha facilidad y fuerza en la segunda etapa de la vida. Quizá ya lo hayas comprobado, porque cuando el *velo hormonal* está desapareciendo o se ha caído, resulta muy difícil engañarse a una misma. Cuando algo no funciona, pensamos que nos están faltando al respeto o una situación nos parece injusta, es fácil sentir que nos hierve la sangre ¡y que hagamos que el mundo se entere! Y como nadie está acostumbrado —¿tampoco tú?—, puedes resultar y resultarte desagradable. Sin embargo, no te avergüences ni te descalifiques por haber saltado. Esas reacciones (consideradas *horribles* cuando las protagoniza una mujer: ¡toma mandato de género en acción!) te advierten de que debes poner límites, hacerte valer, defender aquello en lo que crees... Por lo tanto, no intentes reprimir su fuerza, mejor te dejas sentirla, identificas tus necesidades y decides si has de reaccionar y qué puedes hacer para solventar lo que te lo haya provocado. Es más, ten en cuenta que suprimir o reprimir nuestro enfado es perjudicial para nuestra salud.[19]

Sin embargo, estate alerta, porque las excepciones existen: una cosa es intentar entender los motivos de lo que sentimos y otra forzar una explicación. No todo la tiene ni siempre está a nuestro alcance. A veces tendemos a racionalizar y eso hace que inventemos un motivo equivocado y que *nuestro*

19 Ojo, no estoy afirmando que sea causa directa de una patología, pero sí que cada vez existe mayor evidencia de su correlación. En el caso del enfado reprimido, con las enfermedades autoinmunes, ciertos tipos de cáncer, el dolor crónico, los desórdenes alimenticios, la ansiedad...

*veredicto* nos genere un problema. Lo que puede suceder fácilmente, por ejemplo, cuando buscamos culpables. Tenlo en cuenta: a veces hemos de aceptar que no hay respuestas y que basta con conectar con la sensación, sin juzgar ni interpretar... Simplemente aceptando lo que hay. Muchas veces, eso bastará para desengancharnos del malestar.

**Experiencias pasadas**

No descartes mirar hacia atrás, porque es probable que tus emociones y sentimientos no sean algo que (solo) pertenezca al presente. Es muy posible que *corran por vías subterráneas* y despierten de su latencia porque un evento los gatilla. Cuando algo te afecte negativamente, pregúntate si ya te habías visto en *esas* con anterioridad, en qué ocasiones, cómo respondiste... Todo lo que descubras te ayudará a proveer por ti.

Mejor si buscas un ejemplo tuyo, pero pongamos que una amiga se olvida de llamarte en un día importante y te sientes rechazada o un comentario de un colega te hace dudar de tu capacidad: ¿puedes relacionar la situación actual con alguna anterior en la que te sentiste de manera parecida?, ¿qué hecho del pasado puede estar influyendo en tu percepción de los acontecimientos hoy? Es muy posible que encuentres algo que tenga que ver. Que explique mejor por qué motivo/s te sientes así o te afecta tanto.

Quizá entonces lo llevaste fatal, pero ¡ya no eres esa persona! Probablemente has madurado y ahora dispones de numerosas herramientas para acompañarte y cuestionar o apaciguar tu malestar. Una vez más: la práctica hace a la experta.

Te cuento sinópticamente la historia de Carla (muchas mujeres podrán verse en ella, por eso la escojo). Explica que llevaba unos meses muy desanimada y todo le costaba. Aun así, y sin saber de dónde sacaba el impulso, «a veces me dominaba la bestia». Bastaba que su pareja llegara tarde a cenar o que uno de sus hijos no contestara a su llamada de móvil y la liaba parda. «Era una locura. O me hundía en la miseria y lloraba por cualquier cosa o me enfadaba y maldecía a todo el mundo. Y eso podía sucederme en fracción de segundos. Aquello era inviable. Me preocupaba mi salud mental y temía perder a los míos, pero no lograba salirme de mi caos», explica.

Tras una bronca monumental con su primogénito —«Mamá, no sé qué te pasa, pero me asusta verte así»— y una llamada de socorro a una buena amiga (son nuestros ángeles), «decidí que tenía que abrirme en canal. Ver qué había, sacarlo todo: el dolor, la rabia, lo que fuera... Y me puse a escribir sin orden, sin plan... Vomitaba todo lo que se me pasaba por la cabeza». Día tras día, capa a capa, fue indagando en lo que sentía, en lo que generaba su malestar.

> Me costó, pero ahora entiendo por qué caí en barrena. Cuando nació mi primer hijo, dejé mi trabajo en segundo plano, quería centrarme en formar una familia, y después tuve otros cuatro. Les he dedicado casi todo mi tiempo, a costa de mi profesión, mis *hobbies,* mis sueños... La verdad sea dicha, ahora ni recuerdo cuáles eran. ¡Qué triste! Y ellos, lo natural: se han ido marchando y hace un año se independizaron las gemelas. Desde entonces, la casa se

me cae encima. Y yo... Seré sincera, no quiero ser rencorosa, pero me siento injustamente tratada, ahora que ya no me necesitan, apenas los veo. Entiendo que se han de ir, pero estoy dolida, enfadada... ¡Rabiosa! Por su ingratitud, por sentirme vacía sin ellos. Pero lo que más me duele es que soy muy consciente de que fui yo la que no pensó en sí misma. Me abandoné. Y ahora, ¿qué hago con mi vida? He seguido *las reglas* y ¿para qué? No soy feliz. Ni siquiera cuento con mi marido. Es adicto a su trabajo y a los deportes. Da igual cuál sea: fútbol, tenis, atletismo, automovilismo... Está enganchado a todas horas a la prensa, la radio, la tele... Eso sí, de practicarlos, poco. Después de tantos años, nuestra convivencia es de lo más apática. Ahora, sin hijos que nos unan, ni te cuento. Podría desaparecer y no se enteraría. Me siento sola, poco valorada, insegura... ¡Y me aburro! ¿Qué hago con todo mi tiempo? Tenía una vida y ahora no sé quién soy, qué quiero...

Vérselas en esa situación es duro, por supuesto, pero no el fin del mundo. Eso nunca. Entender lo que la ha llevado a sentirse así, qué necesidades esconden sus emociones, le permitirá avanzar: plantearse qué hacer al respecto. ¿Hay algo de lo que deba ocuparse? Por supuesto. ¿Qué puede hacer para sentirse mejor?, ¿para solventar o aligerar eso que le está afectando? Mucho. Podría, por ejemplo, elegir sus *palabras guía* para que la ayuden a (empezar a) orientarse, cuestionarse lo que se está contando —la veracidad de todos sus pensamientos— y los mandatos que han regido su vida, pensar si ha llegado el momento de embarcarse en algo nuevo y entablar nuevas amistades, plantearse qué necesita de su relación de pareja, afrontar una conversación largamente aplazada, pedir ayuda de necesitarla... Y, desde luego, practicar la amabilidad y compasión consigo misma. Estoy siendo muy escueta, solo pretendo que atisbes el potencial de permitirnos sentir nuestras emociones porque, a estas alturas, seguro que entiendes que, juntando todas las herramientas de las que hemos hablado (y hablaremos), Carla —cualquiera de nosotras— tendría mucho donde apoyarse para (re)encontrarse y en este caso también diría que reconciliarse consigo misma.

No lo dudes, si frenas y enfocas en ti, en vez de dejarte *dominar por* o *huir de* lo que sientes, descubrirás muchas cosas y, si persistes en esta práctica, asimilarás el hábito y cada vez te resultará más fácil comprobar que aquello que considerabas negativo tiene su razón de ser: es la perla dentro de la ostra.

## «Aprende a bailar bajo la lluvia» o cómo dejar de preocuparte[20]

Tu cabeza no para. Bueno, la tuya, la mía y la de casi todo el mundo. La de horas que perdemos dándole vueltas a al-

20 De la frase «La vida no consiste en esperar a que pase la tormenta, sino en aprender a bailar bajo la lluvia», de Vivian Greene, escritora y empresaria, considerada, en su tiempo, la mayor experta del mundo en casas de muñecas. Fue la esposa del escritor Graham Greene. La de historias que se debían contar.

go del pasado o del futuro, ¡incluso cuando sabemos que no va a servir de nada! Y ¿cuántas veces te has quedado atrapada en una emoción o pensamiento desagradable? Seguramente, más de las necesarias, porque —lo dicho— así es como solemos funcionar: *secuestradas* por nuestra mente, en vez de en el *aquí y ahora*. Y, para colmo, nuestros pensamientos suelen escorar del lado negativo. De hecho, se calcula que el 80 % tiene que ver con dificultades, penas, disgustos, frustraciones..., lo que, lógicamente, perjudica nuestro estado de ánimo.

Visto así, decirle a una persona que deje de preocuparse es mucho pedir. No es que sea una meta inalcanzable: podemos lograrlo. Pero es verdad que, de entrada, tenemos las de perder, porque salimos de fábrica con ese hándicap: nuestro cerebro es una máquina de solventar problemas. ¡Esa es su principal misión! Por lo tanto, la preocupación la lleva de serie. De hecho, es así porque hubo un tiempo en que de ello pendía nuestra vida. El mundo nos era muy hostil y necesitábamos estar en guardia: estar constantemente rastreando los peligros y buscando formas de sobrevivir tenía su razón de ser. ¿Pero ahora? Sería extraño que un mamut nos fuera a atacar en cualquier momento, ¿no? Sin embargo, vivimos como si eso pudiera suceder.

Imaginemos (igual no es mucho imaginar) que tiendes a *devanarte los sesos* y sufrir por casi todo lo divino y lo humano, que quedarte enganchada por lo emocionalmente difícil es tu pan de cada día, que elucubrar sobre tu pasado —¡que es inamovible!— te amarga la existencia...,

¿no sería mejor darle una oportunidad a otra forma de ir por la vida?

Verás, si sigues funcionando en piloto automático te será imposible evitar que tu mente te tiranice, generándote emociones y pensamientos que te desasosieguen. Te lo ha demostrado, ¡y de sobra! Sin embargo, si a la que te das cuenta de que *te la está jugando* —¡suele hacerlo!—, decides frenarla, cambiarás por completo las reglas del juego. ¿He de aclarar que a tu favor?

Este es el plan. De hecho, ya lo conoces. Se trata de que en el instante que notes que te ha engullido una preocupación inútil *elijas* no dejarte arrastrar. Es decir, que tomes la decisión de *frenar eso que te estás contando*. No te estoy diciendo que niegues tu sufrimiento. Puedes reconocerlo y *aceptarlo*: «Siento angustia ante lo que pueda pasar», «Me duele lo ocurrido», «Me estoy *comiendo el coco*». Pero punto: ¡ni una concesión más!

Ni una. Dispones de muchas herramientas para dejar de estar en *modo errante,* preocupándote. Repasemos. Si, por ejemplo, te preguntas qué necesitas en este preciso instante, cambiarás el foco de tu atención. Lo mismo sucede si haces la *pausa de la autocompasión,* usas un anclaje, estableces tu intención, respiras de forma consciente... Cualquiera de estos métodos te permite volver al *aquí y ahora*. ¡Solo hace falta que los uses! Una y otra vez. Hasta integrarlos en tu cotidianeidad. Habrá chascos, pero dale.

Y para que no digas que te faltan medios, aquí tienes más sugerencias, incluso alguna muy divertida:

- Fijarte en 5 cosas que te rodean y, si puedes, nombrarlas en voz alta: la lámpara roja que me compré en el *outlet,* el sofá verde con cojines floreados, el centro de cristal encima de la mesa, la vela blanca que encendí anoche, mi precioso vestido amarillo... Si te prohíbes repetir los colores, más tendrás que esforzarte. Hazlo sin prisa. Prestar atención a tu entorno, buscar esos elementos silencia tu *no parar* mental (estás cambiando tu enfoque) y te devuelve al presente.
- Técnica del 5-4-3-2-1. Es una de las más utilizadas para recuperar el control cuando nos amenaza la ansiedad. Consiste en señalar 5 cosas que puedas ver (la propuesta anterior a esta), 4 que puedas escuchar, 3 que puedas sentir, 2 que puedas oler y 1 que puedas saborear. Lo mismo: dirigir tu atención a tus sentidos requiere concentración y tiempo y sueltas lo que te estaba preocupando.
- Enfocarte en tus pies. ¡No bromeo! Toma conciencia de cómo los sientes. ¿Están confortables?, ¿tienen frío o calor? ¿Notas tensión? Presiónalos contra el suelo: ¿cómo los percibes? Conectar con nuestro cuerpo nos rescata de *la azotea.*
- Responderte a una serie de preguntas: «¿Dónde estoy?», «¿Cuál es el día del mes, la estación del año?», «¿De qué signo del zodiaco serías de haber nacido hoy?», «¿Quién gobierna en el Reino Unido?». Es decir, elige preguntas que te obliguen a pensar un poco.
- Anteponer una frase del tipo «En este momento estoy

teniendo el pensamiento de que» a eso que te estés diciendo: «Soy irresponsable», «No sabré defender a mi cliente», «Acabo de hacer el ridículo»... Si la repites varias veces, observando lo inútil de tu pensamiento —ni te beneficia ni te hace mejor persona—, tomarás distancia. Puedes probar a jugar con el tono de tu voz o decírtela muy despacio o a todo correr.[21]

- Cantar. Esta me encanta, porque puede llevarte del momento *descenso a los infiernos* a la carcajada en *cero coma.* Implica convertir *eso* que te martillea («Soy incapaz de entender el Excel», «Ya no le intereso a mi pareja», «No lograré acabar este libro», por supuesto que esta es mía) en la letra de una melodía tipo *Cumpleaños feliz* o *Porque es una chica excelente.* No estoy bromeando: ¡sustituye las palabras de las canciones por *lo que te dices* y verás! Funciona. He llegado a llorar de risa diciéndome barbaridades sobre mi desastroso texto en clave *Yellow Submarine.* Es imposible tomarse en serio algo tan dañino haciendo algo tan absurdo.
- Ponerle un título —como si fuera una película— a las historias negativas que te sueles contar, de forma que, cuando empieces a machacarte, puedas decirte rápidamente algo así como: «Tachán... De nuevo en sus

21 Esta estrategia, al igual que las restantes, es propia de la terapia de aceptación y compromiso. Si quieres profundizar más en cómo funciona, encontrarás recomendaciones en el QR que incluyo al final de este capítulo.

pantallas, la reposición de *Soy un fracaso* con fulanita de tal [o sea, tú] en el papel estelar»... o algo similar. Y puedes nombrar tantas historias como tengas: «Tachán... De nuevo en sus pantallas: *¡Todo el mundo es malo!* o *Mi vida es un asco* o *Soy una inútil...*». ¡Lo que quieras!

Más que suficientes, así que sigamos. Pongamos que ya hemos *aterrizado*, es decir, le hemos dado puerta a eso que tanto nos preocupaba. ¿Siguiente paso? Pues nuevamente decides. Quizá quieras centrarte en lo que estabas haciendo cuando empezaste a divagar: *reengancharte* a la conversación que estabas manteniendo con tu amiga, retomar el correo que estabas escribiendo, acabar de poner el lavavajillas... Quizá decidas hacer otra cosa. Sea lo que sea, hazlo estando presente. Y si *el diablo* te tienta en la mala dirección, repite el proceso.

Marie Curie nos dejó unas cuantas frases memorables. ¡A ver qué te parece esta! «La vida no merece que uno se preocupe tanto.» No seré yo quien se lo discuta. Tampoco lo hagas tú.

## ¿Sabes poner límites?

*Darte tu sitio* requiere saber trazar una raya. Si siempre cedes para que los demás estén contentos, si te responsabilizas de tareas o problemas que no te corresponden, si acudes sin dudarlo a cualquier petición de ayuda, si amoldas tu vida a las necesidades de tus seres queridos o de tu trabajo...[22] y estás cansada, no tienes tiempo para ti, a veces te imaginas mandándolo todo a paseo, a menudo estás de mal humor o te escuchas quejándote, te sientes injustamente tratada, muy sola o invisible a ojos de los demás, el resentimiento te quema como la bilis... Está claro que has llegado al límite ¡precisamente por no ponerlos! Y es probable que hayas tomado conciencia de que deberías haber reaccionado mucho antes, no haber esperado a sentirte tan sobrepasada, y te preocupe no saber por dónde empezar ni cuánto te va a costar lograrlo.

> Cambiar no es fácil, pero continuar funcionando de la misma manera tampoco lo es, así que por nuestra salud mental y física debemos actuar —nos advierte la psicóloga Cristina Pipó, quien ha acompañado a cientos de mujeres en la tarea de *encontrar su propia voz*—.[23] Requiere, para empezar, conocer tus necesidades y tus deseos, y definir cuáles son tus límites, es decir, dónde empieza y acaba tu

22 Tal vez podrías rescatar tu lista de descuidos. Seguro que apuntan dónde necesitas establecer un tope.

23 Máster en Psicoterapia Analítica Grupal y en terapia sexual y de pareja, y especialista en intervención de personas con experiencia de abuso sexual en la infancia, trabaja como psicóloga sanitaria en el Servicio de Salud Mental del Hospital Universitari Parc Taulí de Sabadell y en el Servicio de Asistencia a la Salud Sexual y Reproductiva del Institut Català de la Salut.

responsabilidad. No hay que ser muy rígida. En muchas ocasiones las circunstancias nos obligan a asumir cometidos que no son nuestros y no nos queda otra que aceptarlo. El problema surge cuando constantemente asumimos más de lo que nos toca y hacerlo se convierte en nuestra forma habitual de funcionar.

El autoconocimiento —continúa— puede ser complicado, sobre todo si tiendes a mirar más por los demás que por ti y vives acelerada. Si es tu caso, necesitarás tomarte un tiempo para explorar las sensaciones que te generan las diferentes situaciones en las que te veas inmersa. Después, te tocará dar un paso no menos difícil: expresarlo. La manera en que lo hagas condicionará la respuesta del otro, por eso debes aprender a comunicarte de forma asertiva y mantenerte firme ante tu propia resistencia (porque la culpa, el miedo o la ansiedad suelen hacer acto de presencia) y la de quienes no están acostumbrados a que les digas *hasta aquí*. Tu entorno cercano se va a ver afectado. Puede que reaccionen bien, porque no hayan sido conscientes de que traspasaban tus límites o estén dispuestos a rectificar. Pero los cambios no siempre se reciben positivamente y, en ese caso, tendrás que aprender a tolerar la incomodidad y el malestar de los demás. Ellos también tienen que adaptarse.

Te habrás dado cuenta de que otra vez han aparecido: el dichoso piloto automático y la importancia de detenernos y sentir nuestras emociones para averiguar su mensaje. En este caso, significa, por ejemplo, que cuando una de tus líneas rojas está siendo traspasada, lo notas si te permites sentir tu incomodidad, enfado, tristeza, frustración, impotencia... Al respecto, Pipó advierte que:

> Cuando, en sesión, una mujer me dice «yo soy fuerte y puedo con todo», se me encienden todas las alarmas, porque me indica que ha necesitado mucha fortaleza para sostener tanta carga y, no nos engañemos, somos humanas y nuestra capacidad de aguante no es infinita. Cuando la superamos el cuerpo nos avisa y debemos parar.

De hecho, tus sensaciones corporales te hablan: tus cefaleas, la rigidez de tu cuello, tus lumbalgias, los constantes suspiros, los dolores de estómago, esos puños crispados... Cualquiera de esas reacciones pueden ser una señal que te advierte: *esto no debería estar pasando*. También puede ayudarte a *descubrir tus límites* hacer un ejercicio de memoria en busca de situaciones pasadas en las que te sentiste así. ¿Qué sucedió?, ¿qué habría evitado que te sintieras mal? Dale vueltas, porque allí tienes tus respuestas. Recuerda que tienes tu libreta.

Hecho esto, hay que pasar a la acción:

> De no hacerlo, corres el riesgo de que una dificultad se convierta en un problema y, todavía peor, se enquiste o cronifique y desencadene una patología mental como la ansiedad o la depresión. Por eso has de ser coherente con

lo que sientes y actuar en consecuencia. Recuerda que el cambio ha de ser progresivo, no puedes lanzarte a la piscina sin antes aprender a nadar, o sea que empieza por pequeños objetivos que sientas que puedes lograr, porque, de no conseguirlo, puede que te frustres y dejes de intentarlo. A veces ayuda buscar aliados o volver a tu cuaderno y escribir un plan de actuación. No es necesario que inventes nada, seguramente en algún momento de tu vida habrás actuado de forma asertiva logrando resultados positivos, pero no fuiste consciente o no le diste el valor merecido, así que intenta recordarlo. Asimismo, para conseguir aquello que necesitas es importante detectar qué te frena (creencias limitantes o emociones como el miedo, la vergüenza, la culpa, la impotencia...) para poderlo combatir o simplemente aceptarlo.

**Claves para comunicarte**

La comunicación asertiva es básica para generar un cambio: es fundamental saber expresar nuestros pensamientos, sentimientos y opiniones de una manera clara y directa, pero calmada y respetuosa con los demás. Y, para ello, debemos tener en cuenta una serie de cuestiones:

**Qué quieres decir.** Tenlo muy claro y sé explícita. No te pierdas en generalizaciones o abstracciones. Ejemplos (fíjate cómo se inician las frases, luego entenderás por qué): «Me duele que hagas comentarios críticos sobre mi aspecto»,

«Me gustaría verte en la reunión escolar de nuestro hijo», «Me ayudaría que vayas a la tintorería a por mi vestido», «Necesito que recojáis vuestras habitaciones antes de meteros en cama y la dejéis hecha antes de ir a clase».

**A quién.** La persona que necesitamos que nos escuche. No es lo mismo hablar con tu jefe que con tu madre o tus hijos.

**Cuándo.** Busca el momento. No inicies conversaciones cuando la persona o personas con las que quieres hablar estén inmersas en alguna actividad, porque no te harán mucho caso, o estén cansadas, agobiadas o enfadadas, tensarás aún más la cuerda. Lo mismo vale respecto a ti. Si estás muy nerviosa o agotada, no estás en condiciones de abordar algo importante. También es crucial disponer de tiempo: no querrás que algo o alguien os interrumpa, ¿verdad?

**Cómo.** La manera en que nos comunicamos es tan esencial como lo que decimos, a veces incluso más, o sea que ponte en su lugar, piensa en cómo te sentaría lo que quieres decir y destierra todo lo que suene a acusación o recriminación. En general, es recomendable hablar desde lo que sientes, precisas, deseas, es decir, usar las fórmulas «A mí me gustaría, necesito, espero, quiero...» y evitar los «Es que tú nunca, vosotros siempre, tú no eres...» o cualquier comentario negativo. Recuerda los ejemplos que has leído. Pipó afirma que: «A veces reaccionamos de malas maneras o de forma agresiva, porque vamos callando y aguantando hasta que no podemos más y estallamos. Eso no te ayudará a resolver, sino que te hará sentirte mal por la tensión que se genera y quien te escuche se quedará más con las formas que con lo que quieres expresar. Por eso es fundamental no acumular y que las cosas se detecten y se expresen en el momento en que las vives».

**Da opciones.** Sugiere soluciones o comportamientos más adecuados.

**Negocia y llega a un compromiso cuando haga falta.**

**Plantea tus necesidades una a una.** Si son muchas y las sueltas de golpe, corres el peligro de desbordar a quien te escucha.

**Cerciórate de que te han entendido y de que tú también los entiendes.** Pide que te repitan lo que has dicho y haz lo propio. Así estaréis seguros de que os estáis comunicando.

**Evita gritos, insultos y amenazas.** Y no los permitas.

**Da tiempo (para digerir).** Tú llegas con los deberes hechos, pero puede que a los demás la cuestión los coja desprevenidos y necesiten unas horas o unos días para reaccionar. Puedes pactar un nuevo encuentro. Mejor ir lento que estrellarse.

Comunicar nuestros límites no implica que estos vayan a ser respetados *ipso facto.* Es probable que tengas que *marcarlos* más de una vez, que surjan resistencias (los ignoren, los pongan a prueba, intenten hacerte sentir culpable para que cedas…), incluso que tengas que establecer consecuencias (no recibir las visitas no anunciadas, negarte a dar de cenar a los amigos de tus hijos si no has sido advertida previamente…). Es más, «en ocasiones, ni la mejor comunicación genera el efecto esperado, así que te toca aceptar que las cosas son como son y afrontarlo de la mejor manera posible».

Haz lo que sea necesario para establecer tus límites y no temas, porque, como afirma Pipó: «La práctica constante hará que acabes interiorizando nuevas maneras de hacer y cada logro alcanzado te servirá de refuerzo para mantenerte en esa línea».

## «No logro perdonarme»

Hacer balance tiene sus peligros y echarnos la culpa por habernos fallado es de libro. Lo frecuente es escuchar comentarios del tipo: me traicioné a mí misma, no tuve en cuenta mis necesidades, he cedido demasiado, renuncié a mis sueños, me faltó valor…

¿Te suena? Es probable, porque condenarse es fácil… Perdonarse es otra cosa. A veces, hasta nos parece misión imposible. Igual ni creamos merecérnoslo. Sin embargo, de lograrlo estaríamos mejor, o sea que, al menos, *permitámonos desearlo.* No nos neguemos esa posibilidad: dejemos ese resquicio y ya veremos qué sucede.

¿Qué más puedes hacer? Básico: recordarte que *eres humana* y, no menos importante, que *siempre lo hacemos lo mejor que sabemos y podemos. No erramos a propósito.* Eso que te recriminas y por lo que te condenas sucedió en un momento o durante un tiempo en el que tu situación, tus sentimientos, tus conocimientos, tus habilidades, los recursos de los que disponías... solo te permitían hacer o reaccionar ¡como lo hiciste! No estabas preparada para más. (Nota por si te despistas: no te olvides de cómo te han podido influir los mandatos de género.)

Aceptar lo ocurrido sin juzgarte es clave. Puede que te hayas olvidado de ti misma, menospreciado, traicionado... Pero ¿de qué te sirve castigarte? Es una inutilidad. El pasado es inamovible. Fue, pero ya no es. Lo que importa es hoy, lo único que realmente tienes, o sea que pon el foco en lo que necesitas hacer para flagelarte menos. Te doy algunas ideas:

- Quédate con *la lección:* lo que vas a cambiar, no volverás a hacer, no renunciarás... ¡Y haz por soltar el resto! ¿Cómo? De entrada, dándote las gracias por haber tomado conciencia. ¡Claro que sí! Podrías seguir estancada en ese mal lugar, pero has abierto los ojos. Y, por supuesto, concediéndote el tiempo que necesites para recomponerte utilizando las herramientas de las que ahora sí dispones: la amabilidad, la compasión, las técnicas para dejar de darle vueltas a la cabeza...
- Comparte eso que te hostiga con alguien que te conozca y quiera: seguro que su forma de verlo difiere mucho de la tuya. Escúchale.
- ¿Podría ser que no perdonarte te beneficie de alguna manera? Lo probable es que te limite, pero acuérdate

de los *beneficios secundarios*. ¿Te libera de algo? Por ejemplo, ¿es una excusa para seguir sin ocuparte de ti misma? *Estoy tan mal que no puedo...*

- Pensando fuera de la caja: ¿y si *archivas* tu litigio contra ti misma y decides que ya lo reiniciarás cuando estés preparada? Visualiza cómo lo haces: quizá metiéndolo en un sobre y sellándolo con cinta negra. De hecho, hazlo. Ya lo abrirás cuando tengas más energía.
- Si nada de lo que intentas funciona, pide ayuda. *Te mereces una vida.*

## Perdonar a los demás

Lo que nos cuesta. ¿A que sí? Pues...

«Imagínate que a ti no te perdonaran tus errores. Tú también has herido, puede que con las mejores intenciones y sin siquiera ser consciente de ello, pero no tienes escapatoria: has dañado a alguien.» Quien habla es la psicóloga Victòria Carmona.[24] Sonríe empática ante mi sorpresa, su voz es dulce, pero no cede: «Si esto fuera un examen, sería

24 Doctora en Psicología de la Salud y del Deporte, trabaja como psicóloga, *coach* y docente. Tiene formación en diferentes orientaciones psicológicas, como terapia cognitivo-conductual, terapia humanista, terapia de aceptación y compromiso, psicoanálisis; así como en las áreas de *mindfulness*, programación neurolingüística y *coaching*. Es especialista en estrés y dolor crónico. Pasa consulta de forma presencial y *online*. Su *email:* victoriacarmona@copc.cat.

un milagro que alguien lo aprobara, porque es difícil pasar por la vida sin causarle mal a nadie. Eso no quiere decir que merezcamos el destierro, lo único que demuestra es que somos humanas y cometemos errores». ¿Te suena?

Si sigues viéndote sentada *a la diestra del Padre,* piensa en esto: en terapia lo habitual es que los pacientes —la mayoría de ellos— necesiten perdonar a sus progenitores por el dolor que les han causado, o sea que, si tienes hijos, ¿te crees, en serio, que vas a ser la única cuyo rol maternal ha sido de matrícula de honor? Y si no son nuestros vástagos los heridos, lo habrá sido algún hermano, nuestra madre, una amiga..., y tal vez no solo haya sido una persona, ¡puede que sean unas cuantas! O sea que haz el favor de liberar el asiento ¡y no rezongues!

Admitida la viga en el ojo, continuemos.

> Perdonar no es obligatorio —aclara la Dra. Carmona— y no tienes por qué hacerlo, pero Buda tenía razón: «El resentimiento es como tomar veneno y esperar que la otra persona muera». Y si es a ti a quien más daña, también es a ti a quien más le beneficia soltarlo. Por eso, aunque perdonar no es fácil, es conveniente abrirse a esa posibilidad, porque como dice Rumi: «La herida es el lugar por donde entra la luz». Cuando le damos una oportunidad al perdón, soltamos la rigidez con que nos aferrábamos a nuestro resentimiento y rechazábamos a quien nos causó el mal, lo que posibilita que, internamente, se puedan ablandar esas creencias rígidas y limitantes que nos están cau-

sando sufrimiento. Necesitamos darnos tiempo, porque cuando lo sucedido nos pesa mucho, no es algo que podamos saldar en unas semanas o meses. Esto vendría a ser un duelo, un duelo de nuestras creencias. Pensaba que tal persona era así y me ha traicionado, pensaba que iba a suceder esto y no ha sido así... Es decir, mi expectativa era una, la realidad ha sido otra. ¡Y eso me cruje!

¿Cómo podemos ayudarnos? La psicóloga nos propone escribir una carta. Esta constará de cinco párrafos que responderán a sendas cuestiones. Las cuatro primeras nos ayudan a tomar conciencia de diferentes aspectos de nuestro resentimiento, la última busca completarlas, por si nos quedara algo por expresar. Son estas (dedícales tiempo):

- **Lo que necesitaba y no obtuve.** Incluye lo que querías, anhelabas, te hubiera gustado... En definitiva, has de hablar de tus expectativas. A veces, serán lógicas... desde tu perspectiva. Otras, te darás cuenta de que esperabas peras del olmo, y eso bastará para liberarte.
- **Lo que quería, pero no me atreví a decir.** A veces callamos o nos quedamos en la superficie, sin expresar lo que realmente nos produce dolor. Hacerlo, aunque solo sea en un papel, es terapéutico.
- **Todo lo que hubiera deseado cambiar y no pude.** Quizá te hubiera gustado que tu madre hubiera sido de otra manera, que tu amiga sintiera lo mismo

que tú, que tu pareja entendiera tu punto de vista... Y pienses que, de haber sido así, nada de esto hubiera sucedido. Pero todo eso no depende de ti, no posees poderes divinos, eres humana y tienes limitaciones. Y reconocerlo —incluido el resentimiento que tal vez sientas hacia ti misma por no haber logrado hacer que las cosas fueran diferentes— te ayudará a aflojar y a soltar.

- **Lo que no soporto de esta situación.** Es decir, lo que activa mi inquina: lo que no me gusta de lo que ocurre o lo ocurrido, lo que me genera rechazo, rabia, tristeza, impotencia...
- **Lo pendiente.** ¿Necesitas expresar algo que no se haya contemplado en los párrafos anteriores? Es el momento.

Una vez escrita, has de quemarla, en un recipiente seguro, e introducir las cenizas en un sobre o bolsa pequeña que habrás de llevar a un lugar que consideres especial y donde puedas realizar el siguiente ritual al que le dedicarás unos 20 minutos.

Empieza visualizando a la persona o personas que te han herido como si fueran niños, lo que te permitirá abrirte a ellas con mayor amabilidad. Date cuenta de que también han sido y son víctimas de su entorno. Al igual que tú, arrastran sus creencias limitantes, sus autoexigencias, sus dificultades... Y, al igual que tú, hacen lo que pueden.

Cuando hayas conectado con esa sensación de ternura (puedes necesitar un tiempo), ve tirando lentamente las cenizas sin dejar de mirar a esas criaturas con compasión y con amor, es decir, deseando liberarlas del sufrimiento y que sean felices. Has de ir reduciéndolas hasta que puedas introducirlas en tu corazón y, cuando lo hagas, dales permiso para que sigan su camino.

Acaba el ritual visualizándote sin resentimiento, sin la negatividad (rechazo, rabia, odio, sed de venganza...) que sentías hacia quienes te causaron tanto dolor. Respira profundamente mientras tomas conciencia de cómo te has liberado —siente todo el aire que ahora puedes contener—, de todo el peso que has descargado, dándote espacio para que una nueva energía te nutra y te sostenga. Percibe esa sensación lo más intensamente posible. Y desde ese nuevo estado, siente gratitud y date las gracias por el viaje que acabas de realizar hacia ti misma.

La terapeuta nos advierte que:

> Al igual que el duelo, perdonar es un proceso. Pasas por fases y no necesariamente se dan en un determinado orden. Incluso en un mismo día pueden converger la negación, la rabia, la pena, la aceptación... Y también puede suceder que creamos haberlo superado y algo, al cabo de un tiempo y cuando ya no nos lo esperábamos, nos vuelva a colocar en la línea de salida. De suceder, puede que nos vengamos abajo por no habernos liberado, pero hemos de evitar machacarnos y culparnos por no haber hecho un proceso de perdón de matrícula de honor a la primera, ¡que ya sabemos cómo funciona la mente! Lo conveniente es intentar verlo como una oportunidad para profundizar

aún más en ese perdón y observar qué es lo que nos activa (rabia, rechazo...), aceptando las emociones y sensaciones que nos genera la situación o esa/s persona/s. Y, si queremos y nos sentimos preparadas, volvemos a abrirnos a la posibilidad de perdonar.

Y ¿qué sucede si no logramos perdonar?

Si te das cuenta de que en el fondo no quieres hacerlo o no es el momento para ti, no pasa nada, pero habrás de aprender a *aceptar* las emociones y sensaciones que te genera el resentimiento para poder estar en paz con la decisión que has tomado. Y si no lo logras, quizá necesites acudir a una psicóloga o *coach* que te ayude a ver la situación o a la persona que te ha dañado desde otra perspectiva y a aflojar tus creencias o la interpretación que has hecho de lo sucedido. Desde ahí, lo más probable es que puedas soltarlo.

Antes de seguir, te recomiendo que te des unos días para aposentar lo que has leído y poner en práctica las herramientas que ya hemos compartido.

Escanea este código para acceder a recursos (lecturas, películas, webs...) sobre los temas tratados en este capítulo.

## 2a
## *Vigila tu diálogo interior*

¿Alguna vez te has fijado en qué te dices y cómo te lo dices? Me refiero a todas esas *lindezas* que te espeta tu *crítica interior*, esa voz que todas llevamos de serie y nos suele hablar incesantemente —en primera o segunda persona— para decirnos de todo menos bonita. Quizá te suenen: «¡Qué tonta he sido!», «Nunca lo lograré», «¡Qué vieja soy!», «Nadie me comprende», «Estoy gorda», «No estoy a la altura», «Todo me sale mal», «Ya no le gusto a mi pareja», «Soy una mala madre», «Siempre me faltan al respeto», «Todo el mundo es egoísta», «Hemos venido a sufrir»...

*¡Basta!*

Está claro que *la pajarraca* es insoportable: lo suyo es señalarnos *todo* lo negativo que hay en nosotras, lo peor que puede pasarnos, lo malo que hay en esta vida... Es crucial cerrarle el pico, al menos tanto como podamos. No es fácil —llevamos toda la vida *permitiéndoselo*—, pero la clave está en recurrir a nuestra fórmula ganadora: si dejamos de vivir en piloto automático y estamos atentas, podremos *pillarla* cuando entre en acción y *cortarle las alas* usando alguna de las estrategias que enseguida te explico.

**Sin maldad**

Nuestra crítica interior pretende *nuestro bien* y nos habla desde ese lugar, no desde la mala intención. Cree firmemente en lo conveniente de lo que nos dice, porque así se lo han enseñado nuestra familia, la escuela, la sociedad... El problema está en sus normas (que, entre otras rémoras, incluyen todos esos *deberías* que nos han inculcado), su *mano de hierro* (lo implacable de su escrutinio, la crueldad con que nos echa en cara nuestras debilidades y fallos, sus terribles amenazas, sus castigos...) y en el resultado, que dista mucho de lo que pretende (culpa, vergüenza, enfado, tristeza, inseguridad, parálisis...). ¡Casi nada! Una losa que nos daña y, muchas veces, enferma.

Pretender rastrearnos constantemente en busca de todo aquello que nos decimos es misión imposible —nos olvidamos—, pero lo que sí podemos hacer es detenernos a indagar cada vez que nos damos cuenta de que estamos inquietas, disgustadas, tristes, inseguras... A la que notes que algo te altera, pregúntate: «¿Qué me estoy *contando*?», es decir, busca qué pensamiento dañino o negativo apareció en tu mente, *por obra y gracia* de *la impertinente,* ¡y te ha arrollado sin piedad! Es más, fíjate en que esos comentarios («Soy un desastre», «Nadie me aprecia», «Seguro que lo hizo a propósito»...) han surgido de forma automática y los has tomado como ciertos sin reflexionar ni haberlos sometido a juicio. ¡Poca broma! ¿No te sorprende el poder que le has dado a algo tan inconsistente (y que se ha ido construyendo y reforzando a lo largo de tu vida por su uso continuado)?

**Según el cristal con el que se mire**

Lo que sentimos no depende tanto de lo que nos sucede como de lo que pensamos acerca de ello. Para comprobarlo, puedes llevar lo que se conoce como un *registro de pensamientos*, es decir, que cada vez que tengas una emoción negativa, te pares y anotes lo siguiente (de no poder, dedícale un tiempo al final del día):

- La situación (qué, cuándo, dónde, con quién), es decir, el acontecimiento, pensamiento, recuerdo... que crees que ha generado la emoción negativa.
- Lo que sientes (ira, ansiedad, tristeza...), si lo deseas, valorando su intensidad del 0 al 100.
- Los pensamientos automáticos, es decir, lo que te has dicho... y te ha llevado a sentir lo que has sentido.
- Las consecuencias. El comportamiento o la conducta que eso propició.

Dos ejemplos. El primero con explicación, el segundo... no creo que ya la necesites.

1. Estás triste y nerviosa (sentimiento). Lo achacas a que esta mañana iban a llamar sobre el resultado de una entrevista de trabajo y es casi la hora de cenar y no sabes nada (situación). Te has dicho (pensamiento automático): «No lo he conseguido», «No soy suficientemente buena», «Jamás podré irme de la empresa en la que estoy», «Nada me sale bien»... Arrasas la despensa (comportamiento).
2. Alternas momentos de rabia y frustración, porque tu hija de 23 años no ha recogido su habitación, con otros de vergüenza y agotamiento, porque le has montado un cisco, por enésima vez este mes, a causa de su desorden. Te estás diciendo: «No me respeta», «Nadie se preocupa por mí», «Si me quisiera, tendría en cuenta lo que le digo», «No sé controlarme, siempre acabo hecha un basilisco», «Pensará que soy una histérica», «Pobre, cómo se habrá sentido de mal por mis gritos»... Entras en bucle —vas de un extremo al otro— y no sirve de nada.

Tú dirás, ¿qué tiene más peso, lo ocurrido o lo que te has dicho? Si suprimieras tus pensamientos automáticos, ¿habrías sentido algo diferente? No lo dudes. (No te pierdas el ejemplo que encontrarás en el QR que tienes al final de este capítulo.)

Y ten en cuenta que todo ello (situaciones, pensamientos, emociones y conductas) está constantemente interrelacionado. Es decir, no se trata de algo lineal, sino algo circular, tu comportamiento también influye en lo que vas sintiendo o las situaciones que se van creando.

Puedes probar a plantarle cara a esos pensamientos aplicando espíritu crítico, lo que implica algo tan lógico como cuestionarlos. Cuando muscules tu pericia, comprobarás la de escollos, *neuras,* malos momentos, problemas... que te quitas de encima.

¿Y si eliges uno de tus pensamientos negativos o creencias limitantes y lo pones a prueba? Cuando hayas decidido cuál, llévalo a juicio. Con tu cuaderno como aliado, hazte las siguientes preguntas:[25]

1. **¿Qué evidencias demuestran o validan lo que te estás *contando*?**, ¿acaso puedes comprobar su veracidad? Dime: ¿es razonable decirte «Soy miedica», «No me lo merezco», «El mundo no tiene remedio», «Jamás me volveré a enamorar», «Mi vida ha sido una desgracia»...? Busca las pruebas, si es que las hay, y párate, siente y piensa. Dedícale un buen rato y te sorprenderá ver lo poco sólidas que son algunas de tus *grandes verdades.*

En serio, pregúntate si no estás confundiendo una falsa creencia con un hecho o saltando a conclusiones erróneas. Para que te hagas una idea. Que una conocida no te haya saludado por la calle no necesariamente significa que esté molesta contigo, puede que simplemente no te viera, tuviera un

25 Esta técnica, al igual que el registro de pensamientos, es propia de las terapias cognitivo-conductuales, cuyo objetivo es ayudarnos a tomar conciencia de cómo pensamos, sentimos y nos comportamos, a fin de que aprendamos habilidades que nos permitan vivir de una forma más positiva y efectiva para nosotras y quienes nos rodean.

mal día o estuviera sumida en sus pensamientos (¿nunca has tenido algo o a alguien delante de ti y no te has enterado por estar tú en Babia?). Si fuera cierto que todo el mundo va a la suya, no existiría Cruz Roja... ni tú cuando le cedes el asiento a alguien en el bus porque lo necesita más. Que no te hayan cogido para un trabajo no implica que tu vida sea un desastre y te bastaría con hacer una lista de gratitud para que te dieras cuenta. Que te tiemblen las piernas solo de pensar en hablar en público[26] no significa que seas insegura; piensa en cómo te sientes o comportas cuando estás haciendo algo en lo que te ves muy capaz o te gusta, o salta la leona que hay en ti cuando crees que alguien va a por uno de los tuyos.

Te habrás dado cuenta de que podríamos tirar millas enumerando ejemplos así, ¿no? Quizá quieras añadir algunos de tu cosecha.

**Deja de tildarte**

«Todo lo hago mal», «No soy lo suficientemente buena», «¡Serás tímida!», «Soy torpe», «Me paso de impulsiva»... A menudo cargamos con etiquetas que nos condicionan y limitan, cuando no somos nada de eso, o por lo menos no lo somos siempre.

26 Es algo que tememos la mayoría de las personas. Puede que por malas experiencias pasadas, dificultades a la hora de expresarnos, problemas con la propia imagen... Nuestro miedo a exponernos y ser rechazados viene de muy lejos: hace miles de años, ser apartados de nuestra tribu solía suponer la muerte. Y eso nos sigue pesando.

Tomemos «Todo lo hago mal». Del cero 0 al 100, ¿hasta qué punto te crees ese pensamiento? Que no sepas hacer algo en concreto o que no te salga como te gustaría no implica que seas incompetente. Tal vez seas ineficaz en esa situación, pero no en todo momento. ¿Acaso me *acusarías* de hacerlo todo mal por ser un pez fuera del agua en la cocina o por resultarme casi imposible montar un mueble de Ikea? Pues entonces. Hago muchas cosas bien, ¡porradas a diario! ¿Y tú? Exactamente igual. Por lo tanto, esa creencia limitante, como tantas otras, es falsa. No te tildes tan fácilmente.

Sugerencia: en vez de etiquetarte generalizando, céntrate en lo ocurrido. Lo pillarás mejor con unos ejemplos. Si estuvieras en mi piel, en vez de decirte «Soy una inútil», podrías decirte «La boloñesa no me ha salido bien» o cambiar «Soy una manazas» por «Esto de montar muebles no me daría para vivir». Lo que no es de recibo es que una salsa o una estantería me (te) definan.

Y ya que estamos: ¿de verdad hace falta que seas extrovertida, menos vehemente, más amable (añade tu/s etiqueta/s)? ¿Acaso no tienes razones para ser o no ser así en determinadas circunstancias? Dale un par de vueltas.

¿Te apetece ir a por más? Pues pregúntate quién te ha *impuesto* esa etiqueta, quizá lo has hecho tú, ¿y a santo de qué? De hecho, igual ni siquiera te comportas o eres así y te lo han/has hecho creer. Es más, ¿acaso necesitas ser *perfecta*? ¿Por qué?

Y con todo eso y si es que aún te quedan ganas: enumera tus etiquetas y cuestiónatelas (ya sabes cómo). Probablemente, comprobarás cuán exagerada eres o lo equivocada que estás. Eso no quiere decir que alguna de ellas no continúe al acecho o que de vez en cuando *te pueda*, pero *pico y pala*. Y no olvides que todas tenemos puntos débiles (= humanidad compartida), o sea que no te espolees tanto.

**2. ¿Es un hecho *científicamente probado* que las cosas son como las estás pensando?** ¿Qué pruebas contradicen, rebaten, demuestran que es una tontería, un disparate, una exageración, una mentira...? Probablemente, *haberlas, haylas:* te remito a los ejemplos que te he dado en el apartado anterior. Dedícale un tiempo y encontrarás tus contrargumentos.

Tampoco estaría de más que te plantearas si estás incurriendo en algún tipo de distorsión cognitiva (forma irracional de pensar) como: fijarte en lo negativo y hacer caso omiso a lo positivo («Me ha felicitado por mi trabajo para animarme, no porque la haya hecho bien»); estar pensando en términos de blanco-negro, todo-nada, siempre-nunca o bueno-malo («Nada me sale bien» o «Nunca encontraré pareja»); ser muy rígida (eso de yo/tal persona *debería* o *tendría que*); pensar que todo lo que sucede está relacionado contigo («Mi pareja tiene mala cara, creo que he molestado» o «Mi equipo no ha logrado la venta por mi culpa»); caer en el catastrofismo («Mi madre no me llama, seguro que está en Urgencias» o «Soy una inútil»); fijándote en tus debilidades sin tener en cuenta tus fortalezas; predecir el futuro en plan adivina o leer el pensamiento de los demás («Haré el ridículo en la presentación» o «Mis amigas se están riendo de mí»)... Lógicamente, si te pillas en una de estas *interpretaciones* erróneas, toca cuestionarlas.

3. **¿Merece la pena pensar así?** ¿Cuáles son los beneficios y perjuicios —ventajas y desventajas— que te ocasiona el hacerlo? ¿Acaso te sirve o soluciona algo? Piensa detenidamente a corto, medio y largo plazo: ¿cómo de importante será esto/esta situación dentro de 6 meses, 1 año, 5 o más? Y no te narres historias. Recuerda lo de obtener *beneficios secundarios*. Decirte, por ejemplo, «Si no voy a ser capaz, ¿para qué intentarlo?» ¿no será una excusa para quedarte en tu zona de confort?

4. **¿Existen otras maneras de plantearte la cuestión que te perturba?** Puedes preguntarte qué diría o haría alguien de tu confianza o una persona más positiva, quizá una amiga, un familiar o ¡tú misma en otro momento de tu vida! Crea un pensamiento alternativo —más razonable, realista, positivo...— que sustituya al automático.

Un ejemplo donde además comprobamos, una vez más, cómo nos beneficia la práctica de la amabilidad y compasión por una misma: «Es viernes y no tengo plan para esta noche, *estoy tan sola*. Esto me duele... Pero todo el mundo se siente así en algunas ocasiones. No solo me pasa a mí. Sufrir forma parte de la vida. ¿Qué puedo hacer para serme amable?, ¿para ayudarme?, ¿qué necesitaría? En realidad, que hoy esté sola no quiere decir que no tenga a mi familia, a mis amigos... y nada me impide conocer a más gente. Es más, me va bien no tener un compromiso. Podré dedicarme a mí, hacer lo que quiera... Podría comprar los ingredientes para probar la receta que ayer me llamó la atención y luego empezar el *thriller* que lleva meses en mi estantería. Sí, eso haré. Voy a hacerme ese taco y leeré un poco, aunque apagaré las luces pronto, que esta semana he dormido menos de lo que me conviene». Así está mucho mejor, ¿no te parece?

**¿Qué es lo peor que te puede pasar?**

Si eso que te preocupa, genera ansiedad, frustra... fuera cierto, ¿cuáles serían las consecuencias para ti?, ¿serían tan terribles o estás siendo muy agorera? En realidad, el problema está en creer que no podrías sobrellevarlas; pero ¿es realmente así?

Tomemos de nuevo el ejemplo de hablar en público (o usa uno de tu cosecha). Si las cosas no salieran como tú quisieras, enumera todas las consecuencias negativas que se te ocurran, yendo de lo peor (¿vas a morir?, ¿perder la razón?, ¿ser rechazada?) a lo más asumible que podría pasar: ¿te das cuenta de cuán difícil es que ocurra eso tan terrible que tu imaginación te pinta?

Examínalas una por una y mide cómo te afectarían, de producirse, y qué podrías hacer al respecto. ¿Puedes descartar alguno de tus temores?

Ahora, de todo lo negativo que has inventariado, ¿qué es lo más presumible que suceda, si es que pasa algo? Imagínate en esa situación y exponte a lo que sientes. No luches contra ello, solo quédate ahí, observando. De hacerlo, quizá tu ansiedad disminuya, porque te habitúes al estímulo que te la provoca. Y entonces ya podrás responderte: ¿puedes asumir el riesgo que crees correr?

Cierro volviendo a la pregunta inicial, pero puntualizando: siendo realista, ¿qué es lo peor que te puede pasar? Y cuando hayas contestado, ve a por otra: de sucederte, ¿crees que podrías sobrellevarlo?

Una forma de debilitar a tu *crítica interior* consiste en imaginarla como alguien diferente a ti. Puedes ponerle un nombre y *externalizar* su voz. En mi caso es y se llama *el cuervo*, y su voz es grave y narcótica. Hasta tengo una cerámica con su retrato en pose majestuosa, y es que se lo tiene muy creído. Todo ello me ayuda a diferenciarla de quien soy yo (no somos lo mismo) y, también crucial, me permite poner distancia cuando *va a por mí* y tengo que plantarle cara, rebatiendo sus estupideces, cortapisas, mala baba...

Te comparto una situación personal. Antes de iniciar este libro, *el cuervo* se empleaba a fondo. Me decía cosas del estilo (y resumo muchísimo): «No sé yo... Se te pasó el arroz y te faltará la chispa para hacerlo bien. Además, con lo perfeccionista que eres, será un suplicio. Y como le dedicarás tantas horas, dejarás a tu pareja de lado ¡y se irá con otra!

Es que lo veo: ¡divorcio al canto! ¿Estás tonta o qué? Y, para colmo, ni verás a tus amigas, ni nadarás, y desconectarás del mundo y no sabrás lo que estará pasando, con lo que serás aún más palurda».

Habrás observado sus golpes bajos. Me llama vieja, poco ingeniosa y ¿qué te parece lo del abandono marital? Tiene bemoles, pero lo que más me cabrea es que no me dice que, de no seguir las noticias, acabaré siendo una ignorante, sino que da por hecho que lo soy. Es odioso.

Te puedes imaginar la contienda; la de horas entre evidencias a favor y en contra, buscando otras formas de verlo... Al principio me tenía achantada, pero, poco a poco, le fui parando los pies, hasta *casi* noquearlo: «Gracias por cuidar de mí. Tienes razón: me costará más, porque tengo menos energía, pero puedo superar las dificultades que surjan, porque disfruto escribiendo, sé de lo que hablo, no tengo prisa... No. No me convences. *¡La vida es mientras estás!* Y tengo mucho que decir, y ha llegado el momento de hacerlo pasándomelo bien. Por mucha lata que me des, que sé que me la darás, ¡vas listo!».

Puede que, en principio, esta manera de cuestionar tus pensamientos (= tu forma de verte y ver el mundo) no tenga la misma fuerza que tus automatismos previos. No aprendemos de la noche a la mañana: integrar requiere de repetición o, como se suele decir, *la práctica hace al experto.* Sin embargo, si después de darle unas cuantas oportunidades, no te convence, porque sientes que das muchas vueltas a tus pensamientos sin llegar a ninguna parte (sin que mejore tu situación) o que, de tanto dárselas, lo acabas viendo todo aún más negativo, ¡descártala! Puede suceder, ¡hay a quien le sucede! Y no pasa nada, así que no te flageles por ello, mejor opta por ser amable contigo misma. Seré franca: me encanta esta herramienta, pero no siempre la uso... ni siempre me funciona. Y, pragmática que es una, también me apoyo en *estrategias* de otras orientaciones psicológicas, como las que te he explicado al hablar de cómo dejar de preocuparte. Es decir, tiro de lo que más me funciona en cada circunstancia. No te niegues la capacidad de hacer lo propio.

Te invito a echar un vistazo a cómo funciona The Work, el método creado por Byron Katie para indagar en los pensamientos que nos estresan, que te dejo en el siguiente código QR.

## 2b
## *No puedes con todo*

Una de las llamadas de atención más claras cuando nos estamos desviando de lo que realmente somos o nos importa es la pérdida de energía. Acabamos no teniendo fuerza de tanto descuidarnos. Piénsalo y luego lee.

Somos muchas las mujeres que hemos asumido como *normal* vivir bajo constante tensión física y mental, no tenemos claro qué hacer para evitarlo o, más triste aún, estamos tan desbordadas y *cansadas* que no nos quedan fuerzas ni para planteárnoslo. Vaya ironía, ¿no? Me refiero a eso de no poder solventar el estrés por estar estresada. Me reiría de lo ridículo de la situación si no fuera tan peligrosa. No solo por cuestiones de salud (con los años somos más vulnerables a enfermar), también porque nuestra energía va decreciendo y hemos de saber usar la que tenemos, porque cuando está bajo mínimos es difícil, si no imposible, estar centrada, ver con claridad, ser optimista... En definitiva, es ingenuo pretender sentirse bien en propia piel cuando una está exhausta. Hemos de crear espacio en nuestra mente y en nuestra vida para poder avanzar.

Es obvio que solo lamentándonos no solventaremos esa carga y, para colmo, estancarse en *modo queja* nos desgasta aún más, porque tiene un *efecto bumerán:* solo nos genera más tensión y sensación de impotencia. Lo pragmático es, pues, tomar acción, es decir, aplicarse lo de siempre: frenar, enfocar en nuestras necesidades y apostar por una conducta que posibilite el cambio que necesitamos. Y repetir, repetir, repetir... hasta hacerlo realidad.

Sin duda, todo lo que estamos compartiendo ayuda a contrarrestar el estrés (priorizarnos, vivir de forma consciente, sernos amables, dejar de culparnos, poner límites...), pero si tienes el firme propósito de soltar lastre, necesitas tener acotados tus frentes, y nada mejor que hacer una lista —sí, otra— de aquello que te consume.

Se trata de incluirlo ¡todo! Desde lo pequeño a lo más importante, tanto si *te ves capaz* de hacer algo al respecto como si no. No solo apuntes lo que para ti clama al cielo: ese trabajo que te amarga la existencia, las tareas del hogar que te pesan como losas, las peticiones de ayuda constantes de ¿cuántas personas?, tu caos económico, los *e-mails* que se te acumulan... Fíjate también en: las horas que le dedicas a las redes sociales y tus atracones de Netflix y similares; el tiempo que inviertes en relaciones que no te aportan o, directamente, son tóxicas; cuánto te afectan tus adicciones —como el alcohol, el tabaco o el azúcar—; cómo te influye alimentarte mal, el poco ejercicio que haces o lo fatal que duermes... Y aún no habrás acabado: recuerda todas esas vueltas que le das a la cabeza en torno a algo que no puedes controlar, probablemente no ocurrirá o ya ha sucedido y no puedes cambiar. Por cierto, ¿estás ya haciendo algo al respecto?

Una vez hecho el inventario de lo que te consume, examina tus entradas para crearte un plan de acción. ¿Qué puedes hacer al respecto? Apunta qué opciones tienes para afrontar cada una. Seguramente, habrá de las que te puedes zafar fácilmente, pero otras necesitarán de mayor estrategia. La cuestión es no cruzarte de brazos.

**Abandona la ilusión de control**

Por mucho que te esfuerces, hay un montón de cosas que no puedes controlar e intentarlo es una pérdida de tiempo ¡y acaba contigo! O sea que lee, reflexiona y, sobre todo, renuncia.

Lo que sí puedes controlar: estar presente, en qué pones tu atención, tus pensamientos, tus acciones y reacciones, aceptar lo que es, cómo te hablas a ti misma, cuán amable te eres, cómo tratas a los demás, en qué inviertes tu energía, tus límites, a quién le dedicas tu tiempo, cómo reaccionas ante la adversidad, los objetivos que te estableces (otra cosa es lograrlos), tu crecimiento personal, llevar un estilo de vida saludable... Poco más.

Lo demás, es decir, casi todo, no puedes controlarlo, o sea que desiste. Te harás un gran favor.

Detengámonos ahora en *algunas* herramientas que nos pueden ayudar a controlar el estrés.

- ¿A qué dedicas tu tiempo: a lo realmente importante o a todo? El secreto está en diferenciar. Sobrecargarte solo te genera problemas, o sea que siéntate a discernir con calma a qué dedicas *tus* 24 horas. Ve a por ti. Y apúntalo en un papel. Has de verlo. ¿Y si dibujaras un diagrama de barras o un círculo y lo segmentaras en función de tus actividades y el tiempo que les dedicas? ¿Lo que ves te convence? De no ser así, pregúntate:

    - Qué es realmente primordial para ti y qué no.
    - Qué puedes delegar, dejar de hacer, minimizar e incluso eliminar. A cada cosa que anotes, ponle posibles salidas.
    - Qué te hace perder tiempo. Sé implacable. Propuesta: elige algo *innecesario* y deja de hacerlo desde esta misma semana. La que viene escoge otra cosa, y lo mismo. Ve sumando.
    - Bonus. ¿Qué quieres en mayor cantidad? No olvides incluir aquello que te gustaría hacer y no te da la vida. Repito sugerencia, pero en positivo: elige un deseo esta misma semana y hazlo realidad. La que viene añade otro y lo mismo.

Así escrito, de tan escueto, parece poco, pero dale vueltas, reflexiona mucho... y aún más. No todo aporta el mismo valor a tu vida.

- Antes de hacer algo, acostúmbrate a cuestionarte: ¿quiero o me siento obligada a ocuparme de esto? ¿Necesito hacerlo? ¿Cómo me sentiré después? ¿Me quedarán fuerzas? ¿Existe otra alternativa? Recuerda tus *palabras guía*. Y decide.
- Niégate a la multitarea: consume energía, disminuye la productividad y, sobre todo, estresa. Que no te cuelen eso de que las mujeres somos capaces de hacer varias cosas a la vez... Solo te aboca a sentirte colapsada.
- Mantén relaciones saludables. Necesitamos conexión, formar parte de algo. Se ha demostrado que tener una buena red social es capital para nuestra salud e incluso hace que vivamos más años. Rodéate, pues, de buenas amistades y apóyate, más que nunca, en tus amigas.
- Si necesitas ampliar tu red de contactos, podrías, por ejemplo, integrarte en algún grupo que comparta contigo esa afición que quieres empezar a cultivar: senderismo, pintura, ópera, teatro... También puedes hacer voluntariado. Ayudar a los demás nos ayuda a nosotros mismos, acabamos recibiendo más de lo que damos. Una última idea: ¿qué tal buscar un círculo de mujeres al que unirte? Puede que encuentres alguno formado por personas transitando por este mismo momento vital. Y si no lo encuentras donde vives, busca a tu camada en WhatsApp, Telegram o internet. Hay grupos a los que unirse.

- Abraza a tu gente, abrázala mucho. Si te cuesta, toca aprender, porque los efectos de los abrazos en nuestro bienestar están más que demostrados: reducen el estrés, aumentan nuestra seguridad en nosotras mismas, disminuyen la presión arterial, fortalecen nuestro sistema inmune... O sea que ¡cuantos más, mejor! La renombrada psicoterapeuta Virginia Satir decía que «necesitamos 4 al día para sobrevivir, 8 para mantenernos como estamos y 12 para crecer». ¡Y que no sean de visto y no visto! Mejor que duren entre 5 y 10 segundos,[27] pero siempre puedes alargar.
- Descansa. Todo lo que puedas. Si crees —erróneamente— que parar implica perder el tiempo, que tienes mucho que hacer y no lo lograrás, que tu hija/madre/quien sea te necesita... y acabas por no sentarte en el sofá durante un rato, ¡algo no funciona! Me temo que el malestar que te generan tu culpa, tus falsas creencias, tus mandatos... es más fuerte que tu necesidad. Pero te estás jugando tu salud, o sea que toca que aprendas a aguantar tu incomodidad. Por mucho que te cueste, deja de hacer, de esforzarte, de todo..., descansa durante, por lo menos, 15 minutos al día. Y no hagas nada que te suponga un esfuerzo. Nada. ¿Lo ideal? Respirar y observar en silencio. ¿Concesiones?

27 A. L., Dueren, A. Vafeiadou, C. Edgar y M. J. Banissy, «The influence of duration, arm crossing style, gender, and emotional closeness on hugging behaviour», *Acta Psychologica, (Amst),* 2021, 221, 103441.

Como mucho una lectura que te apetezca o llamar a una buena amiga. Y ve sumando tiempo o pausas a lo largo del día a medida que te acostumbres a darte ese merecido regalo.

- Aprende a relajarte. Ya sabes lo potente de meditar, pero hay otras formas de hacerlo, o sea que, si aún no has encontrado la tuya, búscala.
- Canta. Tiene virtudes a punta pala ¡y anda que no nos alegra la vida! Pero, centrándonos en lo que nos ocupa, destacaré que reduce el cortisol, también conocido como la hormona del estrés, y libera dopamina, oxitocina y serotonina, que generan sensación de bienestar.
- Escribe un diario. Aparte de desahogarte, releerte te ayudará a identificar qué sentimientos, pensamientos y patrones de comportamiento te generan estrés. Lo que, a su vez, te permitirá buscar soluciones o formas de sobrellevarlo.
- Dedícate tiempo de calidad. *Darte tu sitio* también pasa por aprender a disfrutar (más) de *tus cosas*. Los placeres cotidianos son *imprescindibles,* porque nos dan savia y, como se suele decir, «suman vida a los años». Piensa en lo que te vale la pena, lo que te deleita... y ve a por ello. Soy muy juguetona, o sea que no he podido resistir la tentación de compartirte algunas ideas para pintar fuera de las líneas. No esperarías que te recomendara aprender inglés, eso ya lo habrás pensado tú. Y, por supuesto, no tienes que apuntarte a ninguna. Bueno, salvo a la primera (te animo a considerarla de

obligado cumplimiento). Tú decides si hay algo más que quieras probar.

- Haz algo sola y solo para ti.
- Iníciate en el mundo de la ópera, el *ballet*, el cine negro, las religiones, el ajedrez...
- Rescata algo que te chiflara de pequeña. (Me encantaría jugar al escondite.)
- Escucha música... ¡Y ábrete a todo! La de sorpresas que te llevarás. (Cuando, por un comentario de Rosalía —hablaba de cómo le influyó una canción de un rapero—, me dio por seguir tres series de hiphop, ¡una tras otra!, acabé viendo con buenos ojos algo que hasta entonces había menospreciado. Algunas letras son poesía pura, otras, puñetazos de realidad.[28] Y soy la misma persona que nunca tiene clínex suficientes para sobrevivir al primer acto de *Madama Butterfly*. En definitiva, rastrea con curiosidad.)
- Haz algo que para ti esté fuera de lo habitual: apúntate a un curso de sueños lúcidos, aprende a echar las cartas, escala un rocódromo, participa en una gincana...
- Ve a un parque de atracciones. Otra de mis pasiones. Pocas cosas me pirran más que la sensación de volar que me generan las montañas rusas.

28 Escucha, por ejemplo, la de *Brenda's got a baby* de Tupac Shakur. Hay muchas más, pero esta fue la primera letra que realmente me sacudió. Una desgracia que el rapero muriera asesinado a los 25.

- Empieza una colección de dedales, gnomos de jardín, lápices, jarras de *glühwein,* posavasos (con su historia del momento escrita por detrás)... y hazte experta en el tema elegido.
- Rétate a acabar un crucigrama o un sudoku, aunque le tengas que dedicar varios días y muchas horas de búsqueda en el diccionario o cálculo matemático.
- Hazte fan de algo... y vuélvete loca. La idea es divertirse, no obsesionarse, no me interpretes mal. A mí me da por temporadas: Rosalía, hiphop, *Juego de tronos,* James Hollis (un terapeuta junguiano, del que me leí 6 libros uno detrás de otro ¡y prácticamente hablaban de lo mismo!)... Luego me calmo. *Intensita* que es una.
- Organiza una timba. En el momento de escribir esto, estoy dando mis primeros pasos en el juego de la canasta. Lo mejor son los piques y las risas. Hay una que no soporta perder (me la imagino de pequeña, ¡lo que debía ser!) y otras dos que hacen trampas que no veas... Vaya grupito. Tengo otra: de *mahjong*. Aquí somos todas más comedidas. Nada que ver. Claro que cualquiera hace trampas con esas fichas tan enormes.
- Vuelve, o ve por primera vez, a la universidad.
- Inscríbete en un club de debate... o de lectura.
- Rescata a una amiga de tu adolescencia, haz nuevas amistades.

- Juega al Veo veo, a «De La Habana ha llegado un barco», a peleas a cámara lenta (imagíname en la discoteca de un crucero luchando en la pista de baile con un señor que acababa de conocer: le conté mi afición y se apuntó; ¿mi pareja y su mujer? Supongo que haciendo ver que no nos conocían); al escondite (tenía que insistir, a ver si alguien que me conoce recoge el guante)... ¡A cualquier juego de la infancia!
- Cuando acabe este libro, voy a darle una oportunidad al punto de cruz. Llevo meses haciéndome una lista de premios: leer sobre la historia del góspel, ¿aprender a bailar hiphop? (quizá es *too much*), irme de viaje (eso cae fijo), ver la trilogía de *El señor de los anillos* (también)... y ando buscando una nueva obsesión fan-temporal poslibro.

Seguro que ya intuyes que podría seguir, pero mejor te dejo en paz. Eso sí, estoy abierta a recibir sugerencias. Siempre lo estoy. Cuanto mayor me hago, más ganas tengo de disfrutar sin prejuicios. Intento ser fiel a lo que dice un precioso proverbio japonés: «Con el alma de una criatura de 3 años hasta los 100».

Dos cosas más, para terminar:

- Sé agradecida. Hay muchas formas de practicar. ¿Alguna vez has hecho una lista de gratitud? Puedes incluir: pequeñas actividades cotidianas que te encantan (leer, regar las plantas, disfrutar del yogur de melocotón…); ocasiones especiales (el día en que un desconocido te ayudó, la comida familiar de los domingos, esa melodía que te emociona, una persona que confía en ti contra viento y marea…); cuestiones de salud (llevo una semana durmiendo bien, todos estamos sanos…); algo que posees (tu colección de novelas históricas, tus vinilos de los setenta…); aquello de lo que te enorgulleces (tu pericia al piano, tu sentido del humor o que eres un fenómeno de los crucigramas)… Y no te olvides de incluir en esa lista a tus amigas. Queda claro, ¿no?

- Elige tus pararrayos. ¿Qué te ayuda a reducir el estrés? No esperes a estar agobiada para pensarlo. Has de poder recurrir a ellos con diligencia cuando los necesites. Ejemplos: salir a dar una vuelta, ver un vídeo que te haga reír, dar y pedir un abrazo, leer un pasaje de un libro que te energiza, mirar tus álbumes de fotos, dejarte llorar, cocinar tu plato favorito, jugar con tu perro, rezar, llamar a una buena amiga, bailar, buscar imágenes para tu Pinterest, visualizar tu lugar favorito, dibujar, meditar, cantar, un puzle, bordar…

Puedes hacer muchas cosas para ayudarte a bajar de revoluciones. Pon algunas a prueba y lo comprobarás.

## 2c
## Y ahora, *¿qué necesitas?*

¿A que no esperarías sacar el mayor provecho a un ropero atiborrado —pongamos que el tuyo— sin vaciarlo, averiguar qué esconde, qué se queda y de qué prescindir? Para alcanzar tu meta —un vestuario que *te* funcione—, considerarías razonable permitirte un tiempo de reflexión, de incertidumbre, de pesquisas, de intentonas, de descartes, de *fichajes*... ¡de cierto caos en tu armario!

¿Qué tal si te aplicas el mismo pragmatismo solo que convirtiéndote *tú* —tu existencia— en la protagonista de la revisión? Toca que te arremangues. Tienes que pasar revista.

Cuando en el primer capítulo hablamos de los muchos acontecimientos que pueden estar sucediéndote a la par en este momento de tu vida, imagino que estuviste considerando cada uno de ellos. Quizá pudiste reflexionar sobre cómo te afectaban y darte cuenta de aquello de lo que necesitas ocuparte, pero si te urge seguir ordenando tus ideas o indagar más a fondo, dale una oportunidad a la «Rueda de la vida». Se trata de una herramienta de *coaching* que nos ayuda a ver con mayor claridad cómo percibimos la nuestra en el momento de utilizarla, identificar las áreas que necesitan de nuestra atención y, a partir de ahí, definir nuestros objetivos. Suena bien, ¿verdad?

Obviamente, tu existencia no cabe en una hoja de papel ni se resume en una simple ilustración, pero este ejercicio te ayudará a evaluar en qué deseas o precisas trabajar. Su uso es muy sencillo, pero no te metas prisas: querer ir demasiado rápido, por impaciencia o por creer equivocadamente que así lograrás resultados antes, no te permitirá integrar la experiencia. Mejor permítete avanzar con calma. Y no te alarmes si no logras verlo del todo claro, puedes repetirla más adelante. De hecho, es una buena idea revisarla periódicamente según necesites, pero por lo menos una vez al año. Así podrás cerciorarte de que estás yendo en buena dirección, que no has vuelto al piloto automático y te estás desviando.

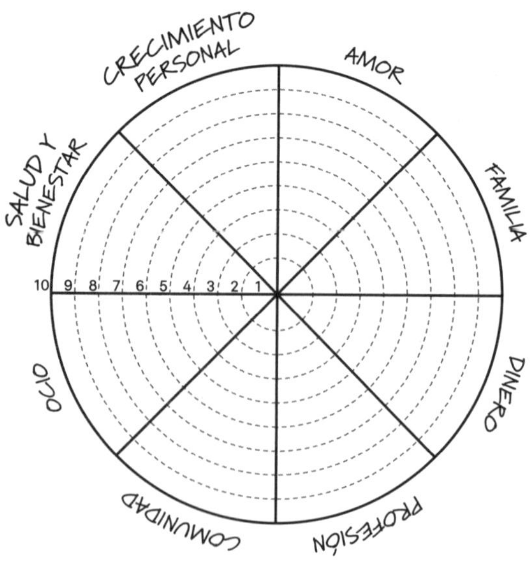

Como puedes ver, la figura está segmentada en una serie de *quesitos* que pueden ser más o menos numerosos, en función de los ámbitos de tu vida o los roles que quieras evaluar. Algunas cuestiones que podrías incluir:

- Amor.
- Comunidad (amistades, vida social).
- Contribución (voluntariado, cómo ayudas a otras personas...).
- Creatividad.
- Crecimiento personal.
- Dinero.
- Entorno físico (hogar, trabajo...).
- Espiritualidad.
- Familia.
- Imagen personal.
- Ocio (diversión, *hobbies*...).
- Profesión.
- Salud y bienestar.
- Sexualidad.

Puedes elegir las mismas del gráfico (recoge un modelo habitual) o ser tan creativa como quieras. Si tu papel de madre es algo que deseas examinar, el estrés te está haciendo mella, la expresión artística es clave para ti o eres una trotamundos o te imaginas siéndolo, puedes asignarles una parcela propia a estos temas. O tal vez quieras juntar o dividir algunas: sumar amor y sexualidad, crear un apartado exclusivamente para tus nietos en vez de ponerlos en el de familia... También puedes dedicarla a un aspecto concreto de tu vida. Si fuera en tu relación de pareja, tus porciones podrían ser: comunicación, complicidad, confianza, tareas, hijos, diversión, salud, sexualidad, dinero, proyectos...

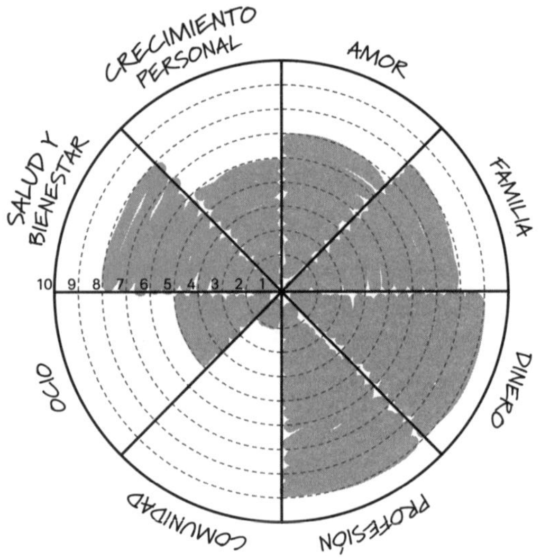


Cuando las hayas decidido y sin pensar (escucha tu respuesta instintiva), puntúa tu grado de satisfacción en cada una de ellas: siendo 0 muy descontenta y 10, muy complacida. Después, une los puntos o sombrea cada una de las áreas (mira el ejemplo) y obtendrás una representación gráfica de tu vida en la actualidad. De cómo consideras que te van las cosas.

Observa el perímetro de tu rueda. De ser real, ¿podría desplazarse sin ir dando tumbos? Lo común es que haya alguna porción *desequilibrada* y, de existir más de una, suele ser porque se influyen o superponen. Y, ojo, no te confíes si la tuya es muy redonda, porque aun pareciendo funcional, si tu grado de satisfacción es medio o bajo igual es porque temes salir de tu zona de confort... y eso te acabe perjudicando.

Ahora, sabiendo de dónde partes y con calma, analiza lo que sucede en cada una de las áreas que has elegido. Puedes ayudarte de estas preguntas genéricas y, si quieres más ideas, las encontrarás en el recuadro titulado «Singularidades», que incluye propuestas concretas para algunos de los temas.

- ¿Por qué le has dado esta puntuación?
- ¿Cuál crees que debería tener? Cuidado, no necesariamente has de aspirar a un 10. Tanta exigencia puede ser contraproducente, por cómo te afecta psicológicamente, pero también porque puede implicar que para alcanzar ese nivel te veas dejando de lado otras cuestiones que también son importantes para ti.
- ¿Qué es lo que más valoras o te importa de esta categoría?
- ¿Qué es lo que funciona?, ¿y qué no?
- ¿Qué quieres conservar de lo que ya tienes?
- ¿Y descartar? ¿Hay algo que puedes dejar de hacer, suprimir, delegar...?
- ¿Qué le falta?
- ¿Qué es lo que estás evitando ver?, ¿en qué no quieres fijarte?
- ¿Cómo inviertes el tiempo que le dedicas? Y ¿cómo quieres o necesitas hacerlo?
- ¿Qué te gustaría lograr (objetivos)? Y ¿qué supondría una diferencia significativa a mejor?

- ¿Qué medidas has tomado hasta ahora para conseguirlo? Y ¿hasta qué punto han sido efectivas?
- Enumera los obstáculos que tienes, señalando cuáles son los más importantes. ¿Cómo podrías minimizar su impacto?
- ¿Qué cambios necesitas hacer? Y ¿cuál deberías hacer primero?
- ¿Qué nuevas ideas se te ocurren para materializar tus deseos?
- ¿Qué pasos, siendo pequeños, tendrían el mayor impacto en tu nivel de satisfacción? Ten en cuenta que, a veces, eso implica aprender nuevas habilidades.
- ¿Qué acción podrías llevar a cabo que tuviera sentido en las próximas 24 horas?, ¿y esta semana?

**Singularidades**

Cada área tiene sus peculiaridades y puedes hacerte todo tipo de preguntas. Te pongo ejemplos para inspirarte.

**Amor.** Si tienes pareja, ¿cuáles son tus sentimientos hacia ella? ¿Te sientes querida? ¿Compartís valores? ¿Sabéis comunicaros? ¿Os dedicáis tiempo de calidad? ¿Tenéis proyectos en común?, etc. Y si algo necesita de tu/vuestra atención, ¿qué puedes hacer?

Si no la tienes y te aflige, ¿no será por perseguir un ideal que te impide disfrutar de lo bueno que tiene tu vida tal y como es? ¿Qué te ayudaría a sobrellevar tu sensación de carencia? ¿Qué haces por conocer a alguien?

**Comunidad.** ¿Mantienes una vida social saludable? ¿Amistades significativas? ¿Os dedicáis tiempo de calidad? ¿Participas en actividades con personas afines a tus gustos? ¿Qué podrías hacer para conocerlas?

**Contribución.** ¿Qué valor añades al mundo, ya sea con tu tiempo, tu dinero, tu trabajo...? ¿Cómo apoyas y qué aportas a quienes te rodean?

**Crecimiento personal.** ¿Dedicas tiempo a cultivarte emocional y culturalmente? ¿Qué aprendes, pruebas, lees, experimentas...? ¿Hay algo sobre lo que te gustaría indagar más? ¿Cómo puedes lograrlo?

**Dinero.** ¿Cómo afecta tu situación económica a tu bienestar? ¿Gastas más de lo que ganas? ¿Dónde te ves dentro de unos años? ¿Necesitas una mayor educación financiera o asesoramiento?

**Entorno físico.** ¿Te sientes cómoda en tu hogar? ¿Te relaja o afecta negativamente? ¿Está limpio y ordenado? ¿Es un lugar de encuentro? ¿Y qué pasa con tu lugar de trabajo, tu centro deportivo, tu barrio...?

**Espiritualidad.** ¿Qué significa para ti? ¿Estás alineada con un propósito mayor que da significado a tu vida? ¿Realizas prácticas que te ayudan a conectar con tu paz interior? ¿Necesitas/quieres trabajar este aspecto?

**Familia.** ¿Pasas tiempo de calidad con...? ¿Tus relaciones te aportan valor? Y, al revés, ¿lo añades a la vida de tu gente? ¿Cada cuánto hablas, ves, te relacionas con...? Y si algo no te convence: ¿qué puedes hacer?

**Ocio.** ¿Te lo permites o lo descuidas? ¿Sabes pasártelo bien? ¿Acudes a eventos culturales o deportivos? ¿Cuáles son tus pasatiempos favoritos? ¿Hay algo nuevo que quieras experimentar?

**Profesión.** ¿Estás satisfecha con tu trabajo y tu trayectoria profesional? ¿Deseas ascender, soltar responsabilidades, moverte a otro sector, montártelo por tu cuenta, jubilarte antes? ¿Qué opciones tienes? De no tenerlas, ¿qué puedes hacer?

**Salud y bienestar.** Además de preguntarte cómo te encuentras en general (nivel de energía, si sientes molestias o dolores, si tienes colesterol o azúcar...), considera también la alimentación, el ejercicio, el sueño, el estrés...

Es probable que, tras hacer esto, en tu cabeza bullan muchas ideas para cada categoría, o sea que toca definir cuáles son tus prioridades. ¿De qué has de ocuparte en primer lugar?, ¿qué es lo que más necesitas en este momento? Tómate tu tiempo para decidir. Y, atención, piensa que a veces una sola acción es capaz de mejorar más de un área al mismo tiempo. No decidas impulsivamente.

Eso sí, como mucho permítete ir a por 2 objetivos, a lo sumo 3, que sean asequibles y compatibles —es decir, viables a la vez— en caso de elegir más de uno. Al respecto, Cristina Beascoechea, la *coach* que nos enseñó a usar nuestras *palabras guía,* subraya que es clave calibrar nuestra estrategia:

> Mejor empezar por un paso pequeño, el que te resulte más asequible, de forma que —suceda lo que suceda en tu día a día— puedas darlo y así mantener tu compromiso con el plan que te has trazado. Cuando nos ponemos el listón muy alto es fácil no lograr cumplirlo, porque «Se ha puesto malo mi hijo» o «Me han puesto una reunión en el último minuto». Hemos de definir objetivos, sabiendo que podemos cumplirlos incluso cuando pasan estas cosas. Solo así nos aseguraremos de cumplirlos y, por lo tanto, seguiremos motivadas. Si no es así..., probablemente se quedarán para siempre en simples anotaciones en nuestra libreta.

Los castillos en el aire no llevan a ninguna parte, o sea que necesitas crearte un plan de acción y, para ello, quizá te interese utilizar una herramienta de *coaching* llamada SMART ('inteligente' en inglés) y que es un acrónimo formado por las primeras letras de las cinco características que han de cumplir tus objetivos para tener posibilidades de éxito. Te las explico:

- **Específico *(specific).*** Ha de estar claramente definido, ser concreto y tangible. Para que nos entendamos, no es lo mismo decir «Quiero ver más a mis amigas», «Pararle los pies a X» u «Ocuparme menos de la casa» que precisar «Programaré una cena con *las chicas* el último viernes de cada mes», «La próxima vez que fulanita me pida algo le diré que no» o «Esta semana le enseñaré a utilizar la lavadora y a partir de ese momento él se encargará de ponerla»... ¡y hacerlo!
- **Medible *(measurable).*** Has de poder medir tu progreso, evaluar si tienes que hacer algún reajuste y, finalmente, comprobar que has llegado a tu meta o completado la acción que te propusiste. Imagínate que decides reducir las horas que dedicas a las redes y socializar más. Puedes hacer un seguimiento de tu progreso controlando el tiempo que pasas navegando a diario (hay *apps*) y que cumples tu propósito de acudir a un mínimo de dos eventos sociales por semana en vez de quedarte en casa pegada al móvil.
- **Alcanzable *(achievable).*** ¿Tienes los conocimientos, las habilidades, los apoyos o los medios para lograr alcanzar tu objetivo? Ha de ser realista. Por mucho que desees correr la maratón que se celebra en tu ciudad dentro de 4 meses, no lo lograrás si nunca has corrido. ¿No pretenderás levantarte temprano si te vas a dormir a las tantas? O ¿tienes los recursos y el tiempo para completar la formación necesaria para llegar a ser jefa de *marketing*?

- **Relevante *(relevant)*.** Como comprenderás, la motivación es clave: ¿es importante para ti lo que quieres lograr?, ¿hasta qué punto? Has de tener una buena razón que te empuje a conseguirlo, o sea que no elijas por presiones familiares o sociales. Renunciar a ciertas cosas para ahorrar X euros al mes te resultará más fácil si eso te genera mayor seguridad en el futuro o si te permite hacer el viaje de tus sueños. Si crees que es clave para tu salud, tendrás más voluntad para dejar de fumar. Si hacerte respetar es importante para ti, te costará menos aprender a poner límites.
- **(Acotado en el) tiempo *(time bound)*.** Tu objetivo ha de tener fecha de inicio y de finalización, y plazos y horas, de ser necesario. Es decir, has de concretar el período de ejecución. Ojo con estirarlo tanto que corras el riesgo de posponerlo eternamente, o de establecer un plan demasiado exigente que te impida lograrlo. Si nunca lo has hecho y pretendes caminar 8 km diarios, podrías fijarte unas metas semanales para ir integrando ese hábito hasta llegar al día en que lo habrás conseguido.

Obviamente, hacer realidad los objetivos que te vayas planteando a partir de tu análisis va a requerir esfuerzo, alguna que otra revisión porque vas a ir evolucionando y, cómo no, ¡perseverancia! No es dicho y hecho. No bajes la guardia.

TERCERA PARTE

# Mi cuerpo no me sigue

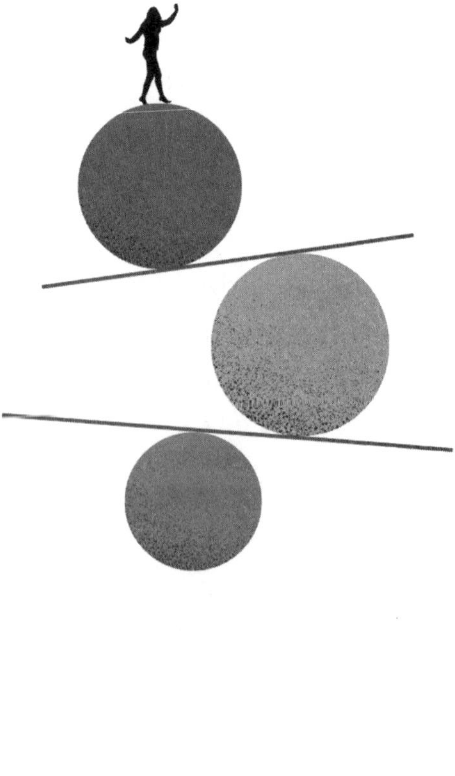

*Existe una gran tolerancia cultural hacia el sufrimiento de las mujeres. No se considera importante.*

Rebecca Thurston, psiquiatra e investigadora especializada en menopausia (Universidad de Pittsburgh)

*El sexo no desaparece, solo cambia de forma.*

Erica Jong, escritora

*Mientras los hombres maduran, las mujeres envejecen.*

Susan Sontag, escritora, filósofa y activista política

*La vida no termina con la menopausia; es el comienzo de una nueva aventura. ¡Abróchate el cinturón y disfruta del viaje!*

Helen Mirren, actriz

### *Algo de mi propia historia (III)*

«Me lo decía a mí misma: "Déjalo ya. No es lo que tú quieres". Me lo decían mi pareja, mis amigas... Pero como si oyera llover: seguía erre que erre trabajando sin descanso en el dichoso proyecto. Ahora sé que intentaba *anestesiarme* del pánico que sentía a hacerme mayor, a no seguir siendo la mujer enérgica y creativa que siempre había creído ser. Vivía en una nebulosa mental, apenas dormía, estaba agotada y tenía los nervios a flor de piel. Ansiosa, a ratos muy desanimada, en guerra con el mundo... Fuera de mí. Así estuve meses. Demasiados hasta que me pudo más el agotamiento y el terror a volver a enfermar y, tan o más importante, la brecha que veía abrirse en mi relación. Dos motivos de peso. Eso me frenó. Lo colgué todo, convencida de que me convenía hacerlo, pero sintiéndome un fracaso, una loca por mi comportamiento, una irresponsable incapaz de honrar sus compromisos. Tardé mucho tiempo en perdonarme y darme cuenta de lo que me había pasado. ¡Qué ofuscación! Si es que era *de manual:*

puro climaterio en acción. Los síntomas no podían estar más claros. Estaba agotada. Los sofocos me paralizaban y descolocaban muchas veces al día, y conciliar el sueño a las *requinientas* y no lograr dormir 2 horas seguidas por culpa de los sudores nocturnos no ayudaba. Para colmo, mi cuerpo me había declarado la guerra: tenía la presión alta, el colesterol malo disparado y del azúcar mejor no hablar. El sermón facultativo fue de aúpa. ¡La de renuncias que tuve que afrontar! Tener que conformarme con un tiramisú de Pascuas a Ramos lo aceptaba, pero una noche de copas sin el segundo margarita, ¡eso no me parecía vida! A ratos mi drama me recordaba a Escarlata O'Hara. "A Dios pongo por testigo de que no lograrán aplastarme", me repetía brazo en alto desafiante ante el espejo... y hasta lograba reírme: "¡Qué exagerada eres, *Sylvita*!". Pero la procesión seguía por dentro.»

**Nota para ti**

*Disculpas. Espero no haberte desanimado. Vaya comienzo de capítulo.*

Sin embargo, ten en cuenta que estos textos están inspirados en mis diarios, o sea, son palabras de mi yo anterior. La nueva Sylvia lleva tiempo disfrutando de su premio. Y, por cierto, que sepas que no tardé mucho en no echar en falta mi postre supuestamente favorito y que ni siquiera suelo tomar ese *único* margarita, y, ¡aunque no me lo esperaba!, la vida sigue siendo disfrutable. Vamos, que no tengo queja.

3

# Menopausia sin miedo

## *Cuestiones básicas para vivirla sin agobios*[29]

Dicen que una de cada cuatro mujeres *apenas* se entera de que sus hormonas se están jubilando. Tal vez seas una de las afortunadas —ojalá—, pero por si no fuera el caso, nos vamos a ocupar del tema. Eso sí, *Tu cambio es tuyo* no pretende ser un manual sobre cómo se produce la menopausia ni una lista de remedios infalibles para este período, ya que cada una de nosotras es única y lo propio sucede con *su tránsito*. No hay uno igual: dos personas

29 Tanto este capítulo como el apartado de la terapia hormonal para la menopausia son fruto de muchas conversaciones con especialistas en medicina, psicología, nutrición, farmacia, fisioterapia de suelo pélvico, educación física... Mi gratitud, por su generosidad y paciencia, es infinita y quería manifestarla.

con el mismo síntoma y en idéntica intensidad lo perciben de forma diferente, porque su vivencia depende de muchos factores, sean biológicos, psicológicos, sociales, culturales, económicos, medioambientales... Es imposible, pues, predecir cómo va a ser el proceso de una mujer, cuánto va a durar y qué va a necesitar para navegarlo en las mejores condiciones. Por lo tanto, lo único a lo que aspiro es a darte unos sólidos puntos de partida y a animarte a indagar sobre aquello que te suceda, haciéndote acompañar por especialistas que sepan del tema.[30]

Antes de seguir, una reflexión que debería ser innecesaria, pero... una amiga o un sitio de internet no *necesariamente* son de fiar. Eso tan típico entre mujeres de «prueba esto, que a mí me ha ido muy bien» o dar por buena información sin cerciorarse de que las fuentes sean fidedignas no es una buena idea. Lo que a fulanita le sirve puede no funcionarte a ti, o incluso perjudicarte. Por ponerte un ejemplo, si una conocida, con la mejor de sus intenciones, me recomendara tomar fitoestrógenos para paliar mis sofocos y le hiciera caso, me estaría haciendo un flaco favor porque algunos están contraindicados para mi tipo de cáncer. Por

30 Las más de las veces, voy a referirme a las profesiones médicas o relacionadas con la salud en femenino, porque la feminización de la sanidad es un hecho. Me inspiraron las fisioterapeutas de suelo pélvico: los varones del gremio suelen aceptar que se les designe usando la forma mujeril, porque son minoría. En general obedezco los dictados de la Real Academia de la Lengua, pero, en este caso, me chirría el uso genérico del masculino y prefiero evitar el desdoblamiento: decir «ginecóloga/ginecólogo» es un peñazo.

poner otro, tampoco es de recibo tomarse toda clase de suplementos porque lo hayas leído en una web —¿que además los vende?— sin haber preguntado a tu doctora o farmacéutica de confianza. Puede ser hasta contraproducente. En definitiva, mejor te aseguras de que quien te está dando consejo realmente sabe y no tiene segundas intenciones, léase intereses.

Una vez advertida, lo primero que te voy a sugerir es un viaje en el tiempo que espero te ayude a vivir esta etapa con mayor empatía y paciencia. ¿Recuerdas cómo fue tu pubertad, o tu embarazo —o embarazos—, si has gestado? Date unos minutos para pensar en cómo te impactaron, quizá removieron y, por supuesto, cambiaron. Mucho, ¿verdad? Pues bien, es posible que ahora estés pasando por ese tipo de *momentazo.*

**Cuando dudas, ¿a quién acudir?**

¿Verdad que de adolescente hubo un momento en que tu pediatra fue sustituido por un médico de familia, porque ya no eras una cría? Pues ahora lo ideal sería hacer algo parecido, es decir, contar con especialistas con probados conocimientos en torno a lo que te está sucediendo y que no descarten o minusvaloren tus síntomas excusándose en que «son achaques de la edad» o «es lo que toca». Más fácil decirlo que hacerlo, porque en las facultades de Medicina (de todo el mundo) no se estudia el climaterio. ¡No existe currículo al respecto! Ni siquiera en la especialidad de ginecología. ¿Acaso la mitad de la población no se merece algo más de respeto?

Siempre hemos sido invisibles para la medicina, es decir, se nos ha tratado sin tener en cuenta nuestra especificidad y necesidades, lo que valía para ellos debía valer para nosotras, creencia que sigue perjudicando seriamente nuestra salud. Este sesgo, que aún cuesta ser reconocido y solventado, es algo que no se supera de la noche a la mañana. Eso sí, hay que reconocer que se van dando avances y, cuanto más exijamos, más habrá. Por ejemplo, en lo que se refiere al climaterio, en muchos hospitales españoles —desconozco lo que sucede en otros países— se han establecido unidades específicas de Menopausia (con especialistas en diferentes áreas trabajando en equipo) y la Asociación Española para el Estudio de la Menopausia (AEEM), consciente de las carencias en el currículo de la carrera de Medicina, ha creado un máster para formar a la profesión médica, además de hacer enormes esfuerzos para dar a conocer las singularidades del climaterio entre los sanitarios. Pero falta mucho por hacer y no solo en España: más del 85 % de las mujeres de países con altos ingresos no reciben un tratamiento eficaz y aprobado por las agencias médicas reguladoras para sus síntomas menopáusicos.[31] En los restantes, como te podrás imaginar, ¡la situación es peor!

31 S. R. Davis, J. Pinkerton, N. Santoro y T. Simoncini, «Menopause-Biology, consequences, supportive care, and therapeutic options», *Cell,* 2023, 186 (19), 4038-4058.

Vamos a lo práctico. Si vives en España, ¿a quién puedes acudir?

Si eres usuaria de la Seguridad Social, pide hora de visita con tu equipo de atención primaria, es decir, con la médica de familia, enfermera o comadrona a quien sueles acudir o te corresponde. De considerar que necesitas pruebas adicionales o la valoración por parte de una especialista, por ejemplo, una ginecóloga o una endocrina, te derivarán. Por lo demás, lo habitual es que sea el servicio de salud quien te cite, en función de tu edad, para hacerte los controles que consideren necesarios: citología, mamografía, densitometría ósea...

Dicho esto, podría parecer que las mujeres que cuentan con un seguro médico privado tienen ventaja, porque acceden con mayor celeridad y directamente a la especialista en función del problema a tratar (*gine*, médica de familia, endocrina...) y lo habitual es que las citologías y mamografías se pauten con una frecuencia anual. Es innegable que esas *facilidades* generan una mayor sensación de seguridad en la usuaria, pero hay que dejar claro que en la Seguridad Social se realizan las pruebas necesarias para la prevención de enfermedades con base en evidencias científicas. Dicho de otro modo, no es que las hagan con menos frecuencia para ahorrarse un dinero (como se escucha a menudo injustamente), sino que siguen criterios estrictamente médicos y en función de los riesgos que corre cada mujer.

¿Tienes una farmacéutica de confianza? De no ser así, estás desaprovechando una estupenda aliada. A menudo hasta podría ser tu primera opción de consulta. ¿Sabes que hay muchas con conocimientos en menopausia? Más de un millar ya han pasado por seminarios y programas formativos.[32] Por desgracia, encontrarlas no es tan fácil: en este país las farmacias no pueden hacer publicidad de sus servicios y no existe un directorio para localizar a los expertos —que los hay— en diabetes, riesgos cardiovasculares, dejar de fumar, dolor... y, por supuesto, climaterio. Quizá hay alguien a la vuelta de la esquina que podría ayudarnos y lo desconocemos. De ahí mi queja, que ojalá sirva para ayudar a cambiar esa norma. Pero mientras no sea así, lo que te recomiendo es que busques a estas profesionales, porque existen.

Dos recomendaciones más: *ficha* a una nutricionista, porque alimentarse bien y mantener a raya el sobrepeso es clave, y a una fisioterapeuta de suelo pélvico (si desconoces su labor, pronto comprenderás la razón de mi sugerencia). Estas dos especialistas son, junto con nuestra doctora y nuestra farmacéutica, indispensables para nuestra salud y buena calidad de vida. Busca a *tu gente*. Sentirte acompañada da seguridad.

32 La SEFAC (Sociedad Española de Farmacia Clínica, Familiar y Comunitaria) forma constantemente a sus miembros en todo tipo de temas, incluido este. También lo hacen muchos de los colegios farmacéuticos e incluso existen otras iniciativas privadas, como Asun Arias Consultores (<www.asunarias.es>), que realiza un monográfico sobre la mujer adulta, y Ephedra Formación (<www.ephedraformacion.com>), desde la que se imparten todo tipo de cursos de especialización. ¿Ves lo ilógico de la situación? Tantas personas formadas y nosotras sin una guía donde encontrarlas.

Durante el climaterio el cuerpo cambia y puede que, en algunas ocasiones, vaya *a su aire*. Pero si te sucede intenta no enfurruñarte, es lo que le toca hacer, y tampoco te alarmes en exceso, esto es pasajero —tenlo en mente— y piensa en cuántas mujeres han vivido ¡y salido airosas de su tránsito! De hecho, en este momento, hay decenas de millones, de todos los puntos del planeta, inmersas, como tú, en este proceso. Y muchas en condiciones que hacen difícil que puedan ayudarse a sí mismas, o sea que no pierdas el tiempo lamentándote, mejor te arremangas y empiezas a desgranar eso que tú, más afortunada, sí puedes hacer.[33]

Comenzaremos por lo básico, es decir, por la terminología que designa lo que nos sucede y una breve descripción. Ya sabes que escribo utilizando las palabras *menopausia* y *climaterio* como sinónimos, porque es lo común en el lenguaje de la calle, pero toca profundizar algo más en torno a lo específico de ambos vocablos y otros propios de esta época de la vida.

El **climaterio** (del griego *klimakter,* que significa 'escalón' o 'peldaño' en la vida de una persona, también 'momento crítico') abarca el período en que se produce el paso del estado fértil o reproductivo a la situación de reposo ovárico,

33 En su estudio *The Demography of Menopause*, Kenneth Hill (Department of Population Dynamics, John Hopkins University), apuntaba que, en el año 2030, la población mundial de mujeres climatéricas sería de 1.200 millones, con 47 millones de nuevas *incorporaciones* por año. Como para tomarnos en serio, ¿no te parece?

es decir, incluye los años previos a la última regla o perimenopausia, la menopausia propiamente dicha y la etapa siguiente o posmenopausia. Su duración suele oscilar entre 5 (hay quien apunta menos) y 15 años. Pero, por favor, no te preocupes innecesariamente, eso no significa que vayas a pasarlo mal o que, de tener dificultades, las vayas a arrastrar durante todo ese tiempo.

Le toca el turno a la palabra **menopausia,** del griego *men*, es decir, 'mes', y *pausis* o 'cese'. De forma específica, indica la última menstruación y eso se calibra *a posteriori*, porque, para determinar que ha sucedido —tener la certeza—, hay que dejar pasar un año sin que se haya producido una regla, ya que a más de una mujer le puede *aparecer* una de forma esporádica cuando ya cree que ha acabado con ellas. En este momento, que se suele dar sobre los 51 años, aunque puede ocurrir entre los 45 y los 55, los ovarios dejan de liberar óvulos y apenas producen estrógeno y progesterona. Si el cese sucede más tarde, hablamos de menopausia tardía. Si se adelanta..., explicaciones en el recuadro «Antes de tiempo».

**Perimenopausia** (del griego *peri*, 'alrededor de') es el término con que se conoce la etapa de transición hasta dejar de sangrar definitivamente y que puede durar desde unos meses hasta 8 años. Lo habitual es que empiece a mediados de la cuarentena y acabe en los primeros años de la década de los 50.

Por último, la **posmenopausia** (del latín *pos/post*, 'después de') es el período posterior a la menopausia y puede durar varios años —generalmente hasta los 65—, en los que los síntomas suelen ir desapareciendo. No obstante, sigue siendo un período de ajustes y, por ello, también *puede ser* una etapa compleja en función de cómo nos afecten.

**Antes de tiempo**

Cuando la menopausia se produce con anterioridad a lo que se considera habitual, es decir, antes de los 40 años, se califica de temprana.[34] Puede deberse a anomalías genéticas, enfermedades autoinmunes, trastornos metabólicos, infecciones víricas, quimioterapia o radioterapia,[35] exposición prolongada a toxinas (como los pesticidas o el tabaco)..., pero en la mayoría de los casos se desconoce la causa. Aunque los síntomas no difieren de los que puede presentar una mujer cuya regla desaparece a una edad más tardía, los médicos suelen hablar de insuficiencia ovárica prematura (IOP) para distinguir esta fisiopatología del cese que se produce de forma natural. Este adelanto implica un mayor riesgo de padecer ciertos problemas de salud, como, por ejemplo, enfermedades cardiovasculares, accidentes cerebrovasculares y osteoporosis, al dejar de beneficiarnos anticipadamente del efecto estrogénico. Es imperativo, pues, que acudamos a consulta para entender qué posibilidades de actuación existen, siendo una de ellas la terapia hormonal sustitutiva.

34 Una de cada 100 mujeres deja de menstruar antes de los 40, una de cada 1.000, antes de los 30.

35 Independientemente de la edad, cuando el fin de la menstruación se produce debido a una extirpación de los ovarios o por el efecto de tratamientos como la quimioterapia o la radioterapia, se habla de menopausia iatrógena o quirúrgica o secundaria a otros tratamientos.

Toca tener en cuenta ciertas cuestiones de salud y, siguiendo mi consejo de solo acudir a fuentes fiables, he contado con la ayuda de varias expertas para elaborar este capítulo. La primera que te voy a presentar es la Dra. Marita Frau, ginecóloga, obstetra[36] y, no menos importante, un vivo ejemplo de cómo disfrutar de la vida más allá de la menopausia: tendrías que verla con su chupa de cuero haciendo carretera en su moto. Su mensaje no puede ser más contundente: «La mejor manera de afrontar el climaterio es entender que NO se trata de una enfermedad, sino de un proceso natural que todas hemos de vivir y, por lo tanto, *mejor hacerlo desde el amor hacia una misma que desde el miedo*». Y es que es así. ¡Niégate al drama! Lo crucial es que tomes las riendas de *tu propio viaje* y escuches atenta y *amorosamente* tu cuerpo y tus emociones a fin de entender tus verdaderas necesidades. Este tipo de cuidado ha de ser ahora una de tus prioridades, porque ser proactiva es tu mejor baza para vivir mucho y, tan o más importante, hacerlo en buenas condiciones.

La Dra. Frau aclara que:

> Es verdad que a causa de la caída hormonal podemos sufrir algunos síntomas más o menos complejos y somos más susceptibles a ciertas enfermedades, pero en la clínica comprobamos a diario cuán diferente es esta etapa vi-

36 Ejerce en Ginecología Activa (Palma de Mallorca). La encuentras en <www.gineactiva.com>.

tal para las mujeres en función de su actitud. Por eso es clave quererse mucho y mimar nuestra salud, más de lo que lo habíamos hecho hasta ahora. Eso implica adoptar hábitos de vida saludables, siendo fundamentales: seguir una dieta adecuada, dormir bien y hacer ejercicio. Descuidar estos *pilares* pone en riesgo nuestra salud. A eso hay que sumarle, por supuesto, no fumar, no beber o hacerlo con moderación y, debido al ritmo de vida que llevamos, aprender a mantener a raya el estrés, porque agrava la sintomatología y aumenta el riesgo de muchas enfermedades. Por último, es imprescindible acudir a tus citas médicas... o cuando no estés segura de que todo va bien, porque si esperas a que las cosas se pongan feas, más difícil será solventar el problema.

Imagino que conoces el dicho «Más vale prevenir que curar». Pues tómatelo en serio, porque la Dra. Frau señala:

> A partir de los 50 corremos muchos riesgos innecesarios porque nos confiamos en exceso —nos creemos jóvenes y no nos escuchamos lo suficiente— y, por otro lado, es fácil que caigamos en la trampa de achacarle todo lo que nos sucede —molestias, sensaciones que no entendemos...— al climaterio y, a veces, se nos pasa por alto que ese dolor de cabeza persistente o lo que sea que nos sucede es otra cosa. Tomemos el caso de los sofocos: que sean habituales no implica que sean inofensivos. Suelen serlo, pero en ocasiones pueden indicarnos la existencia de otra afec-

ción. Mejor, pues, no arriesgarse. Siempre que dudemos hay que acudir a consulta.

**Amenazas potenciales**

Ahora corremos peligros que muchas ignoramos. ¿Sabes que con la llegada de la menopausia estamos más expuestas a padecer una enfermedad cardiovascular? Es la causa más común de muerte entre las mujeres de más de 50 años[37] y demasiadas lo desconocen y, como mucho, se preocupan por el cáncer, cuya mortalidad es mucho menor. Igual creías que era un problema básicamente masculino. Pues no: cuanto mayor te haces, más expuesta estás, sobre todo cuando desaparece nuestra menstruación —con la caída estrogénica, perdemos nuestra protección hormonal— y suele aumentar nuestro peso, la presión arterial, el colesterol LDL (el llamado malo), los triglicéridos y el nivel de azúcar en sangre.

Por eso es clave que, además de adoptar un estilo de vida saludable, mantengas bajo control esos factores de riesgo y que, si sospechas que algo no va bien, reacciones. Sobre todo, no dudes en acudir a urgencias si experimentas: dolor u opresión en el pecho, molestias en la garganta, el cuello, la mandíbula, los hombros o el abdomen, dificultad para respirar, hormigueo o dolor en uno o ambos brazos, náuseas o vómito, mareos o aturdimiento, fatiga inusual, palpitaciones o sudoración.

37 En España, a partir de esa edad morimos un 6 % más que los hombres, según el Informe del Instituto Nacional de Estadística (2020).

También has de llamar o presentarte en urgencias si: pierdes fuerza o sensibilidad en la cara, un brazo o una pierna (a menudo solo afecta a un lado del cuerpo), experimentas confusión o dificultad para hablar o entender lo que te están diciendo, sientes vértigo, desequilibrio o falta de coordinación, sufres un dolor de cabeza repentino muy intenso o dejas súbitamente de ver con claridad en uno o ambos ojos. Todo ello apunta a un posible accidente cerebrovascular o ictus.

Otras patologías clave en este período vital son la osteoporosis, la artrosis, el cáncer y la diabetes tipo 2. Todas ellas han de estar en tu punto de mira y bajo control sanitario. Y, ojo, que no las haya destacado no significa que no podamos sufrir otras afecciones que las visitas médicas ayudarán a vigilar. Es importante, o sea que fuera perezas y esos miedos que nos hacen esconder la cabeza bajo el ala.

## Cuándo empieza el cambio

No sé en qué punto de tu mudanza te encuentras, pero si desconoces si has iniciado este viaje, imagino que te estarás preguntando qué indicios nos lo advierten. Lo típico es pensar que nos daremos cuenta debido a cualquier irregularidad menstrual: por tener reglas más a menudo o porque se espacian en el tiempo, por sangrar de forma abundante o apenas... Y es verdad que cualquiera de estas alteraciones puede ser indicativa, pero a veces aún no son evidentes y, sin embargo, percibimos otras: sofocos o sudores nocturnos (hay quien no se da cuenta de que lo son —no hace la asociación— y también quien se alarma por confundir las palpitaciones con un ataque cardíaco), dificultades para conciliar o mantener el sueño, caída del cabello, cambios de humor que no entendemos, mayor nerviosismo, aumento de peso, pérdidas de memoria, problemas de concentración, sensibilidad de las mamas, sequedad vulvovaginal, menor libido...

**Predicciones imposibles**

Es imposible saber cuándo y cómo va a ser el tránsito de una mujer. La Dra. Eva Iglesias Bravo, ginecóloga, obstetra y sexóloga clínica,[38] nos cuenta por qué.

**Se suele creer que «como fue para la madre, será para la hija...»**

Es verdad que se dan casos de hijas con menopausia prematura cuyas madres también transitaron antes de tiempo, pero no necesariamente es así. De darse, ese adelanto suele producirse por causas genéticas, que es uno de los motivos más frecuentes de la insuficiencia ovárica prematura, junto con los trastornos autoinmunes, como los relacionados con el tiroides. También hay que contar con la influencia de los factores ambientales, como, por ejemplo, la exposición a hi-

38 Experta en menopausia, atiende en el Hospital de Valme (Sevilla). Es coordinadora de la Unidad de Mama y del grupo de trabajo de Sexualidad de la Asociación Española de Estudios de la Menopausia, además de autora del *Manual básico de menopausia* de la AEEM.

drocarburos aromáticos (tabaco) y a los ftalatos y a bisfenol-A, que se usan en la producción de plásticos.

Asimismo, vemos casos de mujeres muy sintomáticas cuyas progenitoras también lo fueron, pero tampoco ocurre siempre. Es decir, es imposible hacer predicciones. Lo que sí he podido comprobar es que cuando una mujer tiene falsas creencias y vive mal su menopausia es probable que su hija *herede* esa educación y muchos de sus comportamientos: por ejemplo, evitar las relaciones sexuales, porque «ya no soy fértil».

**¿Es verdad que quienes han tenido síndromes premenstruales y menstruaciones difíciles tienen más síntomas?**

Podría ser el caso de los cambios en el estado de ánimo, ya que desde la edad fértil su humor se ha visto afectado por las fluctuaciones hormonales, pero no se ha podido demostrar que exista una asociación entre reglas dolorosas/difíciles y síntomas de la menopausia.

**¿Lo pasan peor las mujeres cuya menopausia ha sido inducida?**

La IOP iatrogénica (fármacos, radioterapia o cirugía) se asocia con una sintomatología más severa, ya que la menopausia es más abrupta y la mujer no ha tenido tiempo para acostumbrarse progresivamente a las fluctuaciones hormonales de la perimenopausia... Es decir, se pasa de un nivel de estrógenos «normal» para la edad a «cero» en un momento.

¿Hemos de hacer algo cuando sospechamos haber iniciado *el tránsito*? Le traslado la pregunta a otra mujer, cuya energía y pasión por la vida —«Estoy mejor que nunca»— prueban, una vez más, que el climaterio tiene poco de decadencia. Es imparable, diría que un modelo a seguir. Te lo demuestro con dos pinceladas: es una entusiasta practicante del *body pump* y se está reinventando como escritora de novelas románticas. Se trata de la Dra. Myriam Ribes, especialista en ginecología y sexóloga[39], quien no duda un segundo:

> Lo principal es vivirlo con la mayor naturalidad posible. Hay quien cree que ha de prepararse, como si se tratara de una enfermedad o un evento negativo del que se ha de proteger o evitar, y no es así. Lo lógico sería que no se dramatizara tanto el proceso, porque, salvo que una mujer lo esté viviendo antes de tiempo o sus síntomas estén alterando en exceso su calidad de vida, lo que le está sucediendo entra dentro de la normalidad. Eso no quita que si algo le preocupa pueda pedir cita con su profesional sanitaria de confianza, quien, de creerlo necesario, requerirá las pruebas que considere.

39 Ejerce en el Hospital Mateu Orfila (Menorca) y es autora de la novela *Retales de nuestra vida* (me la leí de un tirón) y de *Recupera tu deseo en siete pasos* y *Respira (Aprende a respirar para sanar y cambiar tu vida)*, cuyos audios gratuitos, «Crece, respira, medita y vive», están en Spotify. La encuentras en <www.myriamribes.com>.

Otra cosa que destaca es algo en lo que no solemos caer. Mientras que la edad promedio de la menopausia no ha cambiado, 51 años, ¿sabes que la esperanza de vida al nacer de las españolas ha pasado de 35,7 en 1900 a 86,3 en 2022 (en 1960 era 71,6)?[40] ¡Es una pasada! Como advierte la Dra. Ribes:

> Tener la suerte de sumar tantos años es algo muy reciente. No somos conscientes de que durante mucho tiempo solo lo lograron unas pocas. Esa *vida extra* ¡no existió para ellas! Llegar al climaterio es un regalo del que podemos sacar mucho provecho si nos cuidamos para envejecer de forma saludable. Es una razón para la esperanza, no para el abandono y la negatividad.

Tiene razón. Somos unas privilegiadas: en los países con economías más pobres —la mayoría— es difícil o prácticamente impensable vivir tanto y, de lograrlo, habría que ver en qué condiciones lo hacen.

¿Te has dado cuenta de que las expertas, es decir, mujeres que realmente saben sobre la menopausia y trabajan con ella a diario desde sus consultas médicas o psicológicas, no

40 Según la Organización Mundial de la Salud, España es, actualmente, el país con mayor esperanza de vida tras Japón, Suiza y Singapur. La media mundial es de 74,2 para las mujeres y 69,8 para hombres (para los españoles, 80,9). Los datos de principios del siglo XX los he sacado de Francisco José Goerlich Gisbert y Rafael Pinilla Pallejà, *Esperanza de vida en España a lo largo del siglo XX,* Documentos de Trabajo, Fundación BBVA.

le tienen miedo? Tenlo presente en todo momento, ¡no dejes que las *posibles* dificultades que voy a enumerar te apabullen! Lo subrayo porque...

Vamos a adentrarnos en un tema que suele asustarnos, es decir, los **síntomas** que *se asocian a* la menopausia y que quizá nos toque afrontar. Por favor, fíjate en lo escrito en cursiva. Estarás de acuerdo conmigo en que no es lo mismo decir *se asocian a* que decir *son causados por.* Nada que ver. Pues ¿qué tal si dejamos de culparla de todo lo que nos sucede? Verás, si bien se ha podido demostrar científicamente la relación entre la caída hormonal y las reglas irregulares, los sofocos, los problemas de sueño y la sequedad vulvovaginal, no se puede afirmar que todos los *efectos* que se le suelen atribuir al climaterio sean causados solo o directamente por nuestras hormonas.[41] Muchos tienen además otras razones de ser, entiéndase: el hecho de envejecer, un estilo de vida poco saludable, el estrés, problemas emocionales o alguna otra condición médica. No me negarás que también son factores de peso.

¿Seguimos? Sé que es un tema que no suele apetecernos mucho, pero ignorarlo no evita su existencia, o sea que, a re-

41 S. R. El Khoudary, G. Greendale, S. L. Crawford, N. E. Avis, M. M. Brooks, R. C. Thurston, *et al.*, «The menopause transition and women's health at midlife: a progress report from the Study of Women's Health Across the Nation (SWAN)», *Menopause,* 2019, 26 (10), 1213-1227. El estudio SWAN, que se inició en 1994 y en el que participan mujeres estadounidenses de diferentes etnias, examina los cambios físicos, biológicos, psicológicos y sociales que se producen durante la mediana edad y la transición a la menopausia.

gañadientes, pero continúo. Es verdad que algunas afrontamos *situaciones* ciertamente complicadas: reglas interminables o muy problemáticas que nos consumen, *calores* que nos dejan fuera de combate, días sin dormir, estados de ánimo por los suelos, molestias y dolores desconocidos hasta entonces... Y también que el 20 % de quienes presentamos sintomatología la sufrimos a tal extremo que nuestra calidad de vida queda seriamente afectada. Pero seamos objetivas, sin negar que más mujeres de lo que sería deseable lo pasamos fatal, esa cifra demuestra que la realidad poco tiene que ver con la falsa creencia de que todas sufrimos un vía crucis.

Y sea cual sea tu caso, no desesperes, porque las dificultades acostumbran a ser pasajeras y casi siempre existen remedios, pero, eso sí, hay que buscarlos; es ingenuo pretender que desaparezcan por arte de magia. Has de escucharte, investigar y, de ser necesario, consultar con profesionales hasta dar con aquello —puede no suceder a la primera— que te ayude a aplacar tus males, *eso* que te funcione a ti.

En plan práctico eso implica que, si tus síntomas te incomodan o dificultan tu vida, hagas un seguimiento de ellos. Te recomiendo llevar un control de cuáles experimentas, en qué situaciones se producen, en qué grado se manifiestan, cuánto duran, qué consecuencias tienen, es decir, de todo aquello que te ayude a comprender mejor lo que estás experimentando y a percatarte de si existe un patrón. Eso te servirá de guía para decidir qué pasos dar: sobre qué indagar, a quién consultar, qué probar... Además, este tipo de registro te será de enorme utilidad a la hora de explicarte si visitas a tu médica de familia, ginecóloga, farmacéutica, fisioterapeuta de suelo pélvico, matrona, nutricionista, osteópata... en busca de consejo.

Dos recordatorios. El primero, las fluctuaciones hormonales y los cambios físicos y mentales que generan suceden en un contexto —ya sabes: en nuestras vidas están sucediendo otras cosas a la par— y el estrés y todo aquello que nos afecta emocionalmente suele agravar nuestra sintomatología. De hecho, se ha comprobado que las mujeres que están más satisfechas con su vida y los roles que desempeñan declaran sufrir menos síntomas menopáusicos... o dicen vivirlos mejor.

El segundo: si *nos ubicamos* en la negatividad y en la impotencia, pensando que va a ser algo horrible y no vamos a poder remediarlo, acabaremos llevándolo peor, porque nos predisponemos a la fatalidad. Lo acertado es poner el foco en lo que *sí* podemos hacer, lo que implica adoptar una actitud abierta, *aceptante,* e investigar nuestras opciones. No solo podremos cuidarnos mejor, también nos ayudará a relativizar lo que nos esté sucediendo.

**Síntomas que se asocian al climaterio**

A continuación... *el repertorio*. Puede intimidar, por eso lo he separado del texto central. Si eres de las que se asustan o desaniman a la mínima, mejor *prescinde* de él. Si sigues leyendo, quiero recordarte, aun a riesgo de ser pesada, que el tránsito es temporal —esto pasará—, que no todos los síntomas los causa el climaterio —existen otros factores a tener en cuenta: ¡basta de demonizarlo!— y que, de manifestar alguno, puedes hacer mucho por ayudarte.

- Sofocos (llamados *sudores nocturnos,* si se dan de noche) y escalofríos.
- Períodos irregulares.
- Trastornos del sueño (dificultad para conciliarlo o mantenerlo).
- Sequedad y problemas vulvovaginales.
- Infecciones del tracto urinario, necesidad de orinar más a menudo, incontinencia...
- Dolor en las relaciones sexuales.
- Aumento o disminución de la libido.
- Menor satisfacción sexual.
- Sensibilidad, hinchazón, molestias en las mamas.
- Pérdida de densidad ósea.
- Molestias musculoarticulares (dolores, rigidez, pérdida de masa, fuerza y movilidad, hinchazón, tensión, debilidad, fatiga...).
- Aumento o, a veces, pérdida de peso.
- Cefaleas.
- Retención de líquidos.
- Alteraciones digestivas: hinchazón, reflujo, estreñimiento, diarrea, flatulencia, calambres, náuseas...
- Mareo y vértigo.
- Latidos cardíacos irregulares, palpitaciones, opresión en el pecho...

- Problemas en los ojos o sequedad ocular.
- Declive auditivo.
- Deterioro dental, caries, gingivitis, periodontitis, sequedad o ardor en la boca, mal aliento, sabor metalizado...
- Hormigueos en las extremidades, sensación de que se adormecen.
- Descargas eléctricas o pinchazos en diferentes partes del cuerpo, zumbidos en la cabeza, vibración o temblor agudo y repentino.
- Alergias (sarpullidos, ojos llorosos, congestión, estornudos, hinchazón, dificultad al respirar, calambres, mareo...).
- Sequedad o picor de la piel.
- Alteraciones olfativas.
- Diferente olor corporal.
- Deterioro capilar, menor densidad y pérdida de cabello.
- Menos vello y más fino en pubis y axilas y aparición en zonas donde antes no existía, como labios, mentón, aureolas mamarias y abdomen.
- Uñas quebradizas.
- Cansancio físico o mental.
- Cambios de humor.
- Lapsus de memoria.
- Falta de atención.
- Dificultad para concentrarse.
- Escasa motivación.
- Ansiedad.
- Depresión.
- Irritabilidad.

- Ataques de pánico.
- Llanto.
- Pocas ganas de socializar.
- ¿Algo que quieras añadir? No te cortes.

*Nota aclaratoria.* Es probable que hayas oído hablar del *síndrome climatérico.* Es la expresión que utiliza la profesión médica para referirse al conjunto de síntomas provocados por el declinar y posterior cese de nuestra función ovárica, pero —por las razones que ya te he explicado: también influyen la edad, estilo de vida...— no existe una definición uniforme de cuáles incluye.

Ahora nos fijaremos en algunos de los síntomas más comunes o que más nos suelen intranquilizar. Cuenta con que los más importantes van a ir saliendo, pero no todos, porque no todos necesitan ser explicados. Ya me contarás, por ejemplo, qué te digo sobre el vello que brota donde más nos hermosea —estoy siendo irónica— o el cabello que se cae en exceso, ¿que no salgas a la calle sin tu pinza de depilar o que vayas a tu farmacéutica o a una especialista en cabello y cuero cabelludo? ¿Y qué te explico acerca de los problemas bucodentales? Aparte de mencionarlos para que sepas que se dan, animarte a cuidar con esmero tus encías y dientes y preguntarte cuánto hace que no acudes al dentista para motivarte a pedir hora, cosa que acabo de hacer. Mejor me centro en aquello en que sí puedo aportar, ¿no crees?

Empezaré por los **sofocos,** porque los sufrimos aproximadamente el 80 % de las menopáusicas. Eso sí, con diferente intensidad (pueden ser leves, si no interfieren en nuestra cotidianeidad —a veces, ni nos enteramos—, moderados cuando provocan alguna alteración y graves si te impiden llevar una vida normal), duración (la mayoría, entre algunos segundos y 10 minutos... que parecen siglos) y frecuencia (desde más de una vez por hora a unas pocas a la semana). Los síntomas vasomotores suelen durar una media de 7 años,[42] pero, con el tiempo, tienden a disminuir en cantidad y perder fuelle. Aunque hay quien los arrastra más, incluso toda la vida. La buena noticia, también en este caso, es que suelen ir a menos.

Atenta a esto: cuando se producen de forma frecuente o su intensidad es grave pueden estar indicándonos que corremos mayor riesgo de sufrir problemas de corazón e ictus. No te estoy diciendo que los sofocos los provoquen, lo que sucede es que ambas circunstancias suelen coincidir y por eso nos sirven de señal de aviso. Por lo tanto, si te ves reflejada, habla con tu doctora.

¿Por qué se producen estas «subidas de tensión»? Aunque se desconoce su causa exacta, se sabe que, debido al desequilibrio hormonal, nuestro hipotálamo, una de cuyas funciones es regular la temperatura corporal, se vuelve muy sensible a las variaciones, por sutiles que sean. Vamos, que nuestro termostato se vuelve loco y a la que cree, erróneamente, que nuestro

42 Estudio SWAN, de El Khoudary, *et al.*

cuerpo está sobrecalentado, intenta enfriarlo, provocando *ese acceso repentino de calor* en su parte superior, especialmente en cara, cuello y pecho, que además puede ir acompañado de: manchas rojas o enrojecimiento de la piel, sudoración, aumento de la frecuencia cardíaca, sensación de ansiedad, náuseas, escalofríos o sensación de frío cuando nuestra temperatura corporal baja más de la cuenta debido al sudor...

Te he propuesto llevar un control de tus síntomas y me serviré de los sofocos como ejemplo. Si los tienes, cada vez que se produzca un episodio, apunta todo aquello que pueda estar relacionado con él: si has dormido bien; lo que has comido (sobre todo, vigila lo picante, las grasas saturadas, los azúcares...); si has tomado alcohol, té o café, una bebida carbonatada; la temperatura ambiente o si se ha producido un cambio (tal vez has pasado de una estancia a otra con una ligera variación y ese ha sido el chispazo); cómo vas/ibas vestida (tipo de tejidos); si ha sucedido algo concreto que te ha preocupado, puesto nerviosa, ¡o alegrado! (esa igual no te la esperabas: pero lo bueno también nos altera), en ese momento, por *poca cosa* que te parezca... Y, por supuesto, no olvides incluir los tan nocivos sudores nocturnos, porque en el 75 % de los casos provocan que nos despertemos, interrumpiendo nuestro descanso y, por lo tanto, perjudicando nuestra salud.[43] Eso sí, mejor los analizas al día siguiente, no querrás desvelarte del todo.

43 R. C. Thurston, Y. Chan, D. J. Buysse, M. H. Hall y K. A. Mathews, «Hot flashes and awakenings among midlife women», *Sleep*, 2019, 42 (9), zsz131.

También pueden provocar síntomas vasomotores ciertas enfermedades y trastornos (ansiedad, diabetes, problemas de tiroides, infecciones urinarias, tuberculosis, apnea obstructiva del sueño, cáncer, párkinson, esclerosis múltiple, migrañas...) y algunos medicamentos y suplementaciones (inhibidores de la aromatasa, tamoxifeno, opioides, antidepresivos tricíclicos, niacina...). Dos cosas al respecto: entenderás que esto es algo que plantear a tus doctoras —recuerda lo equivocado de achacarle todo al climaterio— y lo esencial de leerse los prospectos.

Fijarte en los días en que tienes menos o ninguno también te puede aportar pistas: ¿qué has comido?, ¿has hecho alguna actividad física?, ¿dormido más?, ¿meditado?, ¿tenido tiempo *solo para ti*? Y calibra todo eso, siendo muy sincera y realista, y teniendo en cuenta que, si fumas, vives estresada y tienes sobrepeso, tu candidatura a permanecer en constante erupción gana puntos, y eso debería estar en los primeros puestos de tu lista de *cosas a solventar*.

Es cierto que los sofocos son muy difíciles de predecir debido a que sus causas pueden ser de lo más variado, pero eso no es excusa para quedarte de brazos cruzados si te molestan mucho: el seguimiento te puede ayudar a que, al cabo de poco tiempo, descubras algunos de tus *factores gatillo* y, gracias a ello, puedas tomar medidas que te ayuden a mejorar la experiencia o incluso a evitarla en más de una ocasión.

Para acabar y a fin de demostrarte que para cada dificultad existen posibles soluciones y que se trata de buscarlas, voy a mencionarte unas cuantas que se suelen proponer para sobrellevar *los calores*. Te toca investigar, no puedo hacerte los deberes. Es más, lo que sigue tómatelo como una simple enumeración: no estoy necesariamente afirmando la efectividad de lo que contiene ni aconsejando su uso. Cada mujer ha de informarse y averiguar qué le funciona a ella dejándose asesorar por especialistas. Recuerda: puede que lo que beneficia a una perjudique a otra.

**Suplementos alimentarios:** sobre todo cimicífuga racemosa, extracto de polen citoplasmático purificado y fitoestrógenos (isoflavonas de soja, isoflavonas de trébol rojo, lúpulo 8 prenilnaringenina, lignanos...). Aunque existen menos estudios sobre su efectividad para paliar los síntomas vasomotores, hay quien prescribe aceite de onagra (que sirve asimismo para la tensión mamaria), salvia (tiene a su vez efectos relajantes) y sauzgatillo o *vitex agnus-castus* (que además se usa para paliar el síndrome premenstrual, también en la perimenopausia).

**Abordajes médicos y psicológicos:** terapia hormonal para la menopausia (THM), fezolinetant (fármaco no hormonal formulado específicamente para reducir la intensidad y frecuencia de los sofocos), algunos antidepresivos, ciertos medicamentos para la hipertensión o para el dolor neuropático y las convulsiones, psicoterapia cognitivo-conductual, terapia de aceptación y compromiso, hipnosis, *mind-*

*fulness,* técnicas de respiración, relajación y reducción del estrés...

**Dale una oportunidad al *mindfulness***

- Un estudio quiso medir si la participación en un programa de MBSR (*mindfulness based stress reduction* o reducción del estrés basado en la conciencia plena) influía positivamente en cómo se percibían los sofocos y los sudores nocturnos. Los datos obtenidos hicieron concluir a los investigadores que la práctica de la atención plena puede ser un recurso clínicamente significativo para reducir el grado de molestia y angustia que experimentan las mujeres debido a esos síntomas.[44]
- Una investigación realizada por la Mayo Clinic Women's Health (Estados Unidos) indicó que las mujeres con puntuaciones más altas en conciencia plena presentaban menos sintomatología, siendo más efectiva cuanto más alto era el nivel de estrés percibido por la paciente. Los expertos destacaron que el *mindfulness* puede ser especialmente útil en quienes sufren de irritabilidad, ansiedad y depresión.

44 R. Sood, C. L. Kuhle, E. Kapoor, J. M. Thielen, K. S. Frohmader, K. C. Mara, *et al.*, «Association of mindfulness and stress with menopausal symptoms in midlife women», *Climacteric,* 22, 2019 (4), 377-382; y J. F. Carmody, S. Crawford, E. Salmoirago-Blotcher, K. Leung, L. Churchill y N. Olendzki, «Mindfulness training for coping with hot flashes: results of a randomized trial», *Menopause,* 2011, 18 (6), 611-620.

**Tratamientos o enfoques alternativos:** aromaterapia, acupuntura, quiromasaje, reflexología, flores de Bach, homeopatía, yoga, taichí, *qi gong*...

**Ajustes en el estilo de vida y trucos para el día a día:** vigilar la alimentación, evitar la obesidad, moderar el consumo de alcohol, café y té y bebidas carbonatadas (de serte posible: prescindir), hacer ejercicio de forma regular (las mujeres activas los sufren menos que las sedentarias), no fumar, vestirse por capas y con prendas transpirables, hidratarse a menudo (llevar siempre una botella de agua, y si puede ser fría, mejor), instalar ventiladores o aire acondicionado, llevar un abanico, colocarse una toalla húmeda y fresca en el cuello, organizar las reuniones de trabajo de forma que no haya que ir con la lengua fuera, evitar lugares atiborrados, darse una ducha fría antes de meterse en la cama...

Y se sigue investigando al respecto, porque como comprenderás es un tema que interesa por el gran número de afectadas.

**_Lo natural_ puede ser peligroso**

Sí o sí, las plantas medicinales y los suplementos alimentarios (vitaminas, oligoelementos, ácidos grasos, como el omega 3, y otras moléculas como la melatonina) te los ha de prescribir alguien con conocimientos probados. Pero, como solemos autorrecetarnos, le planteo la cuestión a Consuelo

San Gabriel, doctora en Farmacia y en Inmunología y Genética, además de diplomada en Fitoterapia.[45]

**Ha calado la idea de que *lo natural* es inocuo.**

Ni siquiera el agua es inofensiva. Una persona puede morir de insuficiencia renal si bebe demasiada. Los farmacéuticos tenemos una máxima: «Todo es tóxico, nada es tóxico, todo depende de la dosis». Tomemos como ejemplo la vitamina D. Es necesaria, incluso fundamental en la prevención de muchas enfermedades..., pero solo necesitas suplementarla si tienes una deficiencia y, de ser así, en la cantidad y la frecuencia que se adecúa a tu caso. De hecho, en cantidades excesivas puede causarte náuseas, vómitos, micción frecuente, incluso provocar dolor de huesos y problemas renales. Por lo tanto, su ingesta se ha de ajustar a las necesidades de cada paciente y, para prescribirla, hemos de saber cuál es su nivel en sangre —lo que requiere un análisis— y qué pretendemos. A una mujer de 45 años que sufre de estrés, duerme poco, está débil y no se expone mucho al sol, no la tratamos igual que a una posmenopáusica que, aun viviendo muy relajada y tomándolo, tenga problemas de osteopenia u osteoporosis. La pres-

45 Especializada en problemas hormonales de la mujer (menopausia, endometriosis, infertilidad, embarazo, posparto y lactancia...) y en la prevención y mejora de los efectos secundarios de los tratamientos oncológicos, fue mi ángel de la guarda durante mi enfermedad. Formada en España (Farmacia), Estados Unidos (Inmunología y Genética) y Francia (Fitoterapia), atiende en Barcelona y *online* en español, catalán, francés e inglés. La encuentras en internet o escribiéndole a consuelosangabriel@gmail.com.

cripción no puede ser idéntica, porque, aunque la vitamina es la misma, no lo es el objetivo que perseguimos en cada caso. En el primero queremos prevenir una deficiencia, en el segundo, tratarla. Y esta pauta de tratamiento se ha de aplicar a cualquier suplemento alimentario o planta medicinal. Las instrucciones que van en la caja están pensadas para todo el mundo, y eso no necesariamente te conviene a ti.

**En la menopausia es común escuchar «Tómate esto, que a mí me ha ido bien para dormir» o «Voy a probar X, porque dicen que disminuye los sofocos».**

Si no tienes conocimientos, mejor te dejas asesorar por alguien que los tenga de verdad, porque lo que aparentemente *te funciona* puede hacerlo por efecto placebo, con lo cual no lo necesitas, o puede no ser la mejor estrategia para afrontar lo que te preocupa, o incluso que te esté perjudicando sin que lo sepas. Existe evidencia científica de que, si son de calidad y a dosis eficaces, hay una gran variedad de suplementos alimentarios y plantas medicinales que pueden contribuir a aliviar las molestias y los síntomas asociados a la menopausia, pero es fundamental que sean prescritos de manera personalizada por un profesional de la salud competente. Es la única garantía de que el tratamiento cumple los tres criterios que se consideran indispensables para ser recomendado, es decir, que sea necesario, seguro y eficaz.

**¿Qué más deberíamos tener en cuenta?**

Por muy correctamente prescritos que estén y por bien que observemos las pautas recomendadas, de nada o poco sirven sin hábitos de vida saludable. Es muy fácil tomarte algo y no esforzarte en andar, comer bien, etc. ¡Lo que te tomas no te exonera de hacer lo que tienes que hacer!

Otra cuestión que nos suele marear son los **períodos irregulares.** Rara es la mujer que no se las ve con un sangrado inesperado en el sitio y momento más inapropiados ¿y con poco o nada para salvar la situación? Y es que las reglas durante la perimenopausia son... ¡de lo menos regulado! Pueden desaparecer algún mes, los ciclos acortarse (sobre todo al comienzo) o alargarse, el menstruo ser muy escaso o abundante, producirse manchas intermenstruales... Todo esto es de esperar y nada por lo que, en principio, debas alarmarte, pero, si algo te preocupa, acude a consulta. Y, en plan práctico, no olvides llevar siempre contigo lo que utilices cuando te baja y una muda. Chica prevenida vale por dos.

Es aconsejable que registres tus períodos, manchas, dolores que parecen anunciar que está a punto de bajarte, aunque luego no aparezca (no te asustes), lo que sientas... para poder informar a tu especialista y, no menos importante, para poder calcular la fecha de tu menopausia. Asimismo, es crucial que reacciones *de inmediato* si, por ejemplo, tu sangrado dura más de una semana, es tal que apenas pasan 1 o 2 horas y ya debes cambiar de tampones, compresas o braguitas menstruales o vaciar tu copa, si lo haces abundantemente entre reglas o estas se producen con menos de 21 días. Podrías, por ejemplo, estar anémica, y no todo se debe necesariamente a la perimenopausia, es decir, podría existir otra causa y, salvo que seas galena, no te corresponde evaluarla.

A todo esto, aunque las probabilidades sean menores, puedes quedarte embarazada. Tus ciclos menstruales no son regulares, o sea que es imposible saber con exactitud si estás o no ovulando. La conclusión, pues, es obvia: si ser madre no entra dentro de tus planes, sigue usando un método anticonceptivo.

Observación final: en algunas ocasiones puede suceder que sangremos pasado ese año sin haber tenido una regla o mancha alguna. De sucederte, debes acudir a consulta de inmediato, porque si bien la mayoría de las veces no pasa nada, hay que descartar una posible complicación.

**Cómo puedo saber si estoy perimenopáusica si...**

Existen algunos casos que, claramente, nos lo ponen difícil. Se los planteo a la Dra. Pepa Manzano, ginecobstetra, mamá tardía y menopáusica militante, se define así, porque su objetivo es arrasar con la leyenda negra del climaterio.[47]

**Si una mujer está tomando anticonceptivos que regulan el ciclo, ¿cómo puede saber si está transitando?**
En principio, a partir de los 45 años los especialistas tendemos a sustituir los anticonceptivos secuenciales (los que

46 Ejerce en la Clínica Juaneda de Palma de Mallorca.

producen menstruaciones mensuales) por continuos (que no sabemos cuándo van a producir sangrado, si es que lo producen), porque, a partir de esta edad, los estrógenos aumentan, aunque mínimamente, la posibilidad de que la usuaria sufra un tromboembolismo, por lo que se suprimen de su anticonceptivo. Si es fumadora, ese relevo se hace antes, a los 35.

Para saber si una paciente que usa anticonceptivos secuenciales está empezando a quedarse sin óvulos le hacemos una analítica hormonal, pero esta prueba no predice cuándo será menopáusica. Lo que no debe es interrumpir su toma por decisión propia, porque se arriesga a tener sangrados excesivos o a un embarazo no deseado.

En el caso de que sean continuos, también puede someterse a una analítica, pero al no tomar estrógenos, podría saberlo sin necesidad de hacérsela, porque quizá esté experimentando algunos de los síntomas de la perimenopausia: sofocos, insomnio, cambios de humor...

**¿Y qué pasa si lleva un DIU hormonal?**

Si se ha colocado a partir de los 45, el DIU se mantiene hasta un año después de la menopausia para que no haya riesgo de embarazo. La duda que nos podemos plantear es en qué fecha se ha producido, porque puede que la paciente no haya tenido reglas desde su colocación, lo que es frecuente. Además, este tipo de dispositivos mitigan muchos de los síntomas que le indicarían a la usuaria que está en pleno baile hormonal. La respuesta nos la suele dar una ecografía, así comprobamos si aún existen óvulos, pero quizá necesitemos también una analítica.

**Cuando no se tiene útero, pero sí ovarios, ¿qué sucede?**
Lo habitual es que la paciente tenga sofocos, problemas de sueño u otros síntomas que le hagan sospechar que está perimenopáusica. Nuevamente, una ecografía nos puede informar del estado de sus ovarios, y si se nos plantean dudas, recurrimos a la analítica.

Las **molestias en las mamas** o mastalgia (sensibilidad, hinchazón, quemazón, dolor, en una o ambas glándulas) suelen deberse a desequilibrios hormonales. Sin embargo, existen otros factores que considerar: medicamentos, traumatismos, quistes, tamaño, estrés..., incluso una enfermedad. Rara vez, cáncer de seno, que es seguramente lo primero que has pensado. A veces ese dolor procede de otras partes del cuerpo y nos avisa, por ejemplo, de que algo le pasa a nuestro corazón, tenemos un problema digestivo, se ha inflamado un cartílago que conecta una costilla al esternón, un desgarro muscular del tórax, un nervio comprimido a nivel cervical... ¿Queda claro lo necesario de consultar con un profesional? Si en tu registro de síntomas has apuntado qué tipo de molestias has tenido/tienes, en qué intensidad, si en uno o ambos pechos, con qué frecuencia y duración, si han sido/son continuas o intermitentes, si coinciden con alguna actividad, tus anotaciones le serán de gran utilidad.

Asimismo, puedes tomar una serie de medidas: cuidar de tu dieta (ha de ser baja en grasas y sal e incluir alimentos ricos en fibra, calcio y vitamina E), hacer ejercicio, vigilar tu consumo de alcohol, no fumar, usar sujetadores cómodos, darte masajes con aceites esenciales, aprender técnicas de relajación porque el estrés empeora el síntoma, evitar cargar pesos excesivos...

Le toca el turno a la **pérdida de densidad ósea,** porque la fragilidad de nuestros huesos ocasiona el 80 % de las fracturas que sufren las mujeres a partir de los 50. La osteoporosis es una enfermedad silenciosa: no solemos darnos cuenta de padecerla hasta que surgen los problemas. Por lo tanto, consulta a tu doctora, sobre todo si *cargas* con algún factor de riesgo: antecedentes en familiares de primer grado (progenitores y hermanos), más si alguno ha sufrido roturas, tener una estructura corporal pequeña, consumir tabaco o alcohol, hacer poco o ningún ejercicio, nutrirse inadecuadamente...

Ella, además, valorará si tus huesos están siendo dañados por alguna alteración de tu salud (problemas de absorción intestinal, trastornos de alimentación, artritis reumatoide, esclerosis múltiple, enfermedad renal o hepática, hipertiroidismo...) o medicamento (antiácidos que contienen aluminio, litio, inhibidores selectivos de la recaptación de serotonina, inhibidores de aromatasa, tamoxifeno, glucocorticoides...). Y con todos los datos en la mano, decidirá si es necesario hacerte alguna prueba (generalmente una densitometría, aunque no siempre es necesaria) y las medidas a tomar para prevenir o mejorar tu condición. Esta conversación se ha de producir mucho antes en los casos de IOP.

Y, por supuesto, tú también puedes hacer para ayudar a tus huesos: seguir una dieta saludable, con alimentos ricos en calcio (cantidad recomendada diaria: entre 1.000 y 1.200 mg, pero consulta con tu especialista) y vitamina D; exponerte al sol de 10 a 15 minutos diarios para aumentar los niveles de esta última (es indispensable para absorber el calcio); no fumar (es uno de los principales culpables de la osteoporosis en mujeres); si optas por la suplementación, ha de aconsejarte una experta; hacer ejercicio cada día —¡básico!— para conservar tu agilidad y porque el movimiento muscular ayuda a regenerar hueso (ha de estar pautado por un profesional); limitar el alcohol y la cafeína (se ha demostrado su influencia directa en la enfermedad); moderar tu consumo de sal y azúcar, controlar tu peso...

Las **molestias musculoarticulares** (dolor, inflamación, rigidez, problemas de movilidad...) son tan comunes que me veo obligada a darles su espacio, su momento de gloria, inmerecido, por supuesto. ¿Cómo puedes ayudarte? Pues no te voy a contar nada nuevo, porque, cuando hablamos de cuidarnos, hay unos básicos: comer adecuadamente (dando prioridad, en este caso, a alimentos ricos en vitamina K, omega 3 y vitamina D), quitarte los kilos de más (objetivo prioritario); no fumar; no beber alcohol o, como mucho, con moderación; cuanta menos cafeína, mejor; hacer estiramientos y ejercicio de forma regular (estando bien asesorada); tomar suplementos alimenticios de ser necesario (¿he de repetirte que no vale automedicarse?); recibir/darse masajes; descansar y mantener a raya el estrés. Si persisten las dificultades, pide cita.

De los efectos que en nuestra sexualidad pueden tener el climaterio y el envejecimiento y cómo afrontarlos nos ocuparemos en el siguiente capítulo, pero no puedo dejar de mencionar aquí el **síndrome genitourinario,** lo que antes conocíamos como atrofia vaginal o vulvovaginal, una expresión horrenda y que aún muchas usamos. El término engloba todos los síntomas que puede generar la caída hormonal en nuestros labios externos e internos, vestíbulo vulvar, clítoris, vagina, uretra y vejiga, es decir: sequedad vaginal, disminución de la lubricación, dolor en las relaciones sexuales, molestias vaginales y urinarias, prolapso uretral...

Y terminaré este primer turno de explicaciones hablándote de **las infecciones del tracto urinario, la necesidad de orinar más a menudo, la incontinencia y no solo miccional,** a las que somos más vulnerables, porque, según nos explica la fisioterapeuta Ketty Ruiz López[47], «la bajada estrogénica debilita nuestro suelo pélvico y los tejidos de nuestra vagina, vejiga y uretra, además de provocar cambios en la flora vaginal que protege nuestro aparato urogenital». ¿Y qué puedes hacer al respecto? Mucho.

Para evitar las infecciones, como algunas cistitis, te conviene: orinar cuando sientas ganas, evitando pasar más de 3 horas sin hacerlo, porque cuanto más tiempo pasa, más bacterias proliferan; limpiarte siempre de delante hacia

47 Experta en suelo pélvico y fibrosis quística, trabaja en el Hospital Universitario Son Espases (Mallorca), y pasa consulta privada en el Centro de Fisioterapia Pelviperineal que lleva su nombre. Además es profesora en numerosos cursos de postgrado de suelo pélvico y de fibrosis quística. La encuentras en <www.suelopelvicomallorca.com>.

atrás para evitar contaminar la zona vulvar con gérmenes procedentes del ano; beber suficiente (unos 8 vasos de agua al día, dependerá de cada persona y época del año); vaciar la vejiga antes y después del sexo; usar ropa interior de algodón transpirable; no usar *salvaslip* a diario; evitar los pantalones ajustados y no darse duchas vaginales ni usar desodorantes íntimos. Y, por supuesto, si sientes picor, sensación urgente de orinar o dolor, consulta de inmediato. No esperes a que se agrave tu situación: podrías acabar con una infección renal.

**Hidratarse, pero haciéndolo bien**

Se nos dice a menudo que hemos de beber, incluso cuánto hemos de hacerlo, cuando este tipo de advertencias no deberían ser necesarias. «Lo son porque, en general, no escuchamos a nuestro cuerpo ni atendemos a sus necesidades y, de tanto ningunearlo, deja de pedirnos lo que necesita, ¿para qué va a hacerlo si no sirve de nada? Es como el niño que llora y nadie acude en su ayuda, ¡al final deja de llorar!», afirma Ruiz.

Eso nos obliga a reeducarnos. «No solo hemos de beber, hemos de hacerlo bien —nos advierte—. Eso implica dos cosas. La primera: el líquido que necesitamos es agua, no infusiones,[49] café, refrescos... ni, por supuesto, alcohol, todos

48 Quizá te sorprenda su comentario acerca de las infusiones, porque las consideres inocuas, pero ten en cuenta que suelen ser diuréticas y que «las plantas cambian las propiedades del agua y pueden contener sustancias que irriten la vejiga, los intestinos o que no son del todo sanas».

ellos irritantes vesicales, que nos harían ir al WC con más frecuencia de la necesaria. En segundo lugar, *ordenar* lo que tomamos. Nada de ingerir medio litro de golpe y después estar 8 horas sin beber. Nuestro cuerpo necesita que lo hidratemos poco a poco (por ejemplo, dándole un vaso cada 2 horas) y tiene que *aprender* a repartir lo que le damos por todo el organismo: órganos, piel, mucosas, heces... Al principio, como no está acostumbrado, lo que tomamos irá directo a la vejiga, con lo que iremos al lavabo más a menudo. Paciencia. Necesitaremos de unas 2 o 3 semanas para que nos ajustemos.»

La dificultad para controlar la micción afecta a demasiadas mujeres climatéricas, lo que, de cuidarnos, no tendría por qué suceder. Los problemas más comunes son: la incontinencia urinaria de esfuerzo, en la que se producen pérdidas al toser, estornudar, reír o al hacer movimientos repentinos (como resbalar, levantar objetos pesados, agacharte de golpe ) o durante la actividad física (bailar, saltar, correr, pádel...); y la incontinencia de urgencia, que es la que ocurre cuando la fuga involuntaria se produce a raíz de una necesidad fuerte y repentina de ir al baño. En muchas mujeres se dan ambos casos y entonces se llama mixta.

Imagino que te incomodan tanto como a mí los anuncios de *compresas pañal,* porque eso es lo que son por mucho que intenten dulcificar su imagen. Plantearlo como algo que no debe avergonzarnos lo entiendo y apoyo, pero, por favor, no lo normalicemos, porque necesitarlas es un síntoma, es decir, indica que algo no funciona bien, sea porque existe debilidad o un descenso de los órganos pélvicos. Para evitarlo, aquí tienes unos consejos: mantén un peso adecuado; elige una alimentación equilibrada; adopta una postura correcta (al sentarte, estar de pie, cargar cosas...); no empujes al miccionar o defecar; aprende a espaciar el impulso de orinar hasta aumentar los intervalos de 2 a 3 horas durante el día y dormir de 7 a 8 horas sin necesidad de ir al baño (te ayudará beber poco a partir de las 7/8 de la tarde; si el resto del día la ingesta ha sido buena, no tendrás sed); evita el estreñimiento, porque, por un lado, es un factor de riesgo de infecciones de orina, de incontinencia urinaria y de cáncer de colon y, por otro, los esfuerzos por defecar dañan tu suelo pélvico; ejercita este haciendo, por ejemplo, ejercicios de Kegel e hipopresivos, siempre bajo supervisión profesional.

Y, sobre todo, ¡pon una fisioterapeuta de suelo pélvico en tu vida! Es la persona más adecuada para orientarte en este tipo de cuidados, ya que está especializada en la prevención y tratamiento de los trastornos funcionales de la región pelviperineal: incontinencia urinaria, fecal y de gases, urgencia miccional, estreñimiento, prolapso, dolor pélvico, vaginismo, dolor coital... Si nunca te ha visitado una, ya estás pidiendo hora para ser evaluada.[49] Ten en cuenta que, en función de cómo te vea, puede recomendarte algo que no he recogido aquí o, por ejemplo, decirte que

49 Por desgracia su trabajo apenas se incluye en los sistemas de salud pública españoles y las mutuas, de hacerlo, no suelen costearlo del todo, a pesar de ser fundamentales para el bienestar femenino.

los ejercicios de Kegel no te convienen (no, no son para todo el mundo). En fin, hazme caso: ¡no cuidarte es un pasaporte garantizado a la primera infancia y a un sexo de *mejor lo dejamos*! Y como comprenderás, a ambas cosas mejor decirles *no, gracias*.

Los **vaivenes emocionales** se merecen una mención especial, porque suelen ser comunes en el climaterio. ¿Causa? No podemos señalar solo una. Por un lado, hay algo que probablemente nos resulta evidente a todas (o a casi todas), y es el fuerte vínculo existente entre nuestras hormonas y nuestro estado de ánimo y comportamiento: nuestros ciclos menstruales nos lo han demostrado a menudo. Es lógico, pues, que durante el climaterio, las fluctuaciones y posterior *zozobra hormonal* nos afecten.

Para empezar, los estrógenos estimulan la producción de la serotonina, un neurotransmisor[50] que se cree juega un papel clave en nuestras emociones y nuestro estado de ánimo, ya que tiene un efecto antidepresivo, controla la secreción de otras hormonas, como la melatonina —encargada de regular el ciclo de vigilia-sueño—, e influye en nuestro apetito sexual, temperatura corporal, sensación de saciedad, estructura ósea... Podemos, pues, hacernos una idea de cómo llega a influirnos su caída en picado.

50 Una molécula que producen las neuronas y permite la transmisión de información de unas a otras.

Por su parte, la progesterona estimula el neurotransmisor GABA, que inhibe o reduce la actividad neuronal y, al calmar nuestro cerebro, ayuda a controlar el miedo y la ansiedad, disminuye la angustia, la irritabilidad y la tensión nerviosa, aumenta la tolerancia al estrés y, muy importante, induce la sedación y el sueño. Asimismo, la progesterona modula otros neurotransmisores que influyen en la depresión. Es lógico, por tanto, que su descenso se asocie al insomnio y a los trastornos ansiosos y depresivos.

No menos importantes son los acontecimientos que pueden estar removiéndonos: búsquedas existenciales, soledad mal llevada, problemas de pareja, hijos que se van, padres mayores, no reconocernos en el espejo, reacciones fisiológicas que están fuera de nuestro control, dificultades económicas o laborales... Y, por si esto fuera poco, añádele cuánto nos afecta ser víctimas de un prejuicio colectivo según el cual ya no nos queda nada por disfrutar, sentir, hacer..., ¡vivir! ¿Alguien da más? Pues sí, porque la caída del velo hormonal nos ayuda a percibir con mucha claridad lo que ya no nos gusta, nos molesta, hemos de cambiar...

Menudo cóctel. Entenderás que es lógico que muchas tengamos la sensibilidad a flor de piel, nos volvamos más vulnerables y nuestra mecha se acorte. No es raro, pues, experimentar episodios de llanto, pasar por momentos de euforia y otros de enorme tristeza, preocuparse en exceso por cosas (hasta de algunas a las que antes no dábamos importancia), frustrarse con facilidad, experimentar mucha rabia, estar apática, verlo todo muy negro, molestarse a la mínima... Y sí, puede que nada de lo que te ocurre parezca tener sentido o no lo tenga a ojos de los demás, porque para ti, al menos cuando te está sucediendo, lo tiene del todo. El caso es que cada una lo vive a su manera: con mayor o menor intensidad, frecuencia y duración. Incluso unas pocas, poquísimas, ni se enteran.

De sufrirla, ¿cómo puedes ayudarte a sobrellevar esta inestabilidad que puede llegar a ser agotadora? En primer lugar, entendiendo que no eres un bicho raro, ni una bruja, ni una histérica, ni..., aunque a veces pueda parecérselo a quienes te rodean ¡e incluso a ti! No te sientas culpable ni te martirices si en alguna ocasión se va la pinza, discúlpate cuando realmente haga falta. Lo que te sucede —ya lo sabes— es natural y forma parte de tu proceso, por lo que intenta ser todo lo paciente y empática que puedas contigo misma; solo es una cuestión de tiempo que tu vida se reordene a mejor. Eso sí, ya sabes cuán aconsejable es que prestes atención a: cómo te hablas, porque lo que te dices influye en lo que te sucede y cómo lo vives; y lo que sientes, porque tus emociones te permiten conocerte mejor y averiguar qué necesitas. No voy a repetirte los muchos métodos de autocuidado que pueden ayudarte a mejorar tu bienestar emocional, pero repásalos todas las veces que lo precises.

Y, por supuesto, no te calles, no te guardes para ti ese tsunami emocional si lo estás viviendo. Habla de lo que te está pasando con tu familia, tus amistades, tus médicos, tu terapeuta... No embotelles tu malestar porque eso solo lo empeorará. Habrá quien te escuche, quien empatice contigo..., ¡y habrá quien no! De hecho, descubrirás dónde están tus apoyos, esas personas que reman contigo y suman en tu vida. Al respecto, un consejo: si cada vez que estás con alguien notas que sales trastocada, pregúntate si te conviene. Si la respuesta es no, aléjate de esa persona todo lo que puedas, preferiblemente del todo.

**Mejor avisar**

«Ahora no estoy en situación de hablar. Volveré cuando me haya calmado.» A menudo, un simple aviso y una retirada a tiempo nos ahorra malos rollos o enfrentamientos inútiles.

No vivimos aisladas. Quien más, quien menos, tiene familia, amistades, compañeros de trabajo..., y es posible, más que posible, que no tengan ni idea de lo que nos está pasando y cómo puede influir en nuestro estado de ánimo y comportamiento. Siendo así, no es realista pretender que muestren comprensión, empatía, algo de solidaridad hacia nosotras, cuando *montamos un pollo* de narices, *echamos sapos y culebras por la boca,* lloramos sin causa aparente o por una nimiedad o... incluye aquí tu *escena* favorita (puede ser tuya, si es que la has protagonizado y es de Óscar, o de otra mujer, si has sido testigo de una). No tienen ni idea de lo que se está cociendo en nuestro interior y lo que creen ver es a una *desequilibrada* o, peor, una *capulla.*

Hay que educar a quienes nos rodean. En casa y con quienes tenemos una buena amistad es primordial, diría que obligatorio, para no sentirnos solas e incomprendidas ni amargarles la existencia por desconocer lo que nos sucede y tomarse nuestras reacciones como algo personal. En plan práctico, eso nos permitirá, por ejemplo, pactar que les avisaremos —si nos da tiempo, lo que a veces es mucho pedir— de que estamos en situación delicada (quisquillosas, rabiosas, lloronas, dramáticas, impacientes..., ¡como si no quieres explicarles el motivo!) para que respeten nuestro (mal) momento y nos dejen un rato a solas o hagan algo que les pidamos: acompañarnos a dar un paseo en silencio, darnos un abrazo, escuchar sin intentar arreglarnos la vida, un masaje en los pies, ocuparse de los hijos, hacernos la comida...

Insisto, ten en cuenta que puede que nuestras parejas, hijos, otros familiares, amistades... estén pasando lo suyo, porque su vida también se tuerce a veces, ¡y algunas a causa de nuestra actitud o comportamiento! Si siempre estuviste a mano, dispuesta, y ahora ¡como que no te apetece o no te da la gana!, pues comprenderás que les va a costar lo suyo. Puede que estén dolidos o enfadados por no entenderte, sentirse dejados de lado —si tienes pareja, ¿también sexualmente?—, considerarse chivos expiatorios... En fin, no te estoy diciendo que aguantes, que intentes amoldarte, que te sientas culpable... Lo que te estoy diciendo —repito— es que te expliques, les pongas en situación y ¡que los escuches en la medida en que puedas! Si no es en el momento de tu seísmo, después. Y sí, a veces hay que pedir perdón, sin flagelarse a una misma, pero reconociendo lo sucedido.

¿Y qué pasa con hablar de tu situación en el lugar de trabajo? Ya sé que entro en terreno pantanoso, pero debemos intentar hacer lo propio, por difícil que resulte, para convertirlo en algo natural, sin estigmas, y que se tenga en cuenta en el mundo laboral. Todas las mujeres, cuando llegamos a cierta edad, pasamos por esto. Toca que dejemos de tener que disimular, seguir como si nada, intentando no molestar. La comprensión nos lo pondrá un poco más fácil.

No puedo soslayar que una cosa son los altibajos emocionales y otra padecer un trastorno de ansiedad o depresión. Probablemente habrás escuchado decir que durante la menopausia *estas cosas* suceden, como si fueran parte del *paquete.* ¡Alto! Ningún estudio ha podido demostrar de forma contundente que exista una asociación *directa* entre climaterio y ambas aflicciones.[51] Los cambios hormonales te la pueden jugar de muchas maneras, incluida la de empujarte en esa mala dirección, hay quien habla de la «ventana de vulnerabilidad» coincidente con la perimenopausia, pero no son necesariamente su única causa. Hay otros factores más determinantes, como el estrés producido por problemas familiares, sociales o económicos, no tener vida, mejor dicho, apoyo social, dormir mal, realizar escasa actividad física, tener un mal estado de salud y arrastrar una historia de sintomatología previa, como, por ejemplo, síndrome disfórico premenstrual (síntomas de depresión graves, irritabilidad y ansiedad antes del período), depre-

51 El aumento de casos se vincula más bien a la edad, aunque también te diré que se sigue investigando al respecto (estudio SWAN).

sión posparto, trastorno bipolar, antecedentes de ansiedad o depresión...

Aclarado esto, y porque más vale prevenir, voy a enumerar *algunas* de las señales que podrían advertirte de la necesidad de acudir sin dilación a consulta.

Algunos síntomas que *pueden* indicar **ansiedad** si se manifiestan con intensidad, continuidad en el tiempo y limitan tu vida (familiar, social, laboral...) son: nerviosismo, agitación o tensión generalizada o ante determinadas situaciones, preocupación excesiva y mucha dificultad para evitarla, miedo a perder el control, falta de concentración, sensación de peligro o pánico, taquicardia, opresión en el pecho, temblores, vértigo, sudoración en abundancia, hiperventilación, problemas de sueño (dificultad para dormirse o continuar durmiendo), debilidad o mucho cansancio, problemas gastrointestinales...

En cuanto a la **depresión,** vigila estas *posibles* señales y ten en cuenta que se han de dar varias a la vez: arrastrar un estado de ánimo muy apagado que interfiere en tu vida cotidiana durante 2 o más semanas, estar muy triste o ansiosa, acaso desesperanzada, de forma prolongada, sentirse desmesuradamente inútil o culpable de forma constante, carecer de energía y notarse muy cansada durante un largo período de tiempo, insomnio o hipersomnia persistente, retraso psicomotor, dificultad para pensar y falta de concentración casi todos los días, aumento o pérdida de peso, no disfrutar de las cosas que antes te gustaban, pensar en dañarte a ti misma o a otras personas, tener pensamientos de muerte, incluso de suicidio, de forma recurrente...

Imaginemos que tras lo leído tienes dudas, ¿qué puedes hacer? ¡No quedártelas para ti! Por favor, pide hora con tu doctora para que te oriente o con una psicóloga, porque es preferible incurrir en una falsa alarma que arriesgarse a dejar que pase el tiempo y el problema se agrande. Todo lo que interfiere en que puedas llevar una vida normal —¡la que tú consideres normal!— y no logras solventar por ti misma indica claramente que necesitas ayuda.

**Medicalizar por sistema**

¿Te has dado cuenta de con qué prontitud se nos *empastilla*? ¿Y la de personas que caen en ello sin cuestionárselo o plantearse *en serio* qué les está pasando?

Vela por ti y, antes de embarcarte en uno de esos apaños químicos esperando un milagro, pide explicaciones del tipo: ¿por qué habría de medicarme?, ¿durante cuánto tiempo?, ¿cuáles son sus efectos secundarios?, ¿además del fármaco me propondrán algún tipo de terapia?... Has de preguntar todo lo que consideres para decidir si te conviene. No niego que una ayuda pueda ser necesaria, pero te animo a averiguar si realmente lo es en tu caso y por qué motivos.

Cada una de nosotras tiene sus dolores a afrontar, sus problemas a resolver, sus ajustes a realizar. Y eso pide tiempo y no se arregla *solo* con una *pastillita*, mejor dicho, decenas, ¡o cientos!, de ellas. De hecho, las recaídas tras dejar la medicación son comunes, o sea que ¿no sería mejor no dejarlo todo en manos de la química? Con o sin fármacos (porque, por supuesto, a veces son necesarios), existen otras opciones a considerar o a incluir en el tratamiento. Por poner un ejemplo, la práctica del *mindfulness* ha demostrado ser más efectiva, a medio y largo plazo, que los antidepresivos y los ansiolíticos, y existen terapias, como la de aceptación y compromiso o la cognitivo-conductual, que dan muy buenos resultados.

En fin, quizá lo que precisas para recuperar tu equilibrio es, lo dicho, cambiar hábitos de vida, dedicarle más tiempo a tu autocuidado y, sobre todo, averiguar qué es lo que realmente te está alterando emocionalmente y hacer algo al respecto. Y, por supuesto, persisto en animarte a buscar ayuda psicológica antes de aceptar *sumisamente* la pastillita. Lo que sea que necesites, haz. Pero no dejes que te traten como si fueras una mujer rota.

Por último, vamos a ocuparnos de los **problemas de memoria y de falta de concentración,** que muchas veces se solapan (no encontrar una palabra, no recordar un nombre o un número, olvidar una cita o una fecha señalada, *extraviar* las llaves, *ausentarse* o perder el tren de un pensamiento o el hilo de una conversación, darnos cuenta de que desconocemos la razón por la que estamos entrando en una habitación...); la mayor dificultad y lentitud en aprender algo, procesar información, analizar situaciones, resolver problemas o tomar decisiones; los fallos en nuestro funcionamiento visoespacial, que, por ejemplo, provocan que se nos caigan las cosas —¡la de vasos que he roto!— y nos golpeemos contra muebles que, sin duda, *han aprendido a moverse*... Es decir, de toda esa ***niebla mental*** que tanto nos asusta, porque merma nuestra seguridad en nosotras mismas, nuestra calidad de vida, nuestras relaciones y nuestro trabajo.

¿Por qué nos pasa? Pues estamos en lo de siempre, si los estrógenos estimulan nuestro cerebro, mantienen activas nuestras neuronas, ayudan al crecimiento de nuevas y a que se conecten entre ellas, es de esperar que su descenso tenga efectos en nuestros procesos cognitivos, léase memoria, lenguaje, atención, percepción, pensamiento...

Luego están *esas gaitas* —insomnio, sofocos y sudores nocturnos, vaivenes emocionales...— que pueden exacerbar las dificultades mencionadas. Asimismo, muchas enfermedades —de hecho, cualquiera que sea crónica—, trastornos y tratamientos médicos pueden generar niebla mental: ansiedad, depresión, esclerosis múltiple, celiaquía, diabetes, hipotiroidismo, fibromialgia, algunos cánceres, la quimioterapia, ciertos fármacos como las benzodiacepinas, estatinas, antidepresivos tricíclicos...

Para terminar, no olvides que estamos envejeciendo. Bueno, en ello estamos *desde siempre,* solo que avanzados los 50 se hace más evidente, sobre todo si no nos hemos cuidado ni estamos cuidando de nuestra cabeza debidamente al privarla de un sueño de buena calidad, de una nutrición adecuada y del ejercicio, tanto físico como mental, que necesita..., a lo que hay que añadir lo mucho que nos afecta el estrés.

Sea como sea, de padecer ciertas manifestaciones de niebla mental no te alarmes innecesariamente, porque son comunes y la mayoría desaparecen en la posmenopausia, cuando nuestro cerebro se acostumbra a la falta de estrógeno. Es decir, sufrirlas no implica necesariamente que tengas una enfermedad neurodegenerativa, que, por cierto, es un diagnóstico que le corresponde dictaminar a un neurólogo. Eso sí, no dejes de acudir a su consulta si dudas, sobre todo si tienes antecedentes familiares de demencia precoz, tus dificultades van a más, a menudo preguntas algo varias veces y no recuerdas la respuesta, no sabes orientarte en trayectos habituales para ti, pierdes el hilo de lo que estás diciendo, confundes una palabra por otra (decir *silla* en vez de *mesa*), olvidas eventos importantes, tomas decisiones impulsivas en temas cruciales... Los demás suelen ser los primeros en darse cuenta, o sea que si te lo hacen notar, reacciona.

Mientras, quédate con lo que te he explicado sobre la falta de cuidado, porque nos está indicando el camino a seguir: tenemos que tomar medidas para prevenir el declive y, de hecho, podemos hacer mucho por *muscular* nuestro cerebro. Básicamente...

**Desdramatizar.** Seamos razonables: no es lo mismo no recordar dónde te dejaste tus gafas que olvidarte de acudir a un juicio al que te habían citado. Es más, intenta encontrarle algo positivo a tus contratiempos. ¿Qué tal si la próxima vez que te olvides algo en casa, y tengas que volver a por ello, no te fustigas? Hacerlo solo empeora tu situación, porque te estresa. Mejor piensa en su *plus:* haces ejercicio, sobre todo si vives en un cuarto y no usas el ascensor (esa soy yo)... ¡con lo bueno que es para tu salud!

Tal vez hayas comprobado personalmente que el insomnio o tener un estado de ánimo bajo afecta tus funciones cognitivas. Está claro que no *fluimos* ni física, ni mental, ni emocionalmente igual. Lo que quizá desconoces es que se está investigando la posible asociación entre los sofocos frecuentes y una serie de cambios funcionales en el cerebro, especialmente en el hipocampo y la corteza prefrontal, que afectan negativamente a la memoria. De ser cierto, implicaría que el tratamiento de los síntomas vasomotores favorecería un mejor funcionamiento de esta última. Mientras los expertos lo deciden, nada te impide intentar paliar *tus calores* —¿acaso los deseas?— y comprobarlo por ti misma.[52]

**Estimula tu mente.** Para empezar, fíjate en cuáles son tus dificultades y plantéate qué puedes hacer para mejorar en esos aspectos. Por ejemplo, para potenciar tu memoria, puede ser una buena idea aprenderte la lista de la compra, quizá sirviéndote de la imagen mental de los productos. Empieza por algo razonable en extensión, ya la irás alargando, y nada te impide llevarla apuntada y repasarla antes de pasar por caja. ¿Quieres más ideas? Qué tal sumar todo

52 P. M. Maki, M. Wu, L. H. Rubin, D. Fornelli, L. L. Drogos y S. Geller, «Hot flashes are associated with altered brain function during a memory task», *Menopause,* 2020, 27 (3), 269-277.

lo que vayas colocando en tu carrito, aprenderte una dirección, un número de teléfono o los pasos de una receta de cocina.

Fijémonos en otra situación típica: olvidarnos de cómo se llama alguien que nos acaban de presentar. ¿Por qué nos sucede? Es lógico que no retengamos que esa mujer tan simpática se llama Alicia si no hemos estado atentas cuando nos la presentaron. El resultado sería otro de haber repetido mentalmente o en voz alta su nombre (al dirigirnos a ella) y lo hubiéramos asociado a algo (como el cuento de *Alicia en el país de las maravillas* o la imagen de la niña y el conejo blanco de la historia). Esa es la actitud.

¿Qué más puedes hacer? Estate al tanto de lo que se va descubriendo para poder aplicártelo, pero mientras, estas son algunas de las actividades que se suelen recomendar:

- Leer con asiduidad novelas, ensayos, manuales... No perder el hilo de una historia necesita de tu atención y el aprendizaje estimula tu mente. Puedes añadirle un plus: participar en un club de lectura anima tu vida social y fomenta el intercambio intelectual, lo que favorece la estimulación cognitiva.
- Aprender algo nuevo: un idioma, a tocar un instrumento musical, un deporte, cocinar, bordar... También vale desarrollar tus habilidades informáticas.
- Aficionarse a alguna manualidad: cerámica, jardinería, bordado, carpintería...

- Visitar lugares desconocidos, asistir a cursos y charlas, recorrer museos, acudir a conciertos, descubrir música diferente a la que sueles escuchar, etc.
- Hacer pasatiempos y participar en juegos de mesa: crucigramas, sudokus, puzles, cartas, ajedrez, dominó, Scrabble, Uno, Risk...

Otras ideas para *tonificar* o, según lo mires, *hacerle sudar la camiseta* a tu cabeza: utiliza tu mano no dominante para hacer cosas sencillas (cepillarte los dientes, escribir, dibujar...), anda hacia atrás durante un buen rato (cuidado con no tropezar y caerte), dúchate o vístete con los ojos cerrados (ídem), cambia a menudo las rutas que usas para ir de un sitio a otro, sustituye el GPS por un plano, inicia una conversación con una persona desconocida a menudo... ¡Cuanto más te desafíes, mejor para ti!

**Apúntate a alguna técnica o actividad que te alivie a reducir el estrés:** meditación, visualizaciones guiadas, coherencia cardíaca, relajación muscular progresiva, yoga, taichí...

**Ten una activa vida social.** Relacionarte, pasar tiempo de calidad con tu familia y amigos, conocer a gente nueva, escuchar a otras personas, compartir opiniones, conversar y debatir de forma saludable... No descartes involucrarte en actividades de tu comunidad local y hacer voluntariado.

**Fomenta tu sentido del humor.** Enfócate en lo positivo, busca razones para dar las gracias, ser optimista... Lee libros que te den buen rollo, ve películas que te hagan reír (quizá te gusten más los monólogos), rétate a buscar o inventarte un chiste cada día (y compártelo), apúntate a risoterapia...

No caigas en la trampa de la inacción: la falta de cuidado tiene mucho que ver con tus dificultades. Te he trazado un posible camino, en realidad más de uno, pero has de andarlo tú.

Llegamos al final de este capítulo que espero te haya ayudado a entender algo mejor *qué te está pasando*. Pretendía hacerlo cortito, como para quitarle peso *a lo médico...*, aunque ya imaginaba que era un objetivo un tanto ingenuo. ¡Vaya si lo era! Pero no perdamos el norte. Recuerda: esto es temporal y, si cientos de millones de mujeres han pasado por ello antes que tú, ¡y han salido adelante!, tú no vas a ser menos.

Escanea este código para acceder a recursos (lecturas, películas, webs...) sobre los temas tratados en este capítulo.

# *3a*
# *Terapia hormonal para la menopausia: el miedo injustificado*

No hace tantos años, a la terapia hormonal para la menopausia (THM),[53] es decir, la prescripción de hormonas a fin de reemplazar las que nuestros ovarios dejan de producir, se le atribuían beneficios de todo tipo. Sin embargo, a principios del siglo XXI, un estudio clínico, con importantes errores metodológicos, puso en duda su efectividad en la prevención de algunas enfermedades crónicas y apuntó riesgos para la salud que provocaron que millones de mujeres suspendieran su toma y la profesión médica se replanteara su utilización.[54]

Desde entonces ha llovido mucho. Se ha seguido investigando, los tratamientos han evolucionado, se han creado nuevas

53 Aunque actualmente recibe este nombre, puede que la conozcas como terapia hormonal sustitutiva o terapia de reemplazo hormonal.

54 He de aclarar que en Estados Unidos se recetaba de forma rutinaria, pero no fue el caso de España, donde, en aquel momento, apenas se trataba al 14 % de las mujeres climatéricas.

formulaciones y se han ajustado los criterios de uso, pero la imagen de la THM sigue gravemente dañada. Ninguna explicación *a posteriori,* incluso de científicos que participaron en aquella investigación y reconocieron sus fallos, sirvió para desterrar esa percepción tan negativa. Esto ha provocado que su utilización siga siendo mínima en muchos países, incluido España, a pesar de que numerosas sociedades científicas internacionales lleven años defendiendo y demostrando que es el tratamiento más eficaz para los síntomas vasomotores, cuando estos son intensos y afectan a nuestra calidad de vida, y el síndrome genitourinario de la menopausia (SGM) en pacientes que no presentan contraindicaciones. (Advertencia: sobre los procedimientos, tanto naturales como médicos, que se prescriben para hacer frente a los problemas vulvovaginales nos ocuparemos en el apéndice 4c, titulado *Cuida de tus genitales.*)

No es extraño, pues, que la Asociación Española para el Estudio de la Menopausia (AEEM) lamente «el desconocimiento de los verdaderos beneficios y riesgos de la THM, que existe incluso entre profesionales sanitarios de cualquier especialidad» y advierta que «la información edulcorada contraria a su uso» genera un temor —hablan de *hormonofobia*— que es el responsable «de que muchas mujeres sean mal atendidas», porque «de cada 100 mujeres susceptibles de recibir tratamiento por sintomatología grave asociada al climaterio durante la posmenopausia solo se trata a 5». Has leído bien: ¡solo 5!

Dicho esto, vamos a centrarnos en lo que es importante saber sobre el tratamiento hormonal. Eso sí, teniendo en cuenta que es a tu especialista a quien le corresponde darte las explicaciones necesarias y ayudarte a decidir si te conviene su uso en función de tu historial médico, tu estilo de vida, tus objetivos y los pros y contras que puedan existir en tu caso.

## ¿En qué circunstancias se puede considerar su prescripción?

Desde la AEEM subrayan que el tratamiento no se receta de forma indiscriminada, salvo que se trate de una mujer con insuficiencia ovárica prematura, porque el riesgo de padecer las consecuencias de la caída hormonal a edades tempranas (enfermedades cardiovasculares, osteoporosis, deterioro cognitivo, disfunciones sexuales...) hace aconsejable su uso si la paciente no presenta contraindicaciones: básicamente haber sufrido una trombosis venosa o un cáncer de mama con receptores hormonales positivos.

Según explican, en los restantes casos, es decir, cuando la menopausia llega a una edad considerada natural, lo adecuado es plantear su posibilidad si, tras haber realizado cambios en su estilo de vida o usar suplementos alimentarios, la frecuencia e intensidad de los sofocos y sudoraciones nocturnas siguen perjudicando seriamente la calidad de vida de la mujer... y, por descontado, habiendo comprobado que los beneficios de su toma superan los riesgos. Eso sí, ten en cuenta que se sigue indagando y las sociedades científicas van redactando nuevos posicionamientos, y eso hace que, con el tiempo, vayan actualizando sus criterios diagnósticos y terapéuticos.

Actualmente, lo habitual es recomendar la terapia hormonal como tratamiento, es decir, para paliar un problema ya existente, y cuando ninguna otra alternativa ha funcionado. Sin embargo, esta doble *limitación* está siendo revisada por diferentes sociedades médicas (también por la AEEM en España). Quienes abogan por estos cambios consideran que la *hormonofobia* está evitando que se recete de forma preventiva, salvo en los casos de insuficiencia ovárica prematura, cuando su uso, dicen, podría, por ejemplo, proteger a mujeres que la hayan tenido a la edad considerada natural, pero con riesgo de osteoporosis; y defienden que lo ideal sería explicarle a la usuaria sus diferentes opciones (THM, alternativas farmacológicas no hormonales, terapias naturales...) y que sea ella quien elija. También hay profesionales —todo hay que decirlo— contrarios a estas posturas, por considerar que la THM no debería utilizarse en la prevención de enfermedades crónicas.

Como habrás advertido, se sigue debatiendo e investigando al respecto. Por eso es tan importante que confíes en tu especialista y que si te propone este tipo de medicación le hagas las preguntas pertinentes para que podáis decidir conjuntamente si es una buena opción para ti. Te doy algunas ideas: ¿qué alternativas existen —de todo tipo— para los problemas que necesito solventar?, ¿por qué me conviene esta o aquella?, ¿qué tipo de tratamiento y en qué dosis?, ¿durante cuánto tiempo?, ¿qué efectos secundarios puede tener?, ¿qué riesgos, de haberlos, corro a corto, medio y largo plazo?, ¿cada cuánto reevaluaremos si sigo necesitándolo?...

## ¿Cuándo está contraindicada y qué requisitos se han de dar para que se recete?

Se ha de evitar, por ejemplo, en mujeres que hayan padecido un cáncer de mama con receptores hormonales positivos,[55] cuando se ha sufrido un accidente cerebrovascular o trombosis, en enfermedades del corazón, problemas hepáticos... Aunque existen excepciones, es decir, se podría administrar en algunos de esos casos (reitero que los criterios de su uso están en constante estudio), y eso es algo que deberá valorar tu especialista.

También se tiene en cuenta la edad (la THM es segura en los primeros 10 años de la menopausia o en menores de 60 años, aunque se está analizando si subir este umbral a los 65); en qué momento del tránsito se halla la paciente (han de haber pasado menos de 10 años desde que se dictaminó su menopausia), su estilo de vida (ha de alimentarse adecuadamente, hacer ejercicio, no fumar...) y, por supuesto, si en su caso los beneficios superan los riesgos. Este último criterio es clave: hay que decidir, siempre, en función de los pros y los contras y contando con la posible usuaria, que ha de ser debidamente informada y cuya opinión es determinante.

55 La AEEM y otras sociedades científicas consideran que, tras haber superado un cáncer de endometrio o un cáncer de ovario, poder utilizar o no THM dependerá del estadio y tipo histológico del tumor. Sea como sea, recuerda que cada caso se estudia de forma individual.

## ¿Qué tipos de tratamientos existen?

Hay diferentes opciones, no solo en el tipo de tratamiento, sino también en su forma de administración, dosis y tiempo de uso. De nuevo, es a tu especialista a quien le corresponde darte las explicaciones necesarias. Aquí solo te diré que lo habitual es la prescripción de estrógenos en mujeres histerectomizadas, o de terapia combinada de estrógenos y progestágenos en caso de tener el útero intacto.[56] Pero existen otras posibilidades: optar por la tibolona (un fármaco que tiene acción estrogénica, progestagénica y androgénica), solo administrar progesterona natural... y, con el tiempo, es posible que surjan nuevas.

En cuanto a su forma de administración, dependerá del tipo de tratamiento y tus necesidades (pastillas, óvulos, parches, cremas, geles, aerosoles, anillo o DIU hormonal), y el criterio comúnmente aceptado es que se utilice la dosis más baja que resulte efectiva y durante el tiempo necesario, o lo que es lo mismo, mientras persistan los síntomas. Te recuerdo que esto último también está siendo revisado, porque numerosos expertos defienden que se puede alargar tanto como se crea conveniente y útil para la usuaria siempre que no aparezcan contraindicaciones.

En todo caso, como en cualquier situación médica, no sales de la consulta con tu receta bajo el brazo y *chimpún*. Tu

56 Esto se hace así porque los progestágenos ayudan a prevenir el crecimiento descontrolado del endometrio por el estímulo ejercido por los estrógenos.

especialista te hará un seguimiento para comprobar que lo que te ha prescrito está mejorando los síntomas por los que te ha dado la THM (algo que, probablemente, tú notarás a partir del primer o segundo mes de tratamiento) y, de ser necesario, ajustar tu medicación o suprimirla si, al cabo de un tiempo, no se consiguen los resultados esperados o aparecen contraindicaciones.

Mención aparte se merecen los *pellets* o los implantes que se colocan bajo la piel y cuyo contenido, formulado específicamente para la usuaria, se va liberando poco a poco. Se trata de un tema controvertido, porque, aun cuando se está prescribiendo cada vez más, la Agencia Europea del Medicamento, su homóloga estadounidense (Food and Drug Administration) y australiana (The Therapeutic Goods Administration), por citarte las más importantes, al igual que la mayoría de las sociedades médicas y grupos de expertos, desaconsejan, por ahora, su uso por considerar que no cumplen con los requisitos de seguridad y eficacia que se exigen a los fármacos, ya que no pasan por ningún tipo de control y podrían incluir ingredientes, tanto hormonales como no, que podrían ser peligrosos para la usuaria.[57]

Desde la AEMM hacen hincapié en que ninguna mujer se deje engañar por esa sensación de atención personalizada

57 He escrito *por ahora*, porque si se aportan estudios de su eficacia y se cumplen los requisitos de seguridad que se exige a cualquier medicación (pureza de las hormonas y los excipientes y estar libre de contaminantes), su uso será bienvenido como una opción más para la mujer que lo prefiera.

que podría generarle que los *pellets* hayan sido creados «expresamente para ella», porque cuando se prescribe la THM *también* se crea un traje a medida, ya que existen diferentes tipos de tratamiento y se elige el que más le conviene a la usuaria. Asimismo, previenen de no dejarse deslumbrar por esa etiqueta de hormonas bioidénticas, que hace que parezcan inocuas, porque las hormonas comercializadas como bioidénticas y naturales no son ni más seguras ni más eficaces que las utilizadas en la terapia tradicional. Es decir, la procedencia de sus componentes es similar a la de la THM,[58] pero insisten en que, a diferencia de esta, la composición de los implantes no está sujeta a ningún tipo de control (=los preparados no están contrastados ni aprobados) y hay evidencias de que pueden tener efectos adversos.[59]

58 En la THM, el estrógeno más frecuentemente utilizado suele ser el estradiol, considerado bioidéntico (aunque no utilicen ese término). Lo mismo sucede con la progesterona: en la THM también puede ser bioidéntica, en forma natural micronizada, aunque se puede usar otro gestágeno. En cualquier caso, los estrógenos y los gestágenos que se utilizan en THM han sido aprobados por las agencias de medicamentos.

59 Citan, por ejemplo, una revisión sistemática de 2016, *Bioidentical hormones for women with vasomotor symptoms,* en que la Cochrane concluye que hay evidencias de que pueden existir efectos adversos relacionados con la medicación por las dosis utilizadas y las distintas vías de administración. La Cochrane es una red internacional independiente (formada por investigadores, profesionales, pacientes...) cuyo objetivo es producir información sanitaria fiable y accesible sin patrocinio comercial ni otros conflictos de intereses.

## ¿Es cierto que se corren riesgos, sobre todo de padecer cáncer de mama?

Dicho así, a bocajarro, sin especificar en qué medida y sin más explicación, ¡es lógico que una se asuste! Pero si profundizamos, la cuestión cambia... y mucho.

Para empezar, permíteme una reflexión, porque, a menudo, no caemos en lo evidente. Nada es inocuo. Todo medicamento —y es probable que te hayas tomado unos cuantos—, por simple que parezca, conlleva contraindicaciones y peligros. Basta leerse cualquier prospecto para darse cuenta. Ni siquiera una aspirina es totalmente inofensiva. Puede que nos comportemos como si esos inconvenientes no existieran —porque preferimos no pensar en ello, por miedo...—, pero existen. Y hay más, si sufres (o has sufrido) un problema de salud que necesita de tratamiento (cáncer, tiroides, diabetes...), seguramente entiendes y aceptas que lo que cura o salva muchas veces tiene efectos secundarios no tan agradables o beneficiosos, pero igualmente optas por lo que consideras mejor para ti. Pues bien, ahora se trata de hacer lo mismo. Se trata de *sopesar y decidir* conjuntamente con tu especialista.

Siguiente cuestión: la AEEM, en concordancia con otras importantes sociedades científicas nacionales e internacionales, considera insignificante el peligro de cáncer de mama y afirma que no se ha demostrado que exista en otros tipos de cáncer con las dosis y preparados que se usan en la actualidad. Además, nos recuerda que el único riesgo reconocido de los estrógenos es el trombótico (igual que para los anticonceptivos hormonales) y que lo sufren quienes tienen, de por sí, otros factores que las predisponen a ello. Por eso, explican, en mujeres con alguna condición médica o de mayor edad se valora si pueden usar THM y que, para ello, ya sabes, se sopesan los pros y contras en función de cada historial, y, de prescribirse, la usuaria es monitorizada, es decir, se le hace un seguimiento periódico desde el momento que inicia su terapia.

Es más, nadie puede adjudicar, con toda seguridad, el aumento de casos de cáncer al uso de la THM, porque se trata de una enfermedad multifactorial y a medida que cumplimos años y en función de nuestro proceso de envejecimiento y estilo de vida aumentan nuestras posibilidades de enfermar, y no solo de cáncer, también son más comunes los accidentes cardio y cerebrovasculares o la diabetes tipo 2..., independientemente de la medicación que tomemos. ¿Es que nadie te ha contado que tomar 2 copas de vino al día multiplica por 5 el riesgo de cáncer de mama? Y siento decirte que pesar unos kilos de más también es arriesgado. De hecho, se sabe que en ambos casos el peligro es mayor que el que genera el uso de la terapia hormonal. Sin embargo, nada de eso despierta un debate tan exacerbado como el uso o no de hormonas para paliar los síntomas de la menopausia.

Dicho esto, hay algo que considero significativo: muchas de las profesionales sanitarias —no solo ginecólogas— que conozco me han contado sus experiencias personales en torno a la terapia hormonal y entre quienes han optado por ella hay alguna que ni siquiera es muy amiga de medicarse, ¡y lo ha hecho!, e incluso quien me ha explicado que la ha empleado a pesar de no manifestar sintomatología grave, pero por considerar que iba a mejorar su calidad de vida.

De hecho, un estudio llevado a cabo, hace unos años, entre las ginecólogas socias de la AEEM señaló, como era de esperar, que estas utilizaban la THM con mayor frecuencia de la que la prescribían. El 44,7 % había elegido el tratamiento hormonal para paliar sus síntomas vasomotores. Te recuerdo que se suele recomendar cuando la calidad de vida de la mujer queda mermada dada la intensidad y frecuencia de sus sofocos, y que se calcula que en esa situación se hallan el 20 % de las climatéricas. Comparando ambas cifras queda claro que muchas de las doctoras *se atrevían* a utilizarla en situaciones menos severas. ¿Crees que lo habrían hecho de considerarlo peligroso? Sería de extrañar, ¿no te parece? Eso sí, a la hora de recetarla se mostraban más contenidas, porque entre las que preferían el tratamiento hormonal como método para paliar los sofocos moderados o intensos (3 de cada 4 de las encuestadas), solo el 66,7 % la prescribían a sus pacientes.[60]

¿Cómo se explica esto? Le traslado la pregunta a algunas de las expertas que me han ayudado a escribir este capítulo

---

60 M. J. Cornellana, M. J. Cancelo, J. Ferrer y R. Sánchez Borrego, *Estudio CHUSES o de las ginecólogas: análisis de la actitud de las ginecólogas socias de la AEEM ante la menopausia propia y la de las usuarias*, 31 Congreso Nacional SEGO, Sevilla, mayo de 2011.

y coinciden en lo siguiente (lo transcribo como si lo explicara una sola, pero es un resumen de la suma de sus opiniones):

> Si alguien conoce la THM somos las profesionales sanitarias. La *hormonofobia* es algo que se da más fuera de la profesión médica que dentro, porque, salvo escasas excepciones, las personas que tratamos con hormonas desde hace años, sobre todo las ginecólogas y las endocrinas, no les tenemos miedo. Por lo tanto, es lógico que nos sintamos más seguras a la hora de utilizar los tratamientos: sabemos exactamente lo que hay y que son un buen aliado. Por contra, la mayoría de las mujeres no disponen de nuestra información, así que es lógico que muchas ni se lo planteen, aun cuando su calidad de vida esté siendo seriamente mermada.

Para acabar, creo interesante recoger testimonios de ginecólogas que han utilizado o utilizan tratamiento hormonal. Esto es lo que cuentan (algunas no han querido identificarse a fin de preservar su privacidad):

> Llevaba varios ciclos sin menstruar y los sofocos eran constantes e intensos. Me despertaba muchas veces por la noche, empapada en sudor. Iba agotada. Imagínate, por ejemplo, afrontar un parto complicado teniendo un sofoco. Decidí empezar con el tratamiento y a los pocos días ya no los tuve. A los 3 meses, fui disminuyendo la dosis para ver cómo me encontraba y, como estaba bien, a los 6 me-

ses lo dejé. Pero si vuelve a ocurrirme, pienso retomar la THM.

Dra. Marita Frau

Mi mundo se había convertido en un pozo negro del que no podía salir. No podía con la vida. Decidí utilizar un espray hormonal y al segundo ya era la de siempre, unas castañuelas andantes. Lo mantuve hasta que se me olvidó ponérmelo..., es decir, no lo necesité. Creo que fueron 2 meses. Con los fármacos hay que hacer como Marie Kondo y su orden: si te son útiles y mejoran tu calidad de vida, tómalos... Pero si no los necesitas o dudas, no lo hagas.

Dra. Myriam Ribes

Dejé los anticonceptivos porque durante la semana de descanso tenía síntomas vasomotores y pensé que podría estar acercándome a la menopausia. Al suspenderlos, ya no tuve reglas, pero sí sofocos muy intensos, por lo que consulté con una compañera y decidimos que era una buena candidata para la THM. Al poco tiempo, descubrí que en mi familia había un caso de trombofilia (que es una mutación de un gen que predispone a la trombosis en algunas circunstancias), me hice las pruebas y al dar positivo sustituí el tratamiento oral por los parches para evitar contraindicaciones. A los 5 años, ya sin síntomas, decidí dejarlos y, al no volver a tenerlos, di por terminado el tratamiento.

Dra. X, miembro de la AEEM

Entré en menopausia sobre los 50 y mis sofocos eran muy intensos. Lo pasaba francamente mal, dificultaba mi trabajo y además me preocupaba que de notarse influyera en la percepción que se tenía de mí. Como doctora conozco muy bien la THM, por lo que no dudé: decidí tomarla por vía oral, que era la que me resultaba más cómoda. En ese momento los parches eran difíciles de conseguir. Fue un antes y un después. Lo dejé a los 5 o 6 años, porque me encontraba bien.

Dra. Esther de la Viuda

Al año de quedarme sin regla, tenía 53, empecé con la tibolona. Apenas tenía sofocos, pero me preocupaban mis huesos, porque tenía osteopenia desde los 45 y mi madre osteoporosis. Tengo 66 y sigo y seguiré tomándola. Si una persona es diabética se le da insulina de por vida, lo mismo sucede con la hormona tiroidea si te extirpan la tiroides. ¿Por qué no puedo tomar algo que me sienta bien? Hace poco me hice una densitometría y mi osteopenia no ha ido a más. El tratamiento hormonal protege mis huesos, mi corazón, mantiene mi sexualidad... No quiero hacerme viejita y olvidarme de que existo. Cuando no hay antecedentes personales, familiares o contraindicación médica es absurdo rechazarlo.

Dra. Z

Insisto: ¿crees que lo habrían hecho de considerarlo peligroso?

En definitiva, lo que intento decirte es que no todo es blanco o negro. Que la menopausia sea natural y que existan enfoques (cambios en el estilo de vida, suplementos alimentarios, *mindfulness*...) que pueden mejorar la calidad de vida de muchas mujeres no significa que estos funcionen para todas. Por lo que si, por ejemplo, los sofocos, el insomnio y el agotamiento no te dejan vivir, y existe la posibilidad de que un tratamiento hormonal alivie tu sintomatología, no te dejes paralizar por el miedo o esa creencia tan extendida de que somos víctimas de un gran negocio farmacéutico. Infórmate, entiende los pros y contras de su uso (igual que lo harías para cualquier otro tratamiento), y, con toda la información en la mano, sopesa y decide. Eres tú quien ha de elegir el camino a seguir. El tuyo, porque eres una mujer adulta y ese es tu derecho. Y lo que digan las demás es... su opinión.

## *3b*
## *Lo que necesita tu cuerpo*

Encontrarse bien no se consigue sin cierto esfuerzo y en los momentos en que una se halla más perdida, más cansada, más en estado *no aguanto, no puedo...* es cuando *más* hay que centrarse en el cuerpo y en darle lo que necesita. Igual estás haciéndolo de maravilla, pero, por si anduvieras algo despistada, he preguntado a varias especialistas qué necesitamos saber para empezar y estas son sus recomendaciones. Elije alguna —la que más fácil te resulte— y ve sumando. En nada comprobarás lo bien que te sientan y eso te ayudará a ir a por más. Y, ya sabes, de necesitarla, pide ayuda.

### Ponle límites al alcohol

«Le tenemos poco miedo al alcohol. Lo hemos normalizado y no sabemos o elegimos ignorar cuán perjudicial puede llegar a ser. Esa falsa confianza es muy peligrosa y aumenta a medida que nos hacemos mayores», nos advierte la Dra. Silvia P. González, ginecóloga, especialista en menopausia y osteoporosis.[61]

«A las mujeres, independientemente de la edad, beber nos afecta más que a los hombres, porque tenemos menos enzimas hepáticas capaces de metabolizar el alcohol, lo que explica que tomando la misma cantidad a nosotras nos siente peor», sigue. Por si no bastara, con los años nos volvemos aún más sensibles a sus efectos, porque nos deshidratamos y, al tener menos agua en el cuerpo, disminuye nuestra capacidad de diluir la ingesta y esta queda aún más concentrada.

¿Estás tomando nota? Pues hay más... y debería hacernos recapacitar. Siempre se ha dicho que el consumo moderado es beneficioso, pero la Dra. P. González subraya la laxitud con que solemos *entender* la palabra *moderación:* «En el caso de una mujer, implica como mucho una copa al día, o siete a la semana, pero la clave está en saber de qué. Desde luego no estamos hablando de un cubata, un margarita o un *whisky,* porque a mayor graduación, más riesgo. Es decir, estamos refiriéndonos a una copa de vino (cuyos taninos, y el resveratrol, de ser tinto, pueden disminuir el riesgo cardiovascular) o de una caña de cerveza (cuyo lúpulo puede

61 Además de ser investigadora, tiene formación universitaria en climaterio y menopausia, en enfermedades óseas, ginecología regenerativa, sexología, homeopatía y terapias alternativas, microbiota, *coaching* e inteligencia emocional... Atiende en Madrid y la encuentras en <www.drasilviapgonzalez.com>.

ayudar a disminuir los sofocos y contiene también algunas vitaminas y antioxidantes) y siempre dependiendo del perfil de la consumidora».

Tampoco parecemos tener muy claro sus riesgos:

> En general, las consumidoras saben que beber aumenta el peligro de enfermedad cardiovascular. Y lo que muchas desconocen es que la mayoría de los estudios indican que agrava los síntomas de la menopausia, como los sofocos o el insomnio, y, en este caso, puede que ayude a conciliar el sueño, pero altera su calidad y duración, lo que no es conveniente. Asimismo, se ha vinculado el consumo excesivo con el riesgo de osteoporosis, porque el hueso se calcifica peor, y como tienes más riesgo de caerte, por haber bebido, las fracturas son más comunes. Además, fomenta la obesidad abdominal. Y, por supuesto, afecta al hígado y, no menos importante, acrecienta el riesgo oncológico. Me llama mucho la atención el miedo que tantas mujeres le tienen al uso de la THM por creer que fomenta el cáncer y no sepan que a partir de 2 copas al día multiplicas por 5 tu riesgo de padecer cáncer de mama.

Más advertencias. Si tomamos algún tipo de medicación, hemos de tener en cuenta cómo le afecta el alcohol. Por poner algunos ejemplos. Consumir de manera crónica, es decir, todos o casi todos los días, en cantidades excesivas (recuerda lo que acaba de explicarnos la doctora al respecto) disminuye la actividad de algunos fármacos: anticoagulantes, paracetamol, antidiabéticos orales... La ingesta aguda (sería el típico día o fin de semana en que se bebe más de lo aconsejable) potencia el efecto de los medicamentos depresores del sistema nervioso central: ansiolíticos, hipnóticos, opioides, antihistamínicos, antiepilépticos, etc. El consumo ocasional aumenta, además, las concentraciones de algunas medicinas: sería el caso de ansiolíticos o antiepilépticos. El alcohol también puede aumentar el riesgo de lesiones de la mucosa gastrointestinal y hemorragias cuando se ingiere junto con antiinflamatorios no esteroideos, como el ibuprofeno o la aspirina. Y con el paracetamol aumenta el riesgo de toxicidad a nivel hepático.

Por último y para que no nos llevemos a engaño, la doctora nos anima a utilizar una calculadora de alcohol para saber realmente lo que estamos bebiendo. Puedes encontrarla en internet.

## Prohibido fumar

Toca dejarlo... o no caer, porque el riesgo que corres es grande. Seguro que sabes que no le conviene ni a tus pulmones ni a tu corazón, que empeora el control de la diabetes y la hipertensión arterial, que aumentan tus posibilidades de padecer un cáncer o un ictus, que perjudica a tu sistema hormonal, que sumas puntos para padecer osteoporosis y *romperte...*, y, si eres coqueta, imagino que tampoco se te escapa cómo deteriora la calidad de tu piel, cabello y uñas.

Está claro que nos perjudica, mucho más con la edad. Lo sabemos, pero también que dejarlo cuesta lo suyo. Igual lo has intentado sin éxito y no tienes mucha fe en poderlo lograr. Date un respiro... y otra oportunidad, porque, como explica Navidad Sánchez, farmacéutica y miembro del Grupo de Trabajo de Respiratorio y Tabaquismo de la SEFAC (Sociedad Española de Farmacia Clínica, Familiar y Comunitaria):[62]

> No todo el mundo lo consigue a la primera. Si tropiezas, nada te impide volver a juntar fuerzas. Puedes conseguirlo y es fundamental para tu salud, porque el tabaco y los productos derivados, como los vapeadores, son nocivos. Nada es inocuo. Y no vale decir eso de «Si yo solo fumo 2 veces al día o los fines de semana», porque no existe el consumo seguro. El riesgo lo corres desde el primer cigarrillo. Puede que no te toque, pero estás comprando muchas papeletas.

¿Y cuál es el mejor método para afrontar este reto?

> Lo que tiene más éxito —explica— es combinar la terapia farmacológica (comprimidos, parches, chicles, espray...) con el apoyo de un profesional sanitario experto en cesación tabáquica que acompañe a la persona alrededor de

62 La encuentras en Instagram como @farmaciasanse y también como @mamafarmaceutica.

un año. Lo habitual es hacer una entrevista previa, donde recogemos la historia, las razones que te animan a dejarlo, los hábitos de consumo, y le enseñamos a la interesada a hacer un registro de los cigarrillos que fuma y en qué situaciones o estados de ánimo (nada más despertar, después del café, cuando estoy ansiosa por algo del trabajo...). Con esa información creamos una estrategia acorde a sus necesidades. Después fijamos un Día D, aquel en el que va a dejarlo, con un plan que tiene en cuenta todo tipo de factores, incluidas las situaciones en las que puede haber peligro de recaída. Por ejemplo, que tenga que asistir a un evento social importante, como una boda. A partir de ese momento, se fijan una serie de entrevistas de seguimiento. Normalmente, a los 7 días, a las 2 semanas, al mes y medio, es decir, se van espaciando. Lo habitual es dejar el fármaco elegido al tercer mes, pero seguir con los encuentros, aunque cada vez más distanciados en el tiempo, o si en algún momento la paciente necesita apoyo puntual, como, por ejemplo, entre la sexta y octava semana, cuando se suele adquirir una falsa seguridad que hace creer que una calada no supondrá recaer y darla nos puede llevar de nuevo a la casilla de salida.

## Alimentarse para el equilibrio

Cuanto peor comas, peor vivirás tu climaterio —sentencia Marta León, ingeniera química y dietista integrativa, especializada en salud hormonal,[63] quien señala que uno de los aspectos que más nos preocupan cuando comenzamos a transitar es el peso—: ¿Te has fijado en qué fácil resulta subir unos kilos y lo complicado que es perderlos? Sucede porque los estrógenos tienen un efecto vigorizante en nuestro organismo y su disminución nos lleva a hábitos de «ahorro energético». Esto es algo que probablemente hemos podido comprobar a lo largo de nuestro ciclo menstrual, con momentos en los que nuestro «extra de energía estrogénica» disminuía nuestro apetito y nos hacía estar más activas, y en otros, por la bajada de estrógenos, no nos apetecía movernos y el hambre o deseo de dulce inundaba nuestros pensamientos.

Las dietas que antes nos funcionaban ya no lo hacen. En palabras de la especialista, no necesitamos otro régimen, sino una estrategia.

No olvidemos que la alimentación es la materia prima que le damos a nuestro organismo para que pueda construir salud o desequilibrio: la puerta de entrada de numerosos nutrien-

63 Autora de *La revolución invisible. Cuida tus hormonas a partir de los 40,* sobre cómo la alimentación y los hábitos de vida pueden ayudarte a vivir mejor el climaterio, pasa consulta, presencial y *online,* e imparte talleres *online: Cuida tus hormonas desde el intestino* y *Cuida tus hormonas para tener pelazo.* También ha escrito *Alimentación y salud femenina (Cuida tus hormonas comiendo rico).* La encuentras en <www.martaleon.com> y en @foodgreenmood.

tes con los que nuestro cuerpo fabricará energía, regenerará tejidos y mantendrá en equilibrio nuestras emociones, haciendo más fácil nuestra vida cotidiana. El climaterio requiere cierto aprendizaje y ciertos ajustes nutricionales, pero trae consigo mucha riqueza, ¡aprovechémoslo!

Estos son los siete principios que, según nos explica, debemos tener en cuenta en esta etapa:

## 1. *Elimina los alimentos procesados y reduce las grasas de origen animal*

Es decir, las famosas grasas saturadas que encontramos en embutidos muy pesados, bollería industrial o en ultraprocesados: además de engordarnos, pueden empeorar nuestros valores de colesterol LDL (el *colesterol malo*), que se puede acumular en nuestras arterias en forma de placa, endurecer el tejido y estrechar el paso del torrente sanguíneo.

## 2. *Toma alimentos ricos en calcio en todas las comidas*

La menor actividad ovárica disminuye nuestra capacidad de absorción de calcio en los huesos, por lo que debemos asegurarnos de tomar alimentos muy ricos en calcio y vitamina D. ¿Y dónde podemos encontrarlos? En lácteos, pescados azules y blancos, mariscos, huevos, semillas, frutos secos, verduras de hoja verde, soja y sus derivados y demás legumbres.

## 3. *Toma el sol de 10 a 15 minutos al día*

«Unos buenos niveles de vitamina D son imprescindibles para mejorar la absorción ósea de calcio y fósforo, así como para el correcto funcionamiento de las hormonas sexuales femeninas.» También influye en el metabolismo, mejora la resistencia a la insulina, ayuda con la pérdida de grasa y beneficia nuestra salud mental, pues «está detrás de la producción de serotonina o dopamina, responsables de nuestra capacidad de concentración o de que podamos enfrentarnos a problemas emocionales con mayor ligereza». Pasa de 10 a 15 minutos diarios, sin protección solar, expuesta al sol, a horas tempranas y con precaución. También puedes ayudarte de alimentos como el pescado azul, los lácteos enteros, la mantequilla, los productos enriquecidos o setas como las shiitake o maitake.

## 4. *Bebe de 1,5 a 2 litros de agua*

Con la edad perdemos nuestra capacidad de hidratación celular (el estrógeno era el encargado de mantener nuestras mucosas hidratadas) y, al mismo tiempo, la sensación de sed. Así pues, se vuelve esencial beber a diario 8 vasos de agua, para evitar la sequedad vaginal, ocular o incluso la notable pérdida de elasticidad de nuestra piel. Puedes distribuirlos a lo largo del día, tomando uno cada 2 horas y no solo durante comidas.

## 5. *Consume más pescado azul*

«El pescado azul es la mejor fuente de omega 3 de la naturaleza —nos recuerda—. Sus grasas son esenciales para el buen funcionamiento del organismo, ayudan a la regeneración celular y tienen un altísimo poder antiinflamatorio.» El omega 3 también es esencial para el buen funcionamiento del cerebro y está demostrado que previene y ralentiza el avance de enfermedades neurodegenerativas.

¿Qué deberíamos comer, pues? Pescados azules de gran tamaño, como el pez espada, el atún o el bonito, pero de forma moderada por su alto contenido en mercurio y otros metales, así que mejor priorizar especies pequeñas (caballa, arenque, sardina, boquerón). También se encuentra en el rape, la lubina, dorada, bacalao, merluza, etc., así como en los huevos y el aceite de hígado de bacalao.

## 6. *Incluye fitoestrógenos mediterráneos en tu dieta*

Los fitoestrógenos alimentarios ayudan a reducir los sofocos, bajar de peso, regular el colesterol y prevenir la osteoporosis. Si bien las isoflavonas de la soja y sus derivados suelen contraindicarse en mujeres que han experimentado desequilibrios hormonales o cánceres hormonodependientes, incorporarlas cuando no es el caso puede ayudar a tener una mejor experiencia vital durante la menopausia. Las encuentras también en lentejas, guisantes, judías blancas, frijoles, garbanzos o habas y en verduras crucíferas; otros tipos de fitoestrógenos, como el resveratrol, en la piel de la uva roja o las bayas de color oscuro (moras, arándanos, cereza, etc.), y los lignanos, en las semillas de lino, chía, calabaza, sésamo o ajonjolí (incluidos sus aceites).

## 7. *Evita los atracones y considera el ayuno intermitente*

A partir de los 40, la necesidad calórica disminuye, por lo que, si en las comidas principales hemos tomado una ración suficiente y nutritiva de alimento, lo más probable es que no necesitemos picar entre horas (si lo hacemos, seguramente sea por la llamada «hambre emocional»). Lo mejor para nuestra microbiota es espaciar las comidas: en lugar de comer cinco veces al día, hacer solo desayuno, comida y cena, fijándonos en que la cantidad de proteínas y grasas saludables sea suficiente. Si nos vamos acostumbrando, podríamos incluso incorporar el ayuno intermitente. La microbiota —ese universo de bacterias, virus, hongos, levaduras...— es esencial porque impacta en nuestra salud mental y emocional. El 80 % de la serotonina que circula por el cuerpo se produce en el intestino: se encarga de nuestro estado de ánimo, apetito, sensación de bienestar... También la dopamina, que nos mantiene enfocadas, nos genera satisfacción cuando cumplimos nuestros objetivos y su disminución está asociada a mayores niveles de depresión. Mantén una alimentación rica en fibra y alimentos fermentados, reduce el estrés y, de ser necesario, toma suplementos probióticos pautados por un profesional.

## Muévete más, vive mejor

Isabel del Barrio Izquierdo, entrenadora personal,[64] afirma que «el ejercicio físico es el único fármaco con resultados inmediatos... ¡y efectos secundarios positivos!». No le falta razón. «Hacer deporte es beneficioso para la salud a cualquier edad, pero a partir del climaterio se convierte en indispensable si una quiere seguir disfrutando de una buena calidad de vida. Cuando se hace correctamente y de forma continuada, es *un superpoder.*» No solo nos mantiene en forma, además:

---

64 Especialista universitaria de Entrenamiento Personal y triatleta de media y larga distancia, crea programas a medida, presenciales y *online,* para mejorar la salud a través del ejercicio físico. Autora de *Correr es algo más,* su canal en YouTube (Isabel onmytrainingshoes) incluye rutinas de entrenamiento, recetas y todo tipo de consejos. Más en <www.onmytrainingshoes.com> y como @onmytrainingshoes en IG.

- Combate la obesidad.
- Mantiene a raya el estrés.
- Templa los sofocos y el mal dormir.
- Aumenta la fuerza muscular.
- Fortalece los huesos.
- Favorece el equilibrio y la coordinación.
- Refuerza el funcionamiento de nuestro cerebro.
- Reduce el riesgo de enfermedades cardiovasculares, ictus, diabetes y algunos tipos de cáncer y mejora la evolución de hipertensión arterial, osteoporosis, demencia...
- Beneficia nuestro sistema inmunitario, cardiorrespiratorio y metabólico.
- Apuntala el estado de ánimo.

El Colegio Americano de Medicina del Deporte (ACSM) recomienda un mínimo de 150 minutos de ejercicio físico de intensidad moderada a la semana. La mejor manera de repartirlos sería incluir tanto ejercicios de fuerza (puedes hacer 2 sesiones de 50 minutos a la semana, por ejemplo, los lunes y viernes) como de cardio (1 sesión de otros 50 minutos el miércoles). La triatleta nos cuenta:

> El *ejercicio cardiovascular* mejora el aporte de oxígeno, la circulación sanguínea y nuestra capacidad respiratoria. En cuanto al *entrenamiento de fuerza,* desarrolla nuestra masa muscular, lo que obviamente es esencial para proteger nuestro sistema musculoesquelético, y mejora el funciona-

miento de nuestro organismo en general, incluidos nuestro sistema hormonal (minimiza sus desajustes, lo que seguro te interesa), nervioso, inmunológico, digestivo...

Si has llevado una vida activa y tienes experiencia con el ejercicio físico, mantenerte activa seguirá siendo fundamental. Del Barrio te anima a revisar tus entrenamientos y averiguar si te ves con ganas y espacio para aumentarlos, ya sea en tiempo o en intensidad. O variando los ejercicios. Sin embargo, si has llevado una vida sedentaria o con poca actividad:

> Es normal sentir pereza al principio, pero déjame decirte que, como entrenadora, he acompañado a muchas mujeres y he comprobado en infinidad de ocasiones cómo se ha esfumado esa percepción cuando se han dado la oportunidad de probar: al cabo de poco tiempo agradecen lo bien que se sienten física y mentalmente y todas acaban preguntándose por qué narices no empezaron antes.

No hay que pasar de 0 a 100. Es preferible ir poco a poco, pero eso sí, con constancia. Podemos:

- Iniciar el día con estiramientos, no cuesta nada y nos aportará energía y buen humor. Por ejemplo: estirar los brazos y el tronco de un lado a otro, movilizar la columna con ligeras rotaciones, mover la cadera y los tobillos... (Si lo deseas, encontrarás rutinas en su canal de YouTube).

- Evitar el sedentarismo, una de las principales causas de mortalidad de la sociedad occidental. No sirve de mucho ir al gimnasio si nos pasamos la jornada frente al ordenador, usando el coche para cualquier desplazamiento o evitando cualquier gesto de actividad extra.
- Realizar actividades en grupo, pues la compañía ayuda a mantener la motivación: baile, yoga, senderismo, *aquagym*...
- Caminar más y usar las escaleras. Es fácil, gratis y, además de aumentar nuestro gasto energético, estimula el corazón y mejora la circulación sanguínea, además de la capacidad funcional, la movilidad articular, la capacidad cognitiva, el sistema propioceptivo y sensorial, disminuye la presión arterial... En definitiva, aumenta la esperanza de vida. Si puedes, camina en la naturaleza y a un ritmo que te rete un poco. Estudios recientes aseguran que basta una media de 7.000 pasos al día para mejorar la salud y la esperanza de vida. En cualquier caso, algo es mejor que nada. Recuerda que tanto los relojes inteligentes como los teléfonos suelen tener un podómetro y que para andar más puedes bajarte una parada antes al coger transporte público, dar un paseo a la manzana a media mañana si teletrabajas, hacer los recados caminando... Si te aburres, puedes aprovechar para llamar a alguien por teléfono o escuchar música o algún pódcast.

Una vez introducidas estas propuestas, será el momento de incorporar una pauta de entrenamiento. Lo mejor será que te apuntes a un gimnasio para que te guíe un profesional. Puedes ir a clases dirigidas o plantearte contratar a un entrenador personal hasta que aprendas un poco más. Además, según Del Barrio, es importante que te marques objetivos realistas y, al principio, a fin de no lesionarte, te enfoques en tu capacidad funcional (básicamente, en cómo te mueves). A medida que tu cuerpo se vaya acostumbrando y pidiendo más, irás ajustando objetivos.

No valen las excusas.

> A veces nos decimos: «Uf, para dedicarle solo 5 minutos mejor no lo hago» o «Solo quedan 30 minutos de clase..., ya vengo otro día». Pues no. Hacer algo siempre es hacer más que no hacer nada, por poco que sea, y si es bueno para ti y para tu salud, ¡todo suma! Piénsalo: si le dedicas 5 minutos al día, al final de la semana sumarás ¡35 minutos con los que antes no contabas! ¿No te parece increíble? Pues eso: pequeños cambios, grandes resultados. Recuerda esto cuando sientas pereza: te ayudará a dar ese primer paso.

## Dormir es invertir en una misma

«Cuanto más corto sea tu sueño, más corta será tu vida —nos asegura la Dra. Nuria Roure, psicóloga experta en sueño—.[65] Antes se creía que era una pérdida de tiempo y hay quien sigue sin darle importancia, pero los estudios han demostrado todo lo contrario: *dormir es una inversión.*» De hecho, si vivimos hasta los 90, ¡habremos dormido unos 30 años, un tercio de nuestra existencia! Es tan necesario que morimos antes por su falta que de hambre.

> El sueño es nuestro taller de fabricación y reparación. Cuando somos pequeñas, crecemos y aprendemos mientras dormimos; de mayores, una de sus funciones principales es la de reparar todos los sistemas, los órganos y las células de nuestro cuerpo. No sólo recomponemos la parte física, sino también la mental, la cognitiva y la emocional, y, cuando no lo hacemos de forma correcta, acabamos sufriendo las consecuencias.

A corto plazo, no dormir nos genera apatía, irritabilidad, somnolencia, cansancio, ansiedad, peor toma de decisiones, alteración intestinal, sobrepeso, falta de creatividad, pérdida de memoria, dificultad para concentrarse, descontrol de impulsos..., y a larga puede llegar a afectar a nuestro sistema inmune, metabólico y reproductivo, nos predispone a la

---

65 Psicóloga general sanitaria, doctorada y experta en medicina del sueño, ayuda a las personas a dormir y descansar mejor. Pasa consulta, presencial y *online,* es autora del libro *Por fin duermo (El método definitivo para un buen descanso)* e imparte un programa *online* con el mismo nombre a través de su Academia del Sueño. Para más información: <www.nuriaroure.com>.

inflamación y aumenta la probabilidad de desarrollar alzhéimer, trastornos ansiosodepresivos, diabetes, obesidad, infartos, ictus y hasta cáncer.

En los últimos años, las mujeres, en especial las madres trabajadoras, hemos aumentado nuestra responsabilidad y horas de trabajo muchas veces sin delegar el cuidado del hogar o de nuestros hijos. El día no nos llega para todo lo que sentimos que tenemos que hacer y, animadas por nuestra autoexigencia, relegamos el descanso al último lugar. Los números son claros: tenemos casi el doble de riesgo de manifestar alteraciones del sueño que los hombres.

Al insomnio, los despertares y los sudores nocturnos, hay que añadirles los ronquidos y la llamada *apnea obstructiva del sueño* (AOS), que consiste en la obstrucción de las vías respiratorias altas, lo que produce paradas respiratorias continuadas durante la noche que nos provocan hipoxias (disminuciones de oxígeno) intermitentes e hiperactividad simpática y microdespertares nocturnos. A la larga, además de todos los inconvenientes ya mencionados, la falta de sueño profundo aumenta el riesgo de hipertensión arterial y arritmias, especialmente fibrilación auricular, y se asocia a una alta mortalidad y morbilidad cardiovascular.

«Una irregularidad en los horarios de trabajo, comidas y sueño puede alterar nuestro ritmo circadiano, encargado de regular nuestros cambios físicos y mentales cada 24 horas, incluido cuándo sentimos somnolencia, hambre o estamos más o menos energéticas», nos recuerda la Dra. Roure. El estrés continuado y una mala gestión emocional se unen al ya natural descenso de los niveles de melatonina, pero hay otros detonantes de un mal sueño: la falta de exposición a luz natural, una mala higiene de sueño (conjunto de prácticas que ayudan a su buena calidad), sufrir de alguna alteración de sueño (debido al síndrome de piernas inquietas, el consumo de estimulantes o el mal uso de fármacos para dormir...).

«Hemos de negarnos a aceptar que vamos a pasar la mitad de nuestra vida sin disfrutar de un sueño reparador: podemos y debemos mejorar nuestro descanso. Mejorar nuestros días es mejorar nuestras noches.» ¿Y qué podemos hacer para lograrlo?

- Sigue horarios regulares de sueño, es decir, vete a la cama y levántate a la misma hora. La siesta, que sea corta.
- La cena debe ser ligera y es recomendable hacerla al menos 2 horas antes de irte a dormir.
- Elige alimentos como huevos, leche, cereales integrales, garbanzos, plátano, bacalao, atún, salmón, pollo o pavo, que contienen buenas cantidades de triptófano, precursor de la melatonina. Puede que tengas la tentación de suplementarte con estas sustancias, pero, como ya hemos comentado, una ingesta errónea puede ser perjudicial y contraproducente, por lo que, si sospechas que las necesitas, consúltalo con una experta.
- Evita estimulantes como el cacao, el café o el té 6 horas antes de dormir y el alcohol durante la cena.

- Evita el deporte de alta intensidad durante la última parte del día.
- Reduce las preocupaciones y trabaja tu ansiedad. Incorpora una rutina de agradecimiento antes de dormir.
- Evita las pantallas 2 horas antes de acostarte: su luz azul activa el cerebro.
- Prepara tu cuerpo y tu entorno antes de irte a la cama, con una rutina de sueño que indique al cerebro que es hora de dormir. La habitación debe estar a una temperatura ambiente de 18-20 °C, sin luz ni ruido, y, aunque puedes dormir desnuda, si prefieres pijama, que sea de algodón y no te apriete.

## 3c
## *La* meno *explicada a los hombres en 5 minutos*

Hola, imagino que acabas de aterrizar en este capítulo a petición de tu pareja. Pretendo abrirte una puerta, tú decidirás si quieres adentrarte más allá. De hecho, te lo recomiendo, porque lo que le sucede a ella también te afecta a ti y puede que lo estés pasando mal. Por el momento, solo te pido esos 5 minutos. A ver si consigo resumírtelo. Vamos allá.

A ti, como a nosotras, te habrán contado que la menopausia —o el climaterio, que es como se llama en realidad esta etapa de la vida— es el cese de la menstruación y que provoca una caída hormonal que lleva aparejados un montón de síntomas *horribles,* como cambios de humor, sofocos, falta de libido... y un largo etcétera.

Y, entre chistes, frases a medias y risitas, es probable que te hayan dicho algo parecido a «Uf, mejor te escondes hasta que amaine el temporal». ¿Te suena? Pues ni caso. No hay consejo peor.

Lo primero que has de saber es que esto no es una enfermedad: es un proceso y es temporal. Y, sobre todo, que les tu pareja quien sufre los síntomas! *No tú*. Por lo tanto, toca apoyar, es decir, requiere de tu paciencia y comprensión. A veces mucha, reconozcámoslo y sigamos.

Lo dicho: sus síntomas, tarde o temprano, pasarán; es cuestión de tiempo que su cuerpo se acostumbre a la caída hormonal. Pero, eso sí, hazte a la idea: ella difícilmente será la misma, porque además de los cambios físicos —que es de lo que se habla más, siendo lo menos importante—, llegado este momento, solemos examinar bajo lupa y con espíritu crítico algunos asuntos trascendentales, incluidos nuestros valores, nuestro modo de ir por el mundo y nuestras relaciones, es decir, las que mantenemos con nuestros hijos, padres, amistades... y, cómo no, nuestra pareja, ¡o sea, tú!

Y si ella se cuestiona tantas cosas, es de esperar que sus emociones bailen un poco, ¡o mucho! Sobre todo, si cree haberse relegado demasiado, priorizando a los demás a costa suya, y concluye que se ha fallado a sí misma, que ha desperdiciado mucho tiempo y, lo peor, que *ya* no le queda suficiente para hacer realidad sus sueños. No es que no lo tenga, solemos acabar entendiéndolo, pero mientras lo piense, ¡ponte en su lugar!

En definitiva, no solo está cambiando su cuerpo, sino también su forma de ver la vida. ¿Por qué crees que tantas mujeres de mediana edad o más mayores acaban con ansiedad, depresión o muy enfadadas? Ese despertar a la realidad es un mazazo y, si no logramos reaccionar...

Por eso, no estaría de más que reflexiones acerca de tu actitud frente a estos cambios: ¿vas a acompañarla en este tránsito y de forma activa... o te vas a limitar a mirar, esperando que ella decida por los dos?

Espero que te apuntes a lo primero, porque puedes serle de gran apoyo cuando se sienta desencajada, triste, decepcionada, agobiada... y toda la gama de sentimientos que se te ocurran, porque ya has entendido de qué va realmente la movida. Tener un buen compañero de viaje ayuda a que la menopausia —sobre todo si es de las complicadas, que *haberlas, haylas*— se haga más llevadera. Si le demuestras que estás a su lado, que te importa y que sois un equipo, no va a ser ese momento de soledad e incomprensión para ambos que te han contado y, no lo dudes, vuestra relación ganará en calidad.

Y, pensando en ti..., hablemos de lo que suele preocuparos: si van a cambiar vuestras relaciones sexuales. De hecho, es probable que quieras saber si se van a acabar. ¿Cierto? Pues no tiene por qué. Lo importante es cómo afrontáis las situaciones que quizá se os presenten —insisto en lo de quizá— y puedan dificultar vuestros encuentros.

Los hombres tendéis a pensar en el sexo como algo físico, pero en nosotras influye mucho lo psicológico. Siempre lo ha hecho, pero ahora es algo que has de tener muy en cuenta. Si en esta etapa tu pareja presenta alguno de los síntomas más molestos de la menopausia, como sofocos o sequedad vaginal, o piensa que los cambios en su cuerpo la hacen menos atractiva, se mostrará insegura y eso puede coartarla en lo sexual.

Por ello, estate atento, fíjate en sus reacciones, pregúntale y escucha lo que tenga que decirte para ayudarla a no sentirse inadecuada. Y, por supuesto, ten en cuenta que sus mudanzas físicas pueden afectar a sus sensaciones. Tomemos, por ejemplo, uno de los síntomas más molestos para la práctica del sexo coital: la sequedad vaginal, que puede provocar dolor. Tiene solución, pero hasta que se solvente la dificultad (y acompáñala en ese trance), deja que te dé un consejo: no la presiones. Es decir, no lo hagas psicológicamente para practicar el coito y aún menos físicamente una vez puestos en materia, porque duele —¡le duele!— y lo único que conseguirás es que la situación te rebote. Aparte de que su opinión sobre ti sea nefasta. Y, no nos engañemos, si has sido desconsiderado, te lo mereces.

A las mujeres siempre les doy un consejo: párate y piensa. Y creo que también te servirá a ti: tómate un tiempo para evaluar la situación y, también, *tu* situación... Porque igual no es solo ella la que está cambiando. Sé sincero contigo mismo: tal vez no tienes las mismas ganas que antes, o no te apetece estar practicando sexo durante horas, o puede que tus erecciones ya no sean tan rígidas... Los cambios vitales que la suma de años lleva aparejados no solo le afectan a tu pareja, también te afectan a ti.

La menopausia suele ser el momento en que nosotras nos replanteamos nuestra vida y nuestras prioridades. Y, si quieres, también puede ser *tu momento* de tomar conciencia y, junto con tu pareja, replantearos ajustes en vuestra relación y vuestra sexualidad. Es hora de ir más allá y, tenlo claro, si eres capaz de acompañar a la mujer a la que amas en el camino que está recorriendo, vuestra unión será más plena y cómplice a todos los niveles.

Acabo parafraseando un famoso anuncio: para todo lo demás, si es que quieres implicarte, mírate el índice del libro.

(Me pregunto si habrás cronometrado tu lectura.)

# 4

# Placer sin reglas

## *Disfrutar del cuerpo no tiene edad*[66]

Ninguna mujer quiere vérselas con la sequedad vaginal, el dolor coital, los picores o las infecciones, ni anhela perder sensibilidad al tacto, capacidad orgásmica o, directamente, la libido. Esas crueldades —¿acaso no lo son?— nos angustian. Sin embargo, todo ello suele tener solución, o sea que mejor dejamos de preocuparnos y nos ocupamos.

La creencia de que, a cierta edad, sobre todo con la llegada de la menopausia, el sexo es *aquello de lo que disfrutábamos* ¡es una memez! Dar por sentado que lo carnal por fuer-

66 Advertencia: aunque en algunos momentos me centre en la sexualidad climatérica, las reflexiones y ejercicios de estos capítulos te incumben, independientemente de la etapa en la que estés. Si quieres mejorar tu vivencia sexual, no dejes de leerlos.

za va a ir a peor es, precisamente, una de las razones por las que decae. Es como una *profecía autocumplida,* es decir, de tanto creértela, tu comportamiento —sobre todo tu dejadez— acaba convirtiéndola en realidad. Así que tenlo claro desde el principio, por mucho que el mundo le dé la espalda,

*la sexualidad adulta existe y puede ser muy buena.*

Sin negar que surgen dificultades, claro que sí (igual que aparecen en otras etapas de la vida), la clave está en nuestra actitud. Hay mujeres que, cuando algo cojea, buscan salidas y, si hace falta, piden ayuda. Y luego están quienes se quejan, pero no reaccionan... y las que encuentran la excusa perfecta para dar carpetazo a una vida de mal sexo: «Es que ya soy menopáusica». Y claro, ¿de quiénes oímos hablar? De estas, porque lo fatídico siempre recibe más eco. En cambio, quienes nos ocupamos de nuestra sexualidad, ¡disfrutamos y punto! De hecho, antes de contarlo, nos lo pensamos dos veces, porque nos suelen mirar con reprobación. Pero, por incómodo que resulte, *madurez y sexualidad satisfactoria conjugan a la perfección.* Somos muchas quienes pasados los 50 aseguramos que en esta etapa el sexo puede ser de lo más gratificante... y hay quienes siguen gozando a los 80. Toma nota.

Sumar años —lo que no deja de ser una suerte, no se te olvide— puede alterar ciertas *prestaciones:* nuestro cuerpo no es el que era, somos menos ágiles, nuestra energía decrece y, con ella, la frecuencia sexual. Sin embargo, si siempre hemos disfrutado de lo carnal, también suele traer recompensas:

nos conocemos más, gozamos de una mayor pericia erótica, sabemos comunicar mejor nuestras necesidades, cargamos con menos inhibiciones, mostramos más disposición a aprender y experimentar, somos más propensas a divertirnos sin vergüenza o temor al juicio ajeno... Y no olvidemos la guinda del pastel: para muchas mujeres, no temer el embarazo hace que su vida sexual gane enteros. ¿Te parece poco? No hay razones fundamentadas para tanto pesimismo.

Vamos a por otro falso mito: el climaterio acaba con el deseo femenino. Harta del sonsonete, no pienso morderme la lengua. Si cada mujer es única, también lo es cómo vive su sexualidad: ¡ya basta de meternos a todas en el mismo saco! Si siempre has sido activa, con tus altibajos, pero lo has sido, no te alarmes. Los cambios hormonales y sus efectos en nuestra fisiología genital, los vaivenes anímicos, el insomnio, el cansancio, los sofocos, los pensamientos negativos en torno a nuestra imagen, *tooodo eso* es probable que influya en tu libido. Pero ¿acaso somos robots? No. Por lo tanto, es de esperar que con tanta movida algo nos importune. Y sí, muchas mujeres explican que, cuando ocurre, sus ganas decrecen. Pero, atención (escucha el redoble de tambor), la Dra. Ana Rosa Jurado, especializada en menopausia y sexualidad,[67]

67 Doctora en Medicina y máster en Sexología, es secretaria general de la Academia Española de Sexología y Medicina Sexual y Médica, y miembro de la Asociación Española para el Estudio de la Menopausia. Pasa consulta presencialmente en Marbella y *online*. La encuentras en <www.sexologiaenmarbella.com>.

es tajante: «No existe un estudio que haya podido demostrar una clara correlación entre el cese menstrual, los cambios hormonales y nuestra libido». Es decir, no podemos sentenciar que A implique B. Lo que sucede es que nuestro organismo está haciendo un esfuerzo tremendo por adaptarse a sus mudanzas, o sea que ese bajón, que puede ser muy acentuado, tiene su razón de ser: si toda nuestra energía está puesta en lograr hacer el tránsito, es comprensible que no nos quede o apenas nos quede alguna para lo sexual. La buena noticia es que esta desgana suele ser temporal… hasta que nos reajustamos física, mental y emocionalmente. Es decir, hemos de darnos un tiempo para que nuestro organismo se *reinicie*. También eróticamente. Continúa la Dra. Jurado:

> Es verdad que, en líneas generales, nuestra falta de deseo aumenta con la edad —también en los hombres— y que muchas vienen a consulta en esta etapa de su vida. Pero una mujer que siempre haya dado importancia a su placer y se vea menos animosa va a buscar soluciones. No se conforma con el *es lo que toca*. Y tampoco olvidemos que esa desgana puede deberse a las alteraciones que pueden estar sufriendo sus genitales, como, por ejemplo, la sequedad vulvar y vaginal. Cuando te duele, es lógico perder el deseo, y eso es lo que hemos de solventar.

Sigo protestando: ¿no te parece curioso que apenas se hable de las mujeres cuyo deseo sigue intacto o incluso se dispara? Porque *haberlas, haylas*. Más interesante si cabe,

¿no te sorprende que no se diga nada de las muchas que se quedan *in albis* cuando, para desgracia suya, conviven con hombres que no pueden seguirles el ritmo o que incluso rehúsan el sexo? Vaya, vaya... ¿Y sabes lo que más me sorprende al respecto? La de señoras —y uso la palabra en su acepción de dignidad— que no se quejan para no herir el ego de sus parejas. ¡Qué diferencia de trato! ¿Acaso has oído muchos chistes donde se ceben en *el temita* cuando el desganado es él? Yo no.

Para cerrar la cuestión, por ahora, un par de dardos dolorosos. Primero: perder la libido es *muy sano* cuando no esperas disfrutar del encuentro sexual o no te llevas bien con tu pareja. En ambos casos, ¿para qué desear? Nuevamente, vaya, vaya... Y aún nos queda el segundo: ¿tu desgana es constante o solo te sucede con tu pareja? Seré más descarnada: ¿te apetece masturbarte, pero no liarte con quien convives? Uf, ya he dicho bastante.

De verte reflejada en lo que acabo de escribir, puede haber sido un mazazo. Espero que las páginas que siguen te ayuden a encararlo, pero, ya sabes, si te ha trastocado, detén tu lectura. Reposa, siente lo que hayas de sentir, reflexiona y vuelve cuando quieras.

Siguiente cuestión. Con *el cambio,* hay mujeres que explican alarmadas que han perdido su capacidad de excitación sexual, que no tienen orgasmos o que, de alcanzarlos, no son tan intensos. Si te está pasando, respira, tengo buenas noticias. Para empezar, reitero lo dicho: nuestro organismo está adaptándose a su nueva realidad y necesita tiempo. Es inevitable que la caída hormonal y el menor flujo sanguíneo a la zona tenga consecuencias anatómicas y fisiológicas en nuestra vulva —incluido, por supuesto, el clítoris— y nuestra vagina, que, a su vez, pueden influir en nuestra vivencia sexual. Sin embargo, no desesperemos, si nos ocupamos de reavivar las brasas, lo habitual es que nuestro cuerpo recobre su memoria... ¡e igual hasta despunta!

¿Cómo lograrlo? Para empezar, adiestrándote *ya mismo* en los ejercicios de los próximos capítulos. Y si no ves mejora pasadas unas semanas de práctica constante (no vale eso de un par de veces y gracias), busca ayuda. Por otro lado, ten en cuenta que quizá tus dificultades no se deban al climaterio. Repasa tu estilo de vida —alimentación, sueño, ejercicio...— y plantéate si usas tóxicos que puedan perjudicar tu respuesta sexual, como el tabaco, que produce más sequedad vaginal, o el alcohol, que retrasa y dificulta la excitación y el orgasmo. ¿Tienes algún problema de salud? ¿Tomas algún fármaco que dificulte el placer? Y no minusvalores todo aquello que pueda afectar a tu estado de ánimo: estrés, problemas de pareja, preocupaciones familiares, dificultades económicas, falta de autoestima corporal, inseguridad...

Otra advertencia: tu mente puede erigirse en tu peor enemiga. Si cuando practicas sexo, tanto a solas como en compañía, mantienes un diálogo interno en el que te dices «tardo mucho», «no llegaré», «ya no siento lo mismo» y similares, ese machaque mental y la tensión que genera en tu cuerpo inhibe que entres en *modo placer*. Necesitas estar relajada y segura ante una situación sexual para dejarte sentir y que fluya. Para colmo, si la experiencia no te satisface, te reafirmará en tus pensamientos negativos, y la próxima vez, si es que la hay, cargarás con ese lastre, que te predispondrá a un nuevo fiasco. Entonces, si nuevamente sale mal, ya estamos metidas en un círculo vicioso (y un claro ejemplo de profecía autocumplida).

Por eso, una de las mejores herramientas para sanar nuestra vida sexual tiene que ver con el *mindfulness:* estar, sentir, no juzgar, *aceptar...* Cuando lo carnal se nos tuerce es el momento de aplicar esa misma filosofía. Sea durante un encuentro con alguien, sea una sesión de sexo a solas, hemos de permitirnos sentir lo que sea que haya, sin esperar nada, así nuestra mente dejará de jugar en nuestra contra, y a medida que se acalle y *acepte,* la tensión empezará a disminuir y el cuerpo a relajarse... ¿Y qué crees que sucederá tarde o temprano? Pues que recuperaremos capacidades que creímos perdidas.

No te quepa duda: la capacidad de sentir y llegar al clímax o a varios (si es que eres multiorgásmica) no tiene necesariamente que declinar con los años. Es más, ¡la de mujeres que dicen que han ido a mejor! De hecho, espero que lo que te estoy compartiendo y las páginas que siguen te ayuden a formar parte de este grupo. Y como, para lograrlo, es básico conocerse, para empezar, te recomiendo reflexionar en torno a tus creencias sobre la sexualidad, tus deseos, tus miedos..., ¡lo que surja! Necesitarás tu libreta u hojas en blanco. Sé sincera. Son solo para tus ojos.

Dibuja un círculo en el centro, en cuyo interior se lea «Mi sexualidad» (mira la ilustración). Obviamente, te representa a ti. Inspira y espira unas cuantas veces lentamente para relajarte y, cuando estés tranquila, escribe lo que se te vaya ocurriendo sobre tu vivencia carnal en diferentes círculos conectándolos como creas. No hay reglas. Puedes empezar por lo primero que se te ocurra e ir creando caminos. A ver dónde te llevan.

Te he puesto un ejemplo real, aparentemente sencillo, pero que abrió muchas puertas. No se trata de que lo copies, ni siquiera entenderás los motivos de su dueña, porque son suyos y esto es algo muy personal. Lo que pretendo es que te hagas una idea de cómo se despliega este tipo de reflexión gráfica. Lo cierto es que ayuda a aclararse mucho y puedes usarla para plantearte todo tipo de cuestiones: desde tus ideas en torno al climaterio, a tu relación de pareja, pasando por cosas que puedes hacer para disfrutar más de esta etapa de tu vida.

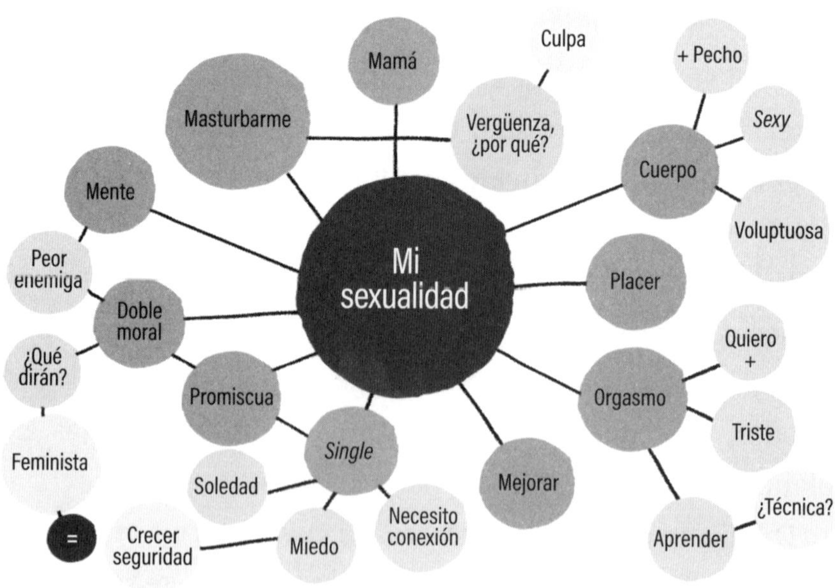

Pero volvamos al sexo. Puedes hacerlo tan simple o complejo como desees. Si en un círculo escribes algo que te impacta —por ejemplo, la palabra *vergüenza* o la frase «No me atrevo a pedir»—, quizá te convenga convertirlo en el eje de una nueva página de círculos que se vayan conectando.

Por si no sabes cómo arrancar, aquí va una pregunta que igual te espolea: *¿qué es el sexo para ti?* ¿Un «no, gracias», una obligación más en tu suma y sigue (trabajo, casa, niños, cama), una frustración, una rutina, un desahogo, una necesidad («si no, muerdo»), un momento de intimidad, un juego peligroso, un ceder el control (por una vez), una diversión, una prueba de tu atractivo, la mejor meditación, un sentirse viva, tu motor, no tiene un lugar? ¿Qué es? Y, a partir de ahí, plasmas lo que se te vaya ocurriendo. Y si surge algo importante, puedes escribir sobre ello, explayarte, en tu libreta.

## *4a*
## *Sexo a solas*

«Los amantes vienen y van, pero tú puedes mantener un constante idilio contigo misma.» Me encanta esta cita de la ya fallecida gurú de la masturbación femenina Betty Dodson (de no conocerla, busca sus vídeos en internet). Lo que dice es esencial, porque tengas o no pareja, el sexo a solas se merece un lugar en tu vida. De hecho, masturbarse o, si lo prefieres, el autoerotismo, *autotoque* o *automimo* es algo que toda mujer debería practicar, porque no hay nada más revelador y liberador que gozarse a una misma.

Los beneficios de la masturbación son innegables —hasta la OMS lo recomienda—, sobre todo porque es muy difícil descubrirse totalmente si dejamos esa aventura o ese propósito en manos de otra persona que no puede, por más que quiera, sentir lo que siente nuestro cuerpo. Lo responsable es que te conozcas tú y, después, si se da el caso, te compartas de formas —las que has aprendido en solitario— que garanticen tu placer.

No te dejes engañar: el sexo en compañía no es *lo verdadero* y masturbarse, el plato de segunda mesa. Esa es una de esas falsas creencias de nuestra cultura patriarcal, que nos inculca que lo bueno siempre pasa por tener a un hombre al lado y que de no tenerlo ¡no somos nada! No es cierto que sin un falo que nos penetre falte algo. Nosotras sabemos que no necesariamente es así. Es más, cuando somos sinceras, reconocemos que en muchas ocasiones nuestro sexo a solas es mucho más satisfactorio que el que practicamos con otra persona..., sobre todo si es un hombre, porque nos relacionamos según un modelo androcéntrico, falocéntrico y coitocentrista, es decir, centrado en el varón, en el pene y en la cópula. Y eso a muchas no nos convence.

Cuando te masturbas, estás velando por ti misma y las sesiones de *automimo* te permiten tal libertad —solo dependes de ti— que igual descubres nuevas sensaciones y formas de disfrutar que en compañía igual ni olisquearías.

Tocan deberes. ¿Sus objetivos? Ayudarte a (re)conectar con tu cuerpo, 2 metros cuadrados de piel por explorar, y, no menos importante, con tu vulva y tu vagina. Dales una oportunidad. Vas a disfrutar... y tal vez más que antes.

## Redescubrir tu cuerpo

Es un campo de juego, plagado de áreas sensibles al tacto: desde nuestro cuero cabelludo hasta la punta de nuestros pies, ¡cuánta extensión de posible placer obviamos! Por eso nos conviene recorrernos, algo que la mayoría nunca hacemos. Si te apetece probar, este es un ejercicio en dos fases.

La primera implica sentir con nuestra imaginación; en la segunda, podremos usar las manos u otro material para acariciarnos.

1. La idea es que lo recorras mentalmente —sin mirarlo— mientras respiras con tranquilidad. Empieza por inspirar y espirar lentamente varias veces, para luego seguir con normalidad. Cuando estés relajada pon tu atención en los dedos de tus pies y, desde allí, ve subiendo muy despacio, deteniéndote en sus diferentes partes: empeines, plantas, tobillos, gemelos... y así hasta llegar a la cabeza. En cada zona:

   - Date cuenta de cómo la sientes y si por el hecho de enfocar tu atención en ella la percibes de una forma distinta a la habitual.
   - Fíjate en qué piensas cuando focalizas en ella y si te viene algún recuerdo relacionado.
   - Imagínatela. Recuerda que no puedes abrir los ojos.
   - Fantasea con ella como un lugar erótico que puedas incluir en tu juego sexual. ¿Qué surge?

   Quizá hay alguna parte que desees descartar. Puedes, pero intenta detenerte unos segundos en ella, respirando lentamente. Tal vez surja una imagen o un pensamiento que te ayude a entender qué esconde tu rechazo o incomodidad. Advertencia: si surge algo negativo o doloroso, compártelo con una terapeuta sexual.

2. Ahora se trata de hacer un recorrido táctil de tu cuerpo. Tu objetivo no es excitarte ni tener un orgasmo, sino sentir, sin expectativas, sus diferentes partes y ver qué te dicen, qué te mueve... Ya sabes: empieza por centrarte en tu respiración y, cuando estés lista, acaríciate los dedos de los pies y ve subiendo lentamente. Fíjate en qué te gusta, qué no o qué te resulta indiferente... ¡y *acepta* lo que emerja! Si te incomoda alguna zona, ya sabes: posa tu mano y respira. Igual descubres algo.

   Percibirás áreas más sensibles que otras. Fíjate, por ejemplo, cuán diferente es acariciarte una mano o un pie —los sueles usar a menudo— a estimular la parte posterior de tus orejas o de tus rodillas, que mimas menos.

   Prueba diferentes tipos de toque: suave, fuerte, más o menos rápido... Quizá, en otra ocasión —no la primera vez—, desees probar a usar una pluma, las cerdas de tu cepillo o la parte lisa del cabezal, un trozo de felpa... Pero empieza por tus dedos, por la palma de tu mano, por su dorso, tus nudillos...

Repite este ejercicio de vez en cuando y descubre cómo van cambiando tus percepciones. Donde no hubo, puede haber.

## Redescubrir tu vulva y tu vagina

Los siguientes ejercicios son independientes, o sea que decide qué probar y en qué orden. Lo que sí te sugiero es que los repitas a menudo. Los he dividido en dos bloques. El primero te invita a conectar con tus genitales, algo absolutamente necesario para sentir en toda tu capacidad, y el segundo, a disfrutar más.

## *Toma de conciencia*

Muchas vivimos dándole la espalda a nuestros órganos sexuales y esa desconexión entre nuestro cerebro y nuestra vulva y vagina perjudica nuestro placer. Por ello, es importante desarrollar esa consciencia, es decir, que los integremos a nuestro esquema corporal, al igual que lo están otras partes de nuestro cuerpo. Cuanto más conectadas, mayor sensibilidad y disfrute, y no solo desde el punto de vista físico, sino también emocional. Para lograrlo, necesitamos mirar, tocar y mover nuestros genitales. Te doy tres recetas para empezar a hacerlo.

1. Una de las razones por las que tantas mujeres nos avergonzamos de su aspecto es porque no estamos familiarizadas con ellos y los observamos como quien mira desconfiada a un extraño. Toca, pues, coger un espejo y mirarse... Y hacerlo a menudo. Se trata de perderles el miedo y entender su belleza. Nunca es tarde para empezar.
2. Todas comprendemos lo adecuado de hidratar el cuerpo con una buena crema o aceite tras la ducha. Podemos

hacer lo propio por la vulva. Tras secártela con suavidad, te animo a estimularla ayudándote con unas gotas de aceite de coco, de almendra, de Pompeya u otro producto apto para los genitales y que no altere tu flora vaginal. Acaricia, al menos durante unos segundos, toda tu superficie vulvar. También puedes presionar, con más o menos fuerza, pellizcar suavemente, jugar con tu introito vaginal, deslizar uno o más dedos en el interior de tu canal... Toma conciencia de las sensaciones, sean buenas, malas o inexistentes, y acepta lo que sea que sientas. Ya sabes qué hacer si algo te incomoda. Y si en alguna ocasión te apetece masturbarte, ¡hazlo!

3. Detente algunas veces al día para tomar consciencia de tus genitales. Piensa en ellos, respira y haz un par de contracciones sin forzar... ¡Allí están! Notarás cómo cada vez te resulta más fácil sentirlos. Si lo deseas, cuando domines el ejercicio «Respiración erótica», inclúyelo en este.

## *Disfrutar aún más*

Ahora vamos a introducir el factor placer. Dos propuestas:

1. Respiración erótica. Hay tres herramientas que te ayudan a estar más presente en tu cuerpo y aumentar tus sensaciones eróticas: respiración, movimiento y sonido. Y vamos a unirlas.

Puedes tumbarte, con las rodillas dobladas y los pies plantados en el suelo, o hacerlo de pie, con las piernas separadas y las rodillas ligeramente flexionadas. Una vez que te acomodes, haz unas cuantas inspiraciones y espiraciones profundas... lentamente, sin forzar. Después, respira con normalidad y percibe cómo tu cuerpo va soltando tensiones y se va calmando durante unos minutos. Cuando hayas hecho tuyo el ejercicio, este paso será un mero trámite.

Cuando estés preparada, inspira lentamente, como si tus labios sostuvieran una pajita (formando una o), y espira, abriendo la boca y soltando un prolongado «ah». Puede que te cueste emitir el sonido. No te sientas obligada, pero inténtalo. (Cuando relajamos nuestra mandíbula, también se relajan nuestra vulva y vagina. Si la primera está rígida es probable que también lo estén nuestros genitales.)

Lo siguiente es rotar tu cadera hacia atrás y hacia delante cuando inspiras y espiras. Este balanceo pélvico activa la energía sexual almacenada en esta zona de tu cuerpo.

Cuando hayas integrado los pasos anteriores, puedes añadir el siguiente: cada vez que inspiras, haz una ligera contracción, pero sin hacer mucha fuerza. Imagina que tus labios internos son delicados pétalos que no deseas lastimar. Y cuando espires —con la boca abierta y tu «ah»— relaja, es decir, déjala ir, con delicadeza.

Una vez que te hayas acomodado a este movimiento, puedes imaginar que, al inspirar, una corriente energética entra desde tu vulva y sube hacia tu útero. Y cuando espiras, recorre el camino inverso. Ve a tu ritmo, no quieras correr, y a medida que practiques, puedes hacer ascender esa corriente aún más, porque la energía sexual puede recorrer todo tu cuerpo, como si existiera un canal —una flauta interna—, desde tu perineo hasta tu coronilla, provocando sensaciones que igual son nuevas para ti.

Dedícale tiempo y siente la energía que genera este ejercicio y las sensaciones que te produce. Si te excita, acéptalo con alegría, y, si lo deseas, acaba el ejercicio masturbándote.

Con la práctica continuada te resultará muy fácil conectar con tu energía sexual y sentirás mucho más, porque tu energía orgásmica se expandirá por todo el cuerpo.

2. Juega contigo misma. Masturbarse tiene la enorme ventaja de que no hay distracciones, ni vergüenzas, ni imposiciones de cómo ha de ser el encuentro: puedes experimentar con entera libertad. De ahí esta propuesta, que te invita a hacerlo dedicándole tiempo y estando muy presente en tus sensaciones. ¿Eso qué significa? Que solo has de sentir, no pensar, ni juzgar, ni criticar, ni meterte miedo, ni culpa, ni vergüenza... Y, sobre todo, que cuando tu cabeza empiece a meter

baza, la calles volviendo a tu cuerpo, a lo que siente allí donde lo estás tocando, sin recriminarte. Al igual que haces cuando meditas (espero que te hayas apuntado), si te das cuenta de que en vez de sentir estás pensando, lo aceptas y vuelves a enfocarte en la sensación. Lograr hacer esto es importante, porque muchas de nuestras dificultades sexuales tienen bastante que ver con estar en la cabeza, irnos a pensar, en vez de sentir.

Empieza respirando lentamente, y cuando estés relajada, acaricia las partes de tu cuerpo —no genitales— que te den placer. Cuando lleves un rato —sé generosa con tus tiempos— notando cierta respuesta corporal, puedes empezar a llevar esa energía hacia tus genitales, apoyándote en tu respiración, tu imaginación y tus manos. Te pongo un ejemplo. Voy a suponer que te excita acariciarte tus pechos (pero podría ser tu cadera, la parte interna de tus muslos...) y llevas un rato estimulándolos y notas que están cargados de energía sexual. Toca desplazarla a tu monte de Venus, pasando por tu abdomen, usando las yemas de tus dedos o el roce tus uñas. Puedes arrastrarlas con mucha sutileza, notando cómo tu energía hace ese camino de bajada y se va concentrando en tu pubis. Recórrelo varias veces, tantas como quieras, y nota cómo se desplaza la corriente de placer. Juega con ella: con ese movimiento y las sensaciones que te genera.

Cuando lo decidas, céntrate en tu pubis. Acaricia tus labios mayores, los menores si sobresalen, sin introducirte en tus honduras. Nota cómo se van cargando de energía sexual. Puedes utilizar, si lo deseas, la respiración erótica, pero eres libre de adaptarla a tu conveniencia para que te haga sentirte más a gusto, más excitada.

Pasado un tiempo, puedes empezar a acariciar tu vulva: tus labios internos, tu vestíbulo... Quizá te apetezca coquetear con tu clítoris, pero no vayas directamente a por él. Acarícialo, rózalo, pero sin priorizarlo. Esto es un juego y parte de él puede ser hacerte de rogar... a ti misma.

Deja que el placer vaya en aumento y tras un buen rato, si te apetece, estimúlate el clítoris. A partir de este momento, tienes dos posibilidades: ocuparte solo de tu órgano de placer por excelencia e ir a por tu orgasmo o esperar un poquito más, e incluir también la vagina.

**Primera opción.** Puedes estimular tu clítoris como lo haces habitualmente o buscando nuevas formas de gratificarte. Esto último es clave si tienes menor sensibilidad o te molesta: ten paciencia e introduce pequeños cambios en busca de lo que te funcione. (Si notas mudanzas en su aspecto o no lo ves claro, acude a consulta. Mejor prevenir que curar.) Algunas ideas:

- Si te está costando excitarte y llegar, no te presiones. Recuerda que tu cabeza puede ser tu peor enemiga. Respira y enfoca en lo que vas sintiendo, sea lo que sea. Si en algún momento sientes placer y se te escapa, sete amable. Estás reconectando con tus sensaciones y eso requiere tiempo. Y si te pones nerviosa, siempre puedes parar. Pero eso sí, vuelve a intentarlo más tarde o mañana. No desistas.

- Dales una oportunidad a los lubricantes o usa más cantidad. Son buenos aliados y los hay de muchos tipos. Busca el tuyo, ¡o los tuyos!
- Tócate con mayor o menor firmeza que antes.
- Cambia la velocidad: más rápido, menos, mucho menos. Ve alternando.
- Experimenta diferentes tipos de toque. Si habitualmente usas tus dedos para acariciarte directamente sobre el glande o sobre el prepucio que lo cubre, y los mueves de arriba abajo o dibujando círculos, apresa tu clítoris entre los dedos índice y corazón o pulgar e índice y haz lo propio. También puedes apoyar la palma de tu mano sobre tu monte púbico y, con tus dedos, presionar rítmicamente la zona clitoriana, haciendo los mismos movimientos o círculos. Incluso darle golpecitos.
- Si te masturbabas directamente sobre el glande y ahora te incomoda, hazlo sobre el prepucio o desplázate a uno de sus lados. También puedes cubrirlo: con tus labios menores, si su tamaño te lo permite, o dejándote tu ropa interior puesta o con una tela (prueba diferentes materiales).

- Si cuando alcanzas el orgasmo, este no te resulta tan potente o gustoso como antes, no pierdas el tiempo lamentándote. Estás construyendo. Si te cuidas, todo se andará.

Como verás, no te he aconsejado usar un vibrador. Entiendo que puede ser el chute que necesite una mujer cuando cree haber perdido su capacidad de sentir y tener un orgasmo se ha convertido en un auténtico calvario, pero si recurres a uno, no te permitas acabar dependiendo de él. Un juguete es algo más, no puede serlo todo. Y, muy importante, si te acostumbras a una estimulación muy fuerte, puede costarte mucho sentir placer de otra manera, por ejemplo, si un día no lo tienes a mano y quieres masturbarte o estás en pareja y esta te toca o te hace un *cunnilingus*. Piénsalo.

Si no estás teniendo dificultades para excitarte y alcanzar el orgasmo, quizá quieras probar a alargar tu placer. Imagínate que estás ascendiendo por una escalera con diez peldaños y, al alcanzar el sexto, desciendes unos cuantos. Vuelves a subir y, al llegar al séptimo, bajas hasta el quinto. Nuevamente, avanzas y, al llegar al octavo, te retiras hasta el sexto... y así hasta llegar a la cima. Pues eso es lo que puedes hacer cuando te estimulas. Solo que excitándote y relajándote (puedes apoyarte en tu respiración). Es probable que, cuando llegues, tu orgasmo sea más intenso, porque habrás acumulado mucha energía. Requiere tiempo y no es fácil de hacer. A veces, nos rebota, dejándonos con las ganas, pero no te enfades si te sucede, descansa y vuelve a estimularte al cabo de un rato y ya sin hacer este ejercicio. Igual te llevas una sorpresa.

**Segunda opción.** Supongamos que estás ya muy excitada, toca incluir la vagina. Para ello necesitarás un dildo o vibrador (aunque apagado). Cógelo y empieza a pasearlo por tu vulva..., acarícíate con él durante un rato, para finalmente acercarlo a tu entrada vaginal. Quieta, no entres. Pregúntale antes a tu vagina si quiere ser penetrada y escucha. Notarás la aceptación o el rechazo. Y sea lo que sea, respeta su (tu) decisión.

Imaginemos que dice que no. Sigue jugando en tu exterior y, pasados unos minutos, comprueba de nuevo cómo se siente. Pero aprende a aceptar un *no* por respuesta, porque, de forzarla (= forzarte), lo único que lograrás es generar tensión en tu cuerpo... y eso, repetido una vez tras otra, lleva a no desear y a no sentir.

Si tu vagina acepta tu acercamiento, introdúcete el dildo, un poco y sin forzar, y masajea tu entrada unos segundos. Respira y siéntelo. Quizá desees contraer y relajar... Prueba. Y eso es lo que te sugiero a partir de este punto: que experimentes y sientas, a ver qué descubres. Te propongo ideas, pero solo tú puedes saber lo que te pide el cuerpo y dárselo.

- Una vez dentro, no lo muevas, solo permítete hacer contracciones, mientras acaricias tu clítoris.
- No lo estimules y juega solo con el dildo de formas diferentes (movimientos de entrada y salida, circulares, presionando en alguna zona...). Busca puntos de mayor o menor sensibilidad en la vagina.
- Altérnalo todo: estimulación clitoriana, vaginal, ambas a la vez...

Haz y prueba lo que te apetezca hasta que decidas que te vas a permitir alcanzar el orgasmo... o que vas a parar.

Este ejercicio es inestimable. De hecho, te recomiendo que lo practiques a menudo, porque te abre a sensaciones que difícilmente obtendrás en pareja salvo que ya te hayas ejercitado y te conozcas muy bien.

Es tu cuerpo, es tu placer.

## *4b*
## *Disfrutar en compañía*

Cuando hay ganas y la salud no nos la juega, el placer compartido no tiene por qué esfumarse. Basta con adaptarse a los desafíos que nos lance la edad. Y no, no hablo de resignarse, sino de entender y cuidar de *este regalo,* porque insisto: el problema no es la edad, el problema es la actitud.

Piensa en esto: ¿acaso nacimos sabiendo cómo compartirnos con otras personas?, ¿acaso no tuvimos que aprender? Recuerda tus principios. Dudo que todo te fuera de película. Pues entonces. Ahora lo más probable es que nos toque hacer lo mismo: ponerse las pilas. Nada nuevo bajo el sol. Bueno, sí: tenemos más experiencia y somos más sabias. Pues que se note.

Toca arremangarse. Voy a ocuparme de algunas cuestiones y hacerte una serie de sugerencias, que espero te ayuden a navegar por estas aguas con más seguridad y satisfacción.

## Cultivar la aceptación

A nadie le gusta *perder prestaciones* o tener dificultades sexuales, pero sucede.

Quizá necesites volver a coger un bolígrafo, sostenerlo con toda la fuerza que puedas y contar hasta 5. ¿Te acuerdas del alivio que sentiste al soltarlo? Pues sé lista y deja de resistirte: no te atores dándole vueltas a lo negativo —sabes cómo— y enfócate en lo que te conviene. En este caso: *aceptar* lo que no puedes cambiar, ocuparte de lo que sí y buscar nuevas formas de experimentar placer en compañía. Comparte esta reflexión con tu pareja o parejas y no descartes prestarles tu bolígrafo.

## Hablar es clave

Si tienes pareja y nunca lo habéis hecho, quizás os cueste un poco, pero para que vuestros encuentros fluyan, es imprescindible mantener un diálogo abierto, honesto y continuado. Siempre lo fue, pero ahora más. Hay mucho que abordar: desde vuestras creencias en torno a la sexualidad madura hasta las dificultades que tal vez estéis sufriendo, pasando por qué clase de sexo queréis practicar (en este momento de vuestras vidas) y cuáles son vuestros anhelos, necesidades, miedos... De la comunicación asertiva ya nos ocupamos, o sea que solo añadiré que hablar de sexo nos hace extremadamente vulnerables. Es fácil herir y sentirse herido. Por lo tanto, intentad ser muy amables y mostraros la mayor empatía de la que seáis capaces.

Si mantienes encuentros casuales o estás iniciando una relación, deberías hablar sobre sexo seguro, y si, además, tienes algún tipo de dificultad o algo te preocupa, sé clara. No te arrepientas *a posteriori*. Por ejemplo, si tu amante es un hombre y la penetración te resulta dolorosa, dile claramente: «No tengo interés en practicar el coito, pero sí me gusta tocar y ser tocada y el sexo oral», o algo por el estilo; si es una mujer, también habrás de advertirle que nada de penetración con dedos o juguetes. Si te rechazan por ello, ¿he de decirte que te has librado de un/a impresentable? Aprende a cuidarte: no participes en algo que no veas claro y expresa siempre lo que quieres y necesitas. Por supuesto, pregunta e interésate por las necesidades de la otra persona.

**Sexo seguro**

No poder quedarte embarazada no te libra de estar expuesta a las infecciones de transmisión sexual. Su incidencia en personas adultas es muy grande, porque bajamos la guardia. Y no solo exijas el uso de un preservativo cuando practiques la penetración (si se niega, ¡puerta!), también es necesario un método de barrera para el sexo oral, independientemente de si te relacionas con un hombre o una mujer. Si compartes un juguete con ella, también toma medidas.

## Me duele, no siento, no logro...

Si te relacionas con una mujer madura, ya sabes cuáles pueden ser las mudanzas fisiológicas que pueden afectaros a ambas, y si lo haces con un hombre, en función de su edad también puede estar pasando lo suyo. (Véase el recuadro «¿Y qué pasa con ellos?».) En ambos casos, esto es lo que debéis considerar:

- La importancia de mantener un estilo de vida saludable que no perjudique vuestra función sexual. Ya sabes: ejercicio regular, dieta equilibrada, sueño reparador, no fumar, poco o ningún alcohol y controlar el estrés.
- Los inconvenientes fisiológicos: irritación y dolor vulvar o coital, dificultades en la erección y la eyaculación, menor libido, sensibilidad y capacidad orgásmica... Para nosotras existen opciones, como estamos y seguiremos comprobando. Para ellos también y pueden consultarlas, según cuál sea su dificultad, con su médico de familia —quizá un urólogo o andrólogo— si necesita algún tipo de prescripción, o un terapeuta sexual.
- La mala salud (problemas cardiovasculares, diabetes, artritis, dolor crónico, trastornos metabólicos...) y los fármacos (hipertensivos, antidepresivos, benzodiazepinas, estatinas, antihistamínicos...), que pueden perjudicar vuestra función sexual. Si sospecháis algo de

esto, hablad con vuestros especialistas y preguntad si el horario de toma de vuestra medicación puede influir en vuestro desempeño y, de ser así, planificad vuestros encuentros teniéndolo en cuenta. ¿A qué hora tendríais una mejor respuesta sexual?

- La necesidad de hacer ciertos ajustes. Por ejemplo, es probable que lo de la nocturnidad ya no os convenga. ¿A qué hora del día tenéis mayor receptividad?, ¿al levantaros?, ¿tras la ducha?, ¿antes de comer? Se suele tener menos energía y menos capacidad de excitación tras una larga jornada o con el estómago lleno, porque la digestión disminuye el flujo de sangre a los genitales..., y no te cuento si ha sido una comilona y has bebido. ¡Ah! Y pasa primero por el lavabo, no querrás tener que salir corriendo en un momento de calentón.

**Qué pasa con ellos**

Seguro que conoces el término *andropausia,* que el diccionario define como climaterio masculino. Entre los médicos existe división de opiniones de si debe o no llamarse así, porque a diferencia de lo que nos sucede a nosotras, el cambio no está acotado a unos años determinados, la bajada hormonal suele ser gradual, no se produce con la brusquedad que se da en las mujeres, y tampoco implica el fin de la fertilidad masculina. Sea como sea, el Dr. Carlos San Martín Blanco, médico especializado en sexología clínica y terapia de pareja,[69] explica que «está claro que existe un proceso de envejecimiento y que, en torno a los 40 años, el hombre empieza a perder paulatinamente un porcentaje de sus niveles de testosterona. Esto genera una serie de efectos, como la pérdida de energía, el aumento de peso, un menor nivel de deseo, comparativamente al que había tenido, y un deterioro paulatino de la erección. La rigidez del pene va a ser menor, sobre todo superados los 50-55 años, y va a necesitar más tiempo y estimulación para obtenerla. Asimismo, el período refractario (tiempo necesario para recuperarse y volver a excitarse tras eyacular) aumenta a medida que envejecemos. Donde antes te recuperabas en unos minutos, ahora vas a necesitar de una hora o un tiempo mucho mayor para poder mantener un nuevo encuentro. Y todo esto si está sano, porque si tiene alguna patología médica (hipertensión, diabetes, cardiopatía isquémica...) y afecta sus vasos sanguíneos, perjudicará su capacidad eréctil. De hecho, los vasos de los cuerpos cavernosos del pene son muy finos y muchas veces los problemas de erección actúan de síntoma centinela, es decir, advierten que puede haber una afección cardiovascular incipiente y que, de no corregirse los factores de riesgo, puede derivar al cabo de pocos años en un accidente cerebro- o cardiovascular».

68 Además, es máster en Terapia Familiar y en Psiquiatría y Salud Mental y está acreditado como psicoterapeuta. Es coordinador y cofundador del Centro Interdisciplinar de Psicología y Salud de Santander. Atiende presencialmente y *online*. Lo encuentras en <www.cipsa-salud.com>.

Tanto el deseo sexual hipoactivo como la disfunción eréctil pueden ser tratados y el Dr. San Martín es optimista: «Generalmente, el pronóstico es bueno. El tratamiento dependerá del origen del problema. Por ejemplo, si el bajo deseo lo causa un déficit de testosterona, la terapia de sustitución hormonal puede ser una alternativa. Con la disfunción eréctil pasa lo mismo. Si su causa es fundamentalmente orgánica, por ejemplo, una patología cardiovascular o neurológica, la prescripción de fármacos para la erección, como la Viagra, es extremadamente efectiva y segura. También los solemos usar si la causa es psicógena, porque, sin ser el origen orgánico, la mejora de la disfunción eréctil va a ayudar a atenuar la ansiedad del paciente. En todos los casos, la intervención siempre ha de ir acompañada de terapia sexual».

Por su parte, el Dr. Javier Ruiz Romero, andrólogo,[70] explica que a los hombres les cuesta reaccionar cuando lo sexual no les funciona: «Yo siempre digo que el varón es el sexo frágil, porque tiene que demostrar una erección y, si no la tiene, no solo se le cae el pene, se le cae la autoestima... ¡se le cae todo! Y lo que hace muchas veces es retraerse, cerrarse, incluso llega a normalizar una situación que no es de salud, sino de patología. De hecho, el 85-90 % de las veces que viene a consulta lo hace porque su mujer le ha arrastrado de la

69 Asimismo, es especialista en salud metabólica, sexual y reproductiva. Pasa consulta presencial en Barcelona y Reus, y en las sedes de las clínicas Ovoclinic. También atiende *online*. Lo encuentras en LinkedIn y en Instagram como @dr.javier–ruiz–romero.

oreja, porque ella sí se ha dado cuenta de los cambios que él no quiere reconocer». O sea que, ya lo sabes: igual te toca empujarle.

Por último, el Dr. Ruiz Romero nos advierte del peligro de automedicarse: «El tratamiento con testosterona tiene que ser siempre bajo control médico. Pensemos, por ejemplo, que alimenta el cáncer de próstata. Por lo tanto, antes de recetarla, hay que descartar esa posibilidad, porque podría multiplicar enormemente la división celular y hacer que la enfermedad se expandiera. Por otro lado, cualquier fármaco que revierte la disfunción eréctil también necesita de supervisión. Obviamente en internet existe un mercado de este tipo de pastillas, pero no son fiables, ya que pueden contener productos tóxicos (pesticidas, pintura...) y se han documentado graves problemas colaterales, como alteraciones de la visión, mareos, náuseas, desorden de la presión arterial y serios problemas cardíacos o hemorragias cerebrovasculares que podrían conducir a importantes secuelas o incluso a la muerte. La falta de control sobre cómo se manufacturan y las variaciones en las dosis de principio activo desaconsejan taxativamente su uso».

## Creencias que nos perjudican

Ya conoces los falsos mitos en torno al sexo en la madurez, pero hay más que arrastramos de siempre, como eso de que tener una buena vida sexual implica:

- Frecuencia. Siempre hay que tener plan, ganas y estar en disposición, sobre todo si se es varón. ¡Muy realista!
- Coito. Lo demás no es sexo... aunque la cópula por sí sola sea de lo que menos satisfaga a muchas mujeres.
- Orgasmo. Llegar día sí, día también y, a ser posible, a la par.
- Pasión desaforada. Ser en cada encuentro, ¡y de principio a fin!, apoteósico.
- Novedad. Hoy hacemos la postura del puente de madera, mañana nos lo montamos debajo de uno.

Suficiente, ¿no? El caso es que todas esas creencias las aceptamos en mayor o menor medida, a pesar de su falsedad. Y cuando nuestra vivencia carnal no se corresponde —brecha que aumenta con la edad— la incongruencia provoca frustración. Tiene bemoles que esas tonterías sin base nos hagan tanto daño.

Tú ya entiendes la importancia de cuestionárselo todo, pero ¿y tu amante? Saber dónde paras tú y para él/ella es básico, porque eso afecta a cómo vivís vuestros encuentros. De ser necesario, proponle aprender más sobre la sexualidad en esta etapa de la vida: leer libros, asistir a talleres, buscar recursos en línea, acudir a una tienda de juguetes eróticos, ir a consulta...

## Menos luz, más atrezo

Si tu imagen te incomoda, difícilmente vivirás bien tu sexualidad, y ten en cuenta que lo mismo puede estar sucediéndole a tu pareja o parejas. Sentirnos inadecuadas coarta nuestra capacidad de pedir, de hacer, de gozar. Por lo tanto, es algo a lo que atender y, de ser necesario, pidiendo ayuda. También puedes buscar formas de no sentirte tan expuesta: apagar la luz o atenuarla, utilizar velas, vendarle los ojos a tu pareja (puede ser un juego muy erótico), meterte en la cama antes, vestir ropa íntima para la ocasión, eligiendo lo que enfatice tus atributos favoritos o aumente tu confianza. Si, por ejemplo, has sufrido una mastectomía, nada te impide ponerte un bonito *bustier* que te cubra si eso te da seguridad. Lo importante es que estés lo más cómoda posible, para poder relajarte y sentir. Y es probable que, si te expones y disfrutas, cada vez te resulte más fácil dejarte ver.

## ¿A qué podemos jugar?

¡A lo que siempre hayáis jugado! No hay que descartar nada de entrada. Vuestros cuerpos os irán indicando sus necesidades y ya sabes que hay soluciones para casi todo, siendo una crucial aceptar las mudanzas y entender que hemos de adaptarnos y extraer lo mejor de lo que tenemos.

Hay un dicho anglosajón que me encanta: «Cada nubarrón tiene un contorno plateado». Pues eso: si eres hetero y tu pareja es un hombre maduro, es de esperar que ahora no tenga las erecciones que tenía hace unos años, pero a cambio... su pene ya no manda, ya no tiene tanta urgencia, y eso permite que pueda empezar a apreciar otras formas de hacer. De hecho, en esta etapa de la vida, muchos logran entender que el placer puede ser una experiencia de todo el cuerpo y no solo genital. Y, por supuesto, ese descubrimiento puede beneficiarte, porque por fin se da cuenta de las ventajas de lo que, probablemente, le has reclamado casi siempre: más caricias, darse tiempo y que no todo es penetración.

Aprovecho para compartir una reflexión que considero fundamental. Existen dos formas de vivir nuestra sexualidad: la primera tiene como objetivo alcanzar el orgasmo y todo —las palabras, los besos, las caricias...— busca ese fin. La segunda tiene como objetivo el placer *del momento,* es decir, las palabras se dicen para disfrutarlas y excitar a quien las oye (y las dice, por supuesto), los besos se dan para gozar de ellos, al igual que las caricias... Todo se hace en presente. Dicho de otro modo, cada cosa que sucede durante el encuentro es un fin en sí mismo. ¿Te das cuenta de cuánto tiene que ver con mantener una actitud de atención plena?

Son dos formas muy diferentes de vivir lo carnal y la segunda es mucho más gratificante que la primera, porque el sexo no solo es *llegar,* también es disfrutar del camino. Dicho de otro modo, la verdadera meta es sentir placer e intimar con el otro y el orgasmo es solo un elemento más de la experiencia... que, de quitarse de la ecuación, no debería empañar lo vivido. Ojo, no estoy diciendo que hayamos de renunciar a nuestro clímax, solo faltaría, sino que si lo sentido, emocional y físicamente, nos es más que suficiente (lo que también puede sucederle a nuestra pareja), no hay que menospreciar lo vivido. Más claro: puede que en algún momento —cuanto mayores seáis, más fácil que os ocurra— os lo paséis genial y os excitéis muchísimo, pero el cansancio os haga desistir del clímax... y eso no os suponga un problema, porque lo gozado valió la pena.

Si dejamos de lado la obsesión por la meta y nos centramos en disfrutar del viaje, ¿qué ocurre? Que nos relajamos: ¡adiós ansiedad de cumplir, de *llegar,* de que las cosas sean de una manera determinada! Y gracias a esa supuesta renuncia —que es más bien una ganancia—, y a esa actitud curiosa, podemos descubrir nuevas sensaciones y cotas de placer.

Lo que probablemente vaya cambiando, además de los tiempos —eso de tener que dedicarle más rato a excitarnos y a llegar al orgasmo—, sean las posturas, porque habrá algunas que por cuestiones de fuerza, aguante físico y achaques (como los dolores de rodillas o espalda) no serán tan asequibles y habrá que irlas cambiando o apuntalarlas; por ejemplo, usando cojines, una silla, un columpio... Es cuestión de investigar. Y no solo me refiero a la práctica del coito: con el paso de los años, masturbar a nuestra pareja o darle sexo oral (y viceversa) también necesitará que nos acomodemos. Pues se hace y ya está. Si quieres seguir pasándotelo bien, los preparativos y la estrategia cada vez serán más importantes.

¿Y qué pasa si eres hetero y el coito se vuelve elusivo porque —pongamos— te duele la penetración o él tiene dificultades eréctiles? Nada. Se trata de no perder el tiempo lamentándose, entender que el mejor sexo es aquel que nos *funciona* en cada momento, potenciar las otras formas de gozar y abrirse a experiencias nuevas.

Masturbarse puede ser igual o más placentero que la cópula. Yo a ti, tú a mí, a la par o, quizá mejor, por turnos, para que, sin distracciones, toda nuestra energía se enfoque en recibir placer o en generar el de la otra persona. O cada cual cuidando de lo suyo, pero uno al lado del otro, y quizá mirándonos, provocándonos, compartiendo nuestras sensaciones. Lo mismo sucede con el sexo oral, sobre todo cuando cada una/uno tiene su momento (no nos engañemos: el 69 no nos permite rendirnos por completo). Un plus: son opciones más seguras si buscamos evitar las infecciones de transmisión sexual.

Convendrás conmigo en que el panorama es alentador. No tenemos razones para echarnos a llorar. De hecho, esto explica por qué tanta gente, a medida que cumple años, decide primar estas prácticas, a pesar de no tener serias dificultades para practicar el coito. Si es cómodo, divertido, placentero y tan sucio como lo desees, ¿por qué no?

Hazte el favor, pasa de las falsas creencias: tener una buena vida sexual de pareja es posible a largo plazo, por supuesto que lo es. Si nutrís vuestra relación fuera del dormitorio (imprescindible), le dais prioridad a vuestros encuentros, tomándoos el tiempo que necesitéis, sois capaces de identificar y compartir vuestros deseos y necesidades, y os abrís a experimentar, es fácil que os vaya bien.

**Ayudas para la libido**

Los tratamientos que ayudan a solventar la sequedad vaginal y el dolor coital suelen tener como efecto secundario una mejora de la libido, porque sin dolor es fácil tener más ganas. Pero ¿existe algo específico para mejorar el deseo femenino? Le traslado la pregunta a la ginecóloga Silvia P. González, quien nos explica que «hay estudios que demuestran que la testosterona aumenta el deseo sexual en la posmenopausia y países, como Australia, donde se comercializa con esa indicación, pero tanto la Agencia Europea del Medicamento como la Food and Drug Administration estadounidense consideran que no existen suficientes datos que garanticen su seguridad y eficacia a largo plazo como para prescribirla a las mujeres en esta etapa. Puede que en un futuro no muy lejano se autorice para esta indicación y se están desarrollando más estudios para fundamentarlo, pero, por ahora, la opción más parecida serían algunas formas de THM, por vía oral, que incluyen componentes que tienen un efecto parecido a la testosterona, beneficiando el deseo. Aparte de eso, hay algunos productos fitoterápicos (como la maca, damiana, fenogreco, ginseng, ashwagandha o trigonella) que pueden ayudar a mejorar la libido».

## Entender nuestro deseo[70]

Una de las razones por las que muchas mujeres dejamos de tener apetito sexual es por desconocimiento. Me explico. Al principio de una relación, cuando la novedad es clave, el deseo libidinoso nos motiva a tener relaciones, es decir, funcionamos igual que los hombres. Pero lo habitual es que, tras el primer año, a lo sumo dos, *no* sintamos necesariamente ese anhelo *a priori* y, por lo tanto, este deja de ser el factor que incentiva nuestra actividad sexual.

Entonces, cuando nuestra pareja se nos acerca con motivaciones eróticas, decimos «no», porque carecemos de deseo. Y salimos con eso de «Mejor mañana», «Tengo sueño», «Estoy cansada», «Me duele la cabeza», lo que sea que se nos ocurra.

Tenemos toda la razón del mundo, ¿no? Si estás desganada, ¿por qué practicar sexo? ¡Faltaría plus! Pero añadamos más elementos a esta historia. ¿Qué sucede cuando hacemos eso? Que cortamos toda posibilidad de un encuentro sexual y fastidiamos a nuestra pareja..., eso es evidente, pero ¿y nosotras? Quizá te respondas: «Tan a gusto».

Sin embargo, ¿es eso cierto? Renunciar al deleite, al dejarse ir... Perderse todo eso ¿acaso no nos fastidia? ¿No será que también nos perjudicamos cuando decimos que no? Porque seamos realistas, si no hay sexo, nuestro cuerpo va,

70 Tanto este apartado como el titulado «Más de lo mismo, no gracias» los he adaptado de mi libro *Deseo*.

poco a poco, olvidándose del placer... y acabamos convirtiéndonos en un pozo seco de pasión. Ya no deseamos. Desconectamos de la energía de la vida.

Bueno, ¡hasta que conocemos a otra persona! Seguramente lo has pensado. De hecho, es algo que suelen asegurar quienes llevan toda la vida con el mismo compañero y no tienen ganas: «Dame a fulanito (normalmente el actor de moda) y ya verás como me pongo». Lógico, como es novedad, ¡vuelves a desear! Pero claro, ¿hasta cuándo? ¿Hasta cuándo le vas a anhelar, por muy estrella de cine que sea? Porque pasará el período de enamoramiento, un año, a lo sumo dos, y, como no hagas algo, estarás igual que en tu relación anterior.

No sé yo... Sinceramente, no estoy segura de que este sea el mejor plan. Y más si quieres a tu pareja. Si no tienes interés en lo vuestro, pues adelante, mis valientes, pero si la quieres, te hago una propuesta. ¿Qué pasaría si en vez de decirle «no» cuando intenta un acercamiento, le dijeras «¿Y por qué no?», y aceptaras ese roce durante unos minutos —pongamos que 5— para ver qué pasa? Eso sí, con la clara intención de estar presente y sentir lo que está sucediendo entre vosotros. Es probable que, al permitírtelo, percibas los estímulos sexuales y, gracias a ello, te excites. Y es entonces cuando surge tu deseo ¡y pobre de tu pareja si para! (Por supuesto, de no convencerte vuestra interacción, pasado ese rato, puedes decirle que prefieres no seguir.)

Ahí lo tienes: ¡el anhelo libidinoso, inicialmente ausente, entra en acción! Y no es magia. Lo que ha sucedido es que te has abierto a la posibilidad de sentir deseo. *A posteriori,* no de entrada, pero deseo. Le has dado la vuelta a la secuencia de los hechos. No has esperado a tener ganas para consentir o provocar la relación, sino que te has permitido excitarte para así propiciarla. Y has logrado el mismo resultado: pasártelo bien.

De hecho, muchas mujeres dicen que esto es lo que les sucede, que a veces se obligan a tener sexo para evitarse un mal rollo y acaban disfrutando y diciéndose «Debería hacerlo más a menudo». Lo que sobra en esa frase es lo de evitarse el mal rollo, porque esto es algo que has de hacer por ti. Y si lo repetimos más de una vez, es fácil subirse a la cresta de la ola y más de una recupera su supuesta libido perdida... Perdida por culpa de una falsa creencia sobre cómo funciona el deseo femenino que al final nos desconecta de nuestro cuerpo y de nuestro placer.

Si nos apuntamos al *¿y por qué no?,* nos damos un tiempo y entramos en el juego, la satisfacción sexual y la intimidad emocional que genera ese intercambio reforzará nuestras ganas de repetir la experiencia. Obviamente, si no sentimos esa recompensa, el objetivo no se habrá cumplido y dificultará que la secuencia se inicie la próxima vez. Es decir, es un proceso que se va retroalimentando, como un bucle.

No podemos esperar que nuestras ganas nazcan de la nada, en plan chispazo repentino, para aceptar un acercamiento de nuestra pareja o incluso para iniciarlo nosotras. De hacerlo, es posible que nuestra sexualidad mengüe hasta la casi inexistencia o llegue a desaparecer.

Advertencia final: aunque he estado hablando de nosotras, es posible que, si me leyeran, algunos hombres, quizá bastantes a medida que suman años, se vieran reflejados en lo que he explicado. Tenlo en cuenta.

## Más de lo mismo, no, gracias

Tenlo claro: sexo + rutina = aburrimiento.

Así de simple.

*No hay vuelta de hoja.*

Creemos que el amor es garantía de deseo, pero no. Más bien sucede lo contrario. El amor necesita de la cercanía, lo estable, lo seguro, y el deseo muere por culpa de esas mismas *virtudes*. Amar genera familiaridad y comodidad, y todo ello redunda en tener una buena relación de pareja, pero eso es lo que suele matar la tensión sexual.

Dicho de otro modo, lo que nos *pone* es lo que no tenemos, lo misterioso, lo desconocido, lo (hasta cierto punto) inalcanzable, no algo o alguien que asumimos como nuestro, entregado y ya conocido.

Es una puñalada trapera, lo sé, pero es lo que hay y es importante que nos demos cuenta de que es imposible mantener una larga e incitante vida sexual con nuestra pareja si no hacemos nada por especiarla y siempre jugamos a lo mismo. No se puede. La pasión en parejas de largo recorrido no es un regalo: hay que *ganársela.*

¿Cómo? Atreviéndonos a salir de nuestra zona de confort. Hay que arriesgarse, es decir, ir un poco más allá de lo acostumbrado. Más allá de aquello que ya tenemos muy por la mano.

Primero hemos de indagar a solas. Investigar, conocernos en nuestros deseos, por oscuros que sean, y aceptar lo que anhelamos. ¿Qué es eso que te *pone* y aún no te has atrevido a confesarte o confesarle? ¿Qué es eso que te gustaría tanto probar?

Y luego toca tener el valor de compartirlo con nuestra pareja y también, por supuesto, disposición a escuchar lo que tenga que decirnos. Y todo ello con ganas de llegar a un nuevo entendimiento, donde no quepan las exigencias, ni los juicios, ni las críticas, solo el deseo de crecer sexualmente en pareja. No es fácil. Nadie ha dicho que lo sea.

Reconozcámoslo, hay que armarse de valor para compartir *lo oculto*. Cuesta, porque, además del pudor que todo lo sexual suele provocarnos, abrirnos *de verdad* ante el otro nos hace vulnerables. Tememos su mirada y su reacción: qué pensará de mí, ¿y si deja de mirarme con los mismos ojos?, peor aún, ¿y si me rechaza? Por eso nos callamos. Sin darnos cuenta de que probablemente nuestros temores sean infundados y sin valorar que en esa renuncia también nos damos la espalda al permitir que una parte de nuestro deseo no llegue a ser vivido.

¿En serio prefieres mantenerte en esa *entrega* a medias? Puede que así no arriesgues tanto, pero también *logras* no ser conocida ni amada plenamente, ni conocer ni amar plenamente a tu pareja. Y quizá no hayas caído en la cuenta, pero es probable que tú tampoco conozcas todo lo que anhela la persona que duerme a tu lado porque también tiene sus miedos. Si tu abres tus puertas, es probable que se atreva a abrir las suyas. Y, gracias a ello, descubriréis un mundo de posibilidades.

Arriésgate y, si eres de esas personas que dicen «yo no tengo imaginación para estas cosas», puedes buscar ideas en la red, en películas, en libros... Hay mucho por probar y experimentar en pareja cuando, con o sin miedo, *decidimos* retarnos a crecer.

## Juegos para redescubrirse

Comunicarnos mejor, crucial para tener buen sexo, descubrir nuevas sensaciones y zonas erógenas y desacelerar, para conectar sexualmente de otra forma, son los objetivos de estos ejercicios.

### *Abandonarse a la estimulación sensual*

Esta propuesta pretende que pongáis el foco en lo sutil, porque, si gozamos de lo más básico, la experiencia se magnifica.

Decidir quién se tumba para recibir primero. *Quien hace* pasa, muy lenta y suavemente, la yema de un dedo o de varios por el cuerpo de su pareja, que primero se colocará boca abajo y después boca arriba. El recorrido lo puede hacer varias veces por lado. Al principio, dará un par de pasadas, como mínimo, solo ocupándose del contorno corporal. Luego, podrá incluir todo el cuerpo, pero sin tratar las zonas genitales de forma diferente. No han de recibir más atención que el resto. Quien recibe la estimulación solo ha de sentir, nada de irse a la cabeza (y, si se pilla haciéndolo, debe volver a enfocarse en la sensación). Quien acaricia ha de preguntarle si le gusta, si quiere mayor suavidad, fuerza, lentitud, rapidez... Pero siempre empezar desde lo delicado y lento e ir a más solo si se lo piden. Y hablar lo justo.

¿Cómo acaba el juego? Solo está permitido el sexo manual, pero no antes de los 20 minutos, ¡o más! Podéis pactar el tiempo de antemano y en función de las necesidades de cada uno.

## *El espejo*

¿Propósito? Conocer mejor vuestras zonas erógenas, dónde sentís más, cómo os gusta ser estimulados, cómo aumentar esas sensaciones... Es fundamental que renunciéis a vuestras ideas preconcebidas sobre lo que os *pone* o no. La penetración está prohibida.

Reservad una hora libre de interrupciones. Podéis hacerlo desnudos (sería lo más adecuado) o con la ropa interior puesta. Uno será el que haga y el otro será el espejo; después, intercambiáis papeles. Una vez que empecéis, *no* podéis hablar.

El hacedor puede optar entre mover y tocar su propio cuerpo o el de su pareja, o combinar ambas opciones a su gusto. Quien hace de espejo ha de imitar lo que hace el líder. Imaginemos que empiezas tú: si te tocas, tu pareja se ha de tocar a sí misma de la misma forma (como si fuera tu reflejo); si le tocas de una determinada manera, ella ha de hacerte lo mismo, imitarte, con la misma suavidad o firmeza e idéntico ritmo.

¿Qué está pasando? Tú le estás mostrando lo que te gusta para que perciba lo que deseas sentir. Por ejemplo, si te excita ser besada suavemente varias veces en el cuello, le besas así, y puede experimentarlo y replicar lo que ha entendido. Esta acción se puede repetir tantas veces como haga falta para que el espejo capte lo que quiere quien lidera.

Al cabo de 20 minutos, cambiáis de roles.

Las primeras veces es conveniente seguir una pauta: los 10 primeros minutos, prohibido tocar los genitales; durante los cinco siguientes, pueden incluirse pechos, y durante el tiempo restante vale todo. Objetivo: frenar los automatismos, porque son un obstáculo para alcanzar cotas más altas de placer. A medida que repitáis este juego, podréis acortar el tiempo dedicado al primer bloque, si es lo que queréis, pero, como mínimo, hacedlo así las dos primeras veces.

Atención: no quieras excitar a tu pareja ni llevarle al clímax y tampoco pretendas eso para ti. No es el objetivo. Buscamos que cada amante comparta lo que le gusta y mejorar vuestra comunicación no verbal. Por ello, es importante no practicar ninguna actividad sexual ni durante ni después del ejercicio. Una vez acabado, podéis hablar de lo que habéis sentido, descubierto, entendido, y preguntar lo que necesitéis. Si queréis practicar sexo al cabo de unas horas, adelante. Repetid este ejercicio tantas veces como queráis, pero no menos de 3 veces, antes de pasar al siguiente.

### *Placer mutuo*

En esta ocasión, quien da toca y acaricia a su pareja con sus manos, dedos, lengua y cuerpo, en los lugares y las formas que sabe que le gustan (incluid lo aprendido en el ejercicio anterior) durante 20 minutos. Quien recibe acepta lo que le hacen de forma pasiva: solo ha de sentir y permitirse la excitación si surge. Mientras se desarrolla el ejercicio, tenéis que comunicaros, pero solo dándoos *feedback* positivo:

- Si te gusta algo, expresas tu placer/reconocimiento/agradecimiento de forma no verbal: una mirada, una sonrisa, un sonido placentero...
- Si no te convence lo que te está haciendo, exprésalo verbalmente, pero sin queja o crítica. Si te incomoda cómo te está tocando tu pareja, le puedes decir: «Me gusta mucho cuando me tocas con suavidad» o «Es una pasada cuando solo pasas las yemas de tus dedos por mi cuerpo».

Los primeros minutos no vale tocarse ni pechos ni genitales. Después, podéis incluir las áreas previamente prohibidas, pero sin centraros en ellas. Por lo menos dedicadles 10 minutos a otras partes del cuerpo. Si los niveles de excitación sexual son bajos, aceptadlo. Para acabar, podéis enfocar vuestra atención en las partes que sabéis que le excitan más a vuestra pareja, permitiendo que llegue al orgasmo si así lo desea.

Es importante ceñirse a lo permitido para no corromper su finalidad, o sea, reforzar la relación de pareja, conocer a fondo el cuerpo de la otra persona, aprender a darle placer de nuevas formas o más elaboradas y a rendirse y dejarse hacer cuando se recibe.

Tras acabar, podéis hablar de lo que habéis sentido, descubierto, entendido del otro, y preguntar lo que necesitéis.

Advertencia final: es importante no caer en las actitudes o formas de hacer previas, es decir, hay que recordar qué funcionó, qué le gustó al otro y te gustó a ti, os puso más, aprendisteis... y proponeros no caer en la rutina. Salvo que os resulte satisfactoria, por supuesto.

Escanea este código para acceder a más ideas para erotizar tu mente.

## 4c
## *Cuida de tus genitales*

Sin paños calientes. La caída hormonal influye en todo nuestro organismo, pero mayoritariamente en nuestro aparato genitourinario, porque es donde más receptores estrogénicos tenemos. De ahí que pocas mujeres nos libremos del síndrome genitourinario de la menopausia (SGM), concepto que engloba los cambios en la anatomía y el funcionamiento de nuestra vulva, vagina, vejiga, uretra y suelo pélvico. Como *la cuestión* no es de lo más apetecible, seré escueta enumerando los inconvenientes más comunes que genera para enseguida dar paso a lo que supongo te interesa más: saber qué puedes hacer, que es mucho.

Nuestro monte de Venus y los labios externos e internos pierden volumen, a la par que nuestro vello púbico disminuye, se vuelve más fino y frágil, y pueden aumentar las canas, que muchas tenemos desde años ha. Podemos sentir picor, ardor y desarrollar grietas o fisuras, que pueden ser más o menos dolorosas, en la vulva, porque pierde grasa y se seca.

El clítoris también se ve afectado: su sensibilidad puede disminuir, e incluso quejarse si siente incomodidad al tacto. Las paredes de la vagina se vuelven más finas y se deshidratan, perdiendo sus pliegues y su elasticidad, con lo que el canal se acorta y estrecha, es menos firme y sus secreciones se vuelven escasas y aguadas. La musculatura del suelo pélvico se debilita y pierde elasticidad. Asimismo, el riesgo de padecer irritaciones e infecciones es mayor debido a los cambios en el pH, que se torna más alcalino, haciéndonos más susceptibles a las infecciones vaginales y urinarias.

Algunas de estas dificultades pueden arrastrarse desde antes de la menopausia. Es decir, no todo lo que nos sucede tiene que ver necesariamente con ella. Sea como sea, si notas que algo está cambiando en el aspecto de tu vulva, estés o no climatérica, por favor, acude inmediatamente a una profesional sanitaria que entienda de patología vulvar. Cuanto antes reacciones, mejor. Existen muchas soluciones que puedes contemplar con ayuda de tu fisioterapeuta de suelo pélvico y tu ginecóloga y vamos a hablar de algunas. Tenlo claro: ¡tienes más poder del que crees!

## Lo que puedes hacer por tu cuerpo

Todas las mujeres deberían tener una fisioterapeuta de suelo pélvico, son indispensables siempre, pero especialmente en esta etapa de la vida, por eso he invitado a Marta Torrón, que además es fisiosexóloga,[71] a compartir sus conocimientos con nosotras. Y arranca pisando fuerte: «He visto a mujeres con serios problemas de sequedad vulvar que les imposibilitaba tocarse o ser tocadas, o falta de lubricación vaginal y dolor que les impedía practicar el coito o usar juguetes en su interior, volver a disfrutar... ¡incluso 10 años después de iniciado el problema!». ¿Cómo te quedas? Pues ya sabes, si quieres *hacer por ti,* esto es lo que nos propone, resultado de muchos años de trabajo con miles de pacientes... ¡muy contentas!

Para empezar, nos invita a sentarnos en nuestra cama, apoyadas en el cabecero, con las piernas flexionadas y algo caídas hacia los lados (ayúdate de cojines) y a colocar un espejo delante de nuestros genitales. Ha de aguantarse solo para que tus manos queden libres. De no ver tu ano, haz un ligero movimiento hacia delante con tu pelvis para lograrlo. Ahora, separa tus labios internos para poder mirar la entrada de tu vagina y realiza estos tres movimientos: contracción, relajación (implica soltarla, pero

71 A través de su consulta y sus programas *online Cuida tu suelo pélvico, Stop dolor* y *Activa tu libido* (donde explica con mucho más detalle la metodología que ha creado para afrontar este tipo de problemas) ha enseñado a miles de mujeres a superar las dificultades anatómicas y fisiológicas que les impedían disfrutar de su sexualidad. También ha escrito el libro *Tu cuerpo mola,* de la colección Menstruita, sobre sexualidad para niñas a partir de 9 años, el primero de los muchos que tiene en mente. Asimismo, está haciendo un trabajo de investigación acerca de la próstata femenina. Más información en: <www.martatorron.com> y en su Instagram @martatorron.

sin forzar) y ligero pujo (nada de empujar enérgicamente, es algo parecido a dejar escapar un gas). Seguramente conoces los dos primeros movimientos (los llamados ejercicios de Kegel y que sobre todo nos ayudan a ganar fuerza), el tercero puede que no, porque es una propuesta de la *fisio* (el ejercicio Torrón): «He comprobado que es necesario que la mujer sepa cómo estirar su suelo pélvico —lo que se logra con ese leve pujo— para liberar tensiones, ganar en movilidad y que aumente el flujo de sangre hacia los genitales, acciones determinantes para reactivar la lubricación natural».

Al hacer estos movimientos, observarás cómo vagina y ano se mueven juntos..., al igual que lo hace tu suelo pélvico, aunque no lo veas. «Al principio —nos advierte—, puede que te líes un poco. Por ejemplo, que creas estar empujando y, en realidad, estés contrayendo... Es cuestión de ir probando, y en unos días, si dedicas, aunque sea un minuto diario a mirarte con el espejo y realizarlos, los controlarás de maravilla. Dominar este ejercicio es básico para recuperar la movilidad y para que puedas poner en práctica las restantes propuestas.»

Para los siguientes tres ejercicios que nos propone, necesitarás un dildo para masajear la musculatura y piel interna de la vagina. Para elegir su diámetro introdúcete un dedo. Si entra, escoge uno del mismo tamaño, o sea, entre 1-1,5 centímetros; de no caberte, elige uno más pequeño, y si te resulta muy fácil, usa uno más grande (2-2,5 cm). A medida que te ejercites, podrás ir aumentando el diámetro y, si tienes pareja, date tiempo para trabajar cómodamente con uno de aproximadamente 5 cm. No practiques el coito hasta lograrlo.

¿Y qué haces con el dildo? Úntalo con un lubricante a base de agua o un aceite de coco,[72] que también habrás de extender por tus labios internos, la entrada de la vagina y la horquilla vulvar (la zona con forma de media luna que, estando de pie, se encuentra en la parte posterior del orificio vaginal).

Sentada en la misma posición y con el espejo entre tus piernas, apoya el dildo en tu entrada vaginal apuntándolo un poco hacia abajo —aunque creamos que el canal se curva y va hacia arriba, no es así— y haz un ligero pujo. Comprobarás que lo empujas hacia fuera, como si lo rechazaras. Ahora, combina los movimientos de pujo y relajación de forma constante, creando un vaivén (importante: date cuenta de que no has de hacer la contracción). En el momento del pujo, tu mano no ha de hacer nada, pero cuando relajas, ha de acompañar el dildo —siempre inclinado hacia abajo— para que vaya entrando. Verás por el espejo cómo se desliza hacia el interior de tu vagina, «porque ¡sigue existiendo! Es probable que esté algo removida, pero está ahí y es importante ayudarla».

Si en algún momento sientes dolor, quemazón, muchos nervios o miedo... ¡paras!, y haces 2 o 3 pujos suaves, nada

72 Si es de silicona, no uses aceites porque estos los estropean. Elige un lubricante a base de agua.

más, y la sensación incómoda se regulará. Si aun así es demasiado molesto, deja que el dildo salga del todo. Y lo dejas por hoy. Otro día continuarás construyendo. No tengas prisa.

De no molestarte, la fisioterapeuta te propone ir a por la siguiente fase. ¿Objetivo? Masajear la pared trasera de tu canal (la media luna posterior de tu vagina) para volver a activar el sistema circulatorio y liberar tensiones. Para ello, has de tener el dildo dentro de tu vagina, quedando fuera solo más o menos un centímetro, para que puedas agarrarlo bien.

Ahora, sujetándolo para mantener el dildo dentro, realiza un ligero pujo, para que tu suelo pélvico y tu vagina se ablanden un poco, y llévalo suavemente hacia tu derecha, de 2 a 4 centímetros —no fuerces—: notarás cómo se estira la pared, en la zona marcada con el número 1. Mantienes este estiramiento unos 3 segundos y vuelves al centro. Respira, afloja el cuerpo y la mente y, cuando quieras, repite los mismos pasos, llevando el dildo hacia el punto 2. Tras los 3 segundos, regresas al centro. Ahora, haz lo propio en la parte más baja —número 3— y así hasta llegar al punto 5, con lo que habrás completado la luna posterior. Importante: los estiramientos no han de ser muy amplios, ya irás ganando amplitud con los días. Lo importante es que nunca provoque dolor ni reacción de cierre en tu vagina.

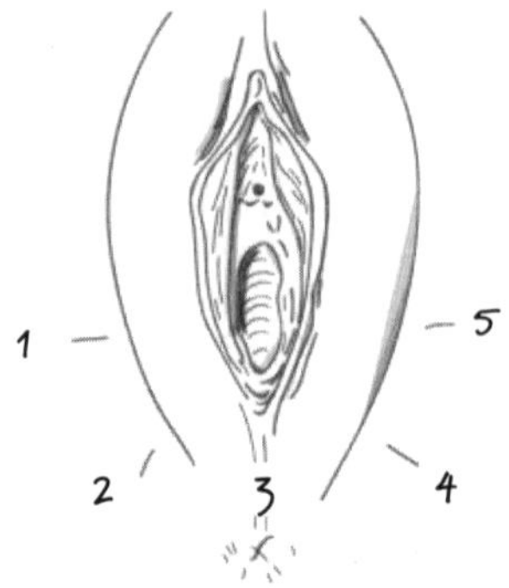


En la siguiente fase, haz el estiramiento hacia uno de los lados (sea el punto 1 o el 5) y, desde ahí y sin perderlo, dibuja lentamente una letra *u,* es decir, masajea toda tu luna posterior. Puedes ir de un lado al otro varias veces sin correr, lo que interesa es ir ganando amplitud poco a poco.

Por último, empuja activamente con tu vagina, para expulsar la mitad del dildo... Frena, relaja tu cuerpo y tu vagina, y, estando así, usa tu mano para acompañar al dildo a entrar de nuevo en tu vagina y, una vez en su interior, repites el proceso. Y así varias veces.

Su última propuesta tiene como fin seguir activando tu sistema circulatorio y, con ello, tu lubricación, masajeando tu vulva con un vibrador. Da igual su forma, lo importante es que puedas regular la potencia, para que sea media o baja. Empieza apoyándolo en uno de los lados de la vagina, haciendo una ligera presión. Atención: ha de estar fuera, no entre tus labios internos. Si palpas primero con tus dedos, notarás que hay una zona elástica; si lo colocas allí, la vibración llegará a tu suelo pélvico. Déjalo allí durante unos segundos, lo que te resulte agradable, y luego pasa a hacer lo mismo al otro lado.

Después paséalo por toda tu vulva, de arriba abajo, sin presionar, solamente para estimular su piel, y evitando el ano por higiene. Luego puedes separar tus labios un poco y apoyar el vibrador en el vestíbulo, incluso en la abertura o introito vaginal, pero no lo introduzcas en tu canal. Lo que buscas es que la vibración llegue a la musculatura de la entrada. Es probable que aparezca un gesto de contracción en tu ano y vagina. Es normal. Aun así, la fisiosexóloga te invita a no exagerarlo voluntariamente: intenta aflojar, estar en relax.

La última zona que puedes estimular es tu clítoris. Puedes acariciarlo de arriba abajo, movilizarlo un poquito hacia los lados, solo atender el glande..., ¡lo que te apetezca! Y si esto te facilita un orgasmo, ¡bienvenido sea! Eso sí, antes de dejar que llegue, dedícale unos minutos al masaje externo, porque si enseguida vas a por tu placer, después te puede incomodar realizar todos los pasos.

Estos ejercicios son más sencillos de lo que parecen cuando los lees. La cuestión es ponerse, teniendo en cuenta que «¡funcionan!, pero solo si les dedicas tiempo. Lo ideal sería hacerlos 2 veces por semana como mínimo, pero mejor una vez que ninguna, dedicándole de 20 a 30 minutos a todos los pasos descritos. Y, por supuesto, puedes hacerlo más a menudo. En 2 meses tus sensaciones habrán cambiado».

Un apunte final por si eres de las curiosas. Quizá te estés preguntando cuál es el secreto de estos ejercicios. Torrón nos lo explica:

Los estrógenos permiten que la piel interna de la vagina se desescame y esas células muertas son el alimento de los lactobacilos, encargados de lubricarla y de que nuestro pH sea ácido, una de las barreras de protección contra infecciones. Al masajear la vagina conseguimos de forma mecánica ese efecto de descamación que perdemos con la caída hormonal. Asimismo, contamos con otra potente vía de lubricación que depende del buen funcionamiento de nuestro sistema circulatorio, es decir, de lo bien que fluye la sangre de nuestros genitales. La fricción de la sangre pasando por los vasos sanguíneos hace que se exude líquido extraplasmático, que atraviesa las diversas capas hasta llegar a la vagina. Esta potente vía de liberación está disponible toda la vida siempre que ejercitemos.

Lo dicho: tienes más poder del que crees.

A continuación, te dejo un enlace a un vídeo de Marta Torrón explicando más detalladamente cómo hacer un masaje en la vagina.

## Otros tratamientos (soluciones médicas)

Además de lo que podemos hacer por nosotras mismas estimulando nuestro cuerpo, en los últimos años han surgido numerosos productos y tratamientos médicos para paliar los efectos del SGM, en función de la gravedad de nuestra sintomatología. «Existen muchas opciones para paliar la sequedad, el dolor, las infecciones... Y la investigación es constante. Las mujeres ya no tenemos por qué resignarnos. La clave está en reaccionar y cuanto antes mejor, porque, de no hacer nada, empeoraremos, ya que, a diferencia de los sofocos, que disminuyen o desaparecen, los síntomas genitourinarios van a más», nos explica la Dra. Luciana Bergamaschi, ginecóloga experta en menopausia y tratamientos regenerativos,[73] que me ha ayudado a enumerar las opciones que existen en la actualidad. Es una breve introducción, porque es tu especialista quien debe informarte y aconsejarte sobre lo que más te conviene.

## *Sin prescripción (y no hormonales)*

**Lubricantes.** De acción rápida, se utilizan para facilitar la actividad sexual —no tienen otro fin—, porque se asemejan a las secreciones vaginales. Hay de muchos tipos, o sea

73 Además de doctora, es máster en Coaching y Health Coach. Atiende presencialmente en Barcelona, donde también realiza talleres de acompañamiento a mujeres en menopausia para abordar diferentes temas que pueden afectarnos en este momento. Asimismo, pasa consulta *online*. La encuentras en <www.maximahealth.com>.

que investiga antes de decidirte por uno y ten en cuenta que quizá hayas de probar varios hasta dar con el tuyo. Comprueba que no tengan parabenos, porque podrían actuar como disruptores endocrinos, que su pH sea similar al vaginal (entre 3,8 y 4,5) y que sean compatibles con el uso de preservativos.

**Hidratantes vulvares y vaginales.** Ayudan a aumentar la hidratación y la elasticidad de la vulva y la vagina a fin de combatir la sequedad. Se han de aplicar con regularidad y según tus necesidades (lo que determinará tu especialista), y su efecto dura entre 2 y 3 días. Su uso continuado genera cambios en el epitelio vulvovaginal, pero actúan de forma temporal y dejan de ser efectivos cuando se interrumpe el tratamiento. Al igual que sucede con los lubricantes, el pH ha de ser similar al vaginal. «Independientemente de que tomes otras medidas, siempre va bien utilizarlos», subraya la Dra. Bergamaschi.

**Probióticos.** Pueden administrarse por vía oral o vaginal y se ha demostrado la eficacia de los microorganismos vivos para tratar y prevenir diferentes tipos de infecciones vaginales de repetición y trastornos urogenitales, porque contribuyen al equilibrio de la microbiota vaginal y a mantener un pH ácido adecuado. Aunque no necesiten receta, ni tienen contraindicaciones, consulta con una profesional sanitaria.

## *Tratamientos farmacológicos con prescripción*

**Estrógenos locales.** Suele ser lo que más se prescribe cuando los remedios que no necesitan de receta no han mejorado la sintomatología de la mujer o cuando, de entrada, esta es severa. Se administran en forma de cremas, geles, óvulos, comprimidos y anillos y restablecen el epitelio vaginal, mejoran la vascularización y la elasticidad vulvovaginal, aumentan las secreciones vaginales, ayudan a restaurar la microbiota, protegen el epitelio uretral, mejoran la incontinencia de urgencia y previenen la aparición de infecciones urinarias. El tratamiento estrogénico local (TEL) se considera muy seguro y suele darse en dosis bajas para evitar sus efectos secundarios, que ya de por sí son mínimos en comparación con los estrógenos que se ingieren por vía oral. La pauta de uso y duración se decide en función de la paciente y su efecto suele notarse rápidamente al cabo de pocas semanas. Suelen estar contraindicados cuando se ha sufrido o sufre una enfermedad hormonodependiente, pero es algo que se decide de forma individual en función del historial médico y los beneficios y riesgos que puedan existir en cada caso.

**Estrógenos sistémicos.** Son los que se suelen recetar cuando la paciente presenta otros síntomas generales, como sofocos o insomnio, y no solo problemas vulvovaginales. A diferencia del TEL, tienen que incidir en todo el organismo, por lo que las dosis son mayores que cuando solo se busca un efecto local.

**Prasterona (óvulos vaginales).** Ayuda a producir estrógenos y testosterona en las células en la vagina. Suele recetarse en mujeres posmenopáusicas con síntomas moderados o intensos. Su efecto es rápido y mejora tanto los síntomas del síndrome genitourinario como la función sexual. No es apta para quienes tienen antecedentes, presencia o sospecha de tumores malignos hormonodependientes.

**Ospemifeno (comprimidos orales).** No estrogénico, se recomienda para el tratamiento de la sequedad vaginal y el dolor coital (dispaurenia) causados por el síndrome genitourinario. Puede ser recetado a mujeres que han tenido un cáncer de mama o con un alto riesgo de sufrirlo.

## *Medicina regenerativa*

Su objetivo es restaurar la anatomía, la apariencia y la funcionalidad del aparato genital. Existen diversas opciones y pueden combinarse: tratamientos con láser, radiofrecuencia, infiltraciones de ácido hialurónico o de plasma rico en plaquetas, carboxiterapia (infiltraciones de dióxido de carbono para oxigenar el tejido), ondas de choque, ultrasonidos HIFU...

Como habrás comprobado, existen muchas opciones de tratamiento y, como nos indica la Dra. Bergamaschi, «que uno no haya funcionado no significa que debamos tirar la toalla, puede existir otro que sí lo haga. Por lo tanto, si quieres seguir disfrutando de tu sexualidad y tienes dificultades, no te resignes, sigue buscando hasta que des con el tuyo».

# 5

# Enfrentarse al espejo

## *Reflexiones e ideas para sentirte cómoda en tu piel*

¿Cómo te llevas con tu cuerpo? Mirarlo con buenos ojos es algo que a las mujeres nos suele resultar complicado a cualquier edad, pero ahora ese desagrado tiende a aumentar... *al menos, momentáneamente*. La imagen que tenemos de nosotras mismas no es la que vemos reflejada en el espejo y, para colmo, tarde o temprano, nos percatamos de nuestra invisibilidad, ese *dejar de ser vistas* que a algunas nos cuesta tanto.

Sin embargo, el haz tiene su envés: una de las mayores recompensas de madurar es que te liberas del yugo de *agradar a toda costa* y no ser vista tiene sus ventajas, porque, cuando lo asumes y entiendes que basta con sentirse bien en la propia piel, la vida gana enteros. Y *no* te estoy diciendo que dejes de cuidarte o de ser coqueta, ¡ni mucho menos! Eso es decisión tuya, pero sí te animo a hacerlo por ti y no porque te sientas obligada a ser *apetecible,* un *objeto de deseo,* a ojos de los demás.

Puede que lleves toda la vida intentando gustarte, porque nos han dicho hasta la saciedad que la solución está en amar nuestro físico por poco que nos convenza. Y, claro, si tanto insisten en lo del *body positive,* es que debe de ser posible, ¿verdad? ¡Pues como que no! No necesariamente tiene por qué ser así. ¡Que te repitas cada día ante el espejo un sinfín de afirmaciones del tipo «Me quiero como soy» o «Mi peso no me define» con muchísimo amor no garantiza que vayas a tener una autoestima corporal de aúpa! Sea por la razón que sea —cada mujer carga con su historia— es posible que a una le resulte difícil, cuando no imposible, amar su apariencia por mucho que piropee su reflejo.

Sinceramente, no creo que esa sea la solución..., al menos, no para todas. ¿Has oído hablar del movimiento *body neutrality*? Proponen que, independientemente de cuánto nos guste o disguste nuestro cuerpo, aprendamos a no dejarnos influenciar por su apariencia y a enfocarnos en todo lo que somos y podemos hacer gracias a él. Es decir, esto no va de tirarse flores, sino de reconocer lo bueno que nos aporta e intentar que nuestra imagen no influya negativamente en nuestro estado de ánimo o, al menos, lo haga lo menos posible. ¿No te parece más razonable y eficaz? Porque, si no te encantas y para colmo has de estar luchando contigo misma para verte con buenos ojos y sintiéndote culpable por no lograrlo..., ¡apaga y vámonos!

No existe una receta infalible para dejar de fustigarte por tu físico, pero espero que algo de lo que sigue te sirva. De hecho, comprobarás que ya dispones de muchas herramientas, pero ten en cuenta que establecer un nuevo tipo de relación con tu cuerpo requiere su tiempo y lo habitual es sufrir reveses. No insisto más.

- Gustarte a ti misma no es una cuestión de físico. Basta leer lo que cuentan algunas modelos y actrices que nos parecen perfectas acerca de lo que les duele su imagen. Ser guapa, delgada, *sexy*... no equivale a ser feliz ni implica que todo ruede a la perfección. Lo que nos ayuda a fluir por la vida, a estar bien, tiene que ver con todo lo que te expliqué en «Ahora te toca a ti», no con la estampa que te devuelve el espejo. Ojalá ya lo tengas claro.
- ¿Jugamos? Enumera —sí, otra lista— 10 cosas que te alegran la vida y que estén a tu alcance. Comparto algunas de las mías para darte pie: una tortilla de alcachofas, escribir este libro, viajar con mi pareja, reírme con mi hijo, mis amigas... Haz la tuya.

  ¿Ya la tienes? Pues dime: ¿cuántas de las cosas que has enumerado necesitan que tu cuerpo *no* sea el que es para poder disfrutarlas? Ya ves, cuando te diviertes, no te acuerdas de tus arrugas, tus kilos o tus canas... ¡o lo que sea que te pueda amargar! Espero que este haya sido un *momento ajá* que no olvides. Si lo sabías, pero se extravió en tu *backstage* cerebral, vuelve a despertar.

- El día que te marches, ¿por qué crees que te llorarán tus seres queridos? Piénsalo: ¿por tu imagen o por aquello que compartisteis? No desperdicies tu tiempo preocupándote por tu aspecto, dedícalo a crear esos recuerdos.
- Cuestiónate tus creencias en torno a la belleza y lo que significa hacerse mayor. No dudes que son el resultado de un conjunto de prejuicios sociales, que, además de posibilitar un enorme negocio (cosmética, estética, cirugía, dietas, moda, etc.), nos hace sentir tan *indignas* y nos mantiene tan ocupadas que perdemos un tiempo precioso que podríamos dedicar a otras cuestiones más beneficiosas, satisfactorias y enriquecedoras para nosotras. No te contestes muy rápido, has malgastado demasiada existencia en esta sinrazón, o sea que no va de una hora. Este podría ser perfectamente un *momento libreta*. ¿Qué? ¿Hacemos ver que no pasa nada o nos ponemos en modo *hasta aquí hemos llegado*?
- Tal vez puedas concretar situaciones en las que te sientes mal por tu apariencia. Por ejemplo, tras pesarte, leyendo una revista femenina, mirando tus redes sociales, hablando de dietas... Darte cuenta te permitirá evitar esas situaciones que sabes que te sientan mal y, de no lograrlo, aplicar estrategias para llevarlo mejor.

Hace unos años, un estudio sobre el impacto de las revistas femeninas en sus lectoras concluyó que bastaban 3 minutos para que se sintieran inadecuadas. Pues imagínate lo que debe implicar pasarse horas colgada de Instagram o similares. En serio, si una *influencer* o un *hashtag* hace que te sientas mal (obsérvate y decide), ¡dale a la pestaña «Dejar de seguir»! No dediques ni un solo segundo más de tu vida a llenarles los bolsillos a quienes te hacen daño.

- Vigila cómo te hablas en relación con tu cuerpo. Ya sabes: a la que te pilles diciéndote soy mayor, fea, invisible..., desconecta tu piloto automático, reconoce lo que te está ocurriendo, *acéptalo* sin culparte por ello y, acto seguido, elige intencionadamente una conducta que te favorezca: serte amable, practicar la pausa de la autocompasión, cuestionar tus pensamientos automáticos, tirar de cualquiera de las técnicas para dejar de rumiar...
- Advierte en qué ocasiones te comparas con otras mujeres, cargando contra tus o sus supuestos defectos. Este pernicioso diálogo interno, incluso cuando se refiere a otras personas, no ayuda a mejorar nuestra autoimagen. Sugerencia: cuando te pilles criticando a alguien, búscale algo positivo; físico o no, pero favorable. Es una mujer muy educada, una madraza, sus ojos emanan bondad, qué buen gusto tiene con los complementos... Todo el mundo posee algo que destella. Por supuesto, tú también, o sea que reconócetelo a menudo.

- Hablemos de la invisibilidad. Si no te ven, ¿te menosprecias? Define tu propio valor, lo que, por supuesto, no depende de tu aspecto físico. Detalla todo lo que te enorgullece de ti misma, piensa en tus fortalezas, ¿qué ama de ti *tu gente*? Escríbete un mensaje corto que te energice y ponlo en tu móvil o en una nota que lleves en tu monedero. Tenlo a mano por si lo necesitas.
- A tu cuerpo le debes la vida. Es el lugar donde habitas y toca rendirle pleitesía. Hay muchas formas de hacerlo:

  - Piensa en todo lo que te posibilita hacer, sentir, disfrutar... y dale las gracias. Tus pies, por ejemplo, te sirven para llegar a todas partes, ¿te parece poco? Pero también te dan placer cuando los masajean, lucen zapatos que te encantan, bailan... Pues así, ¡toda tú!
  - Colócate delante de un espejo. Piensa en las personas que quieres independientemente de su aspecto. Mírate con el cariño que las miras a ellas. Repite este ejercicio varias veces hasta sentirte cómoda en tu piel. Siempre que lo necesites, vuelve a él.
  - Compra 2 metros de papel de embalar. Túmbate encima y pídele a alguien que dibuje tu contorno o hazlo tú. No buscas la exactitud: solo verte desdoblada. ¿Qué quieres decirte? Escribe, dibuja, colorea, haz un *collage*... ¡lo que sea! No hay reglas.

- Busca formas de conectar con tu cuerpo y mimarlo, algunas haciendo, otras dejándose hacer: masajes, *mindfulness,* yoga, danza del vientre, karate, *reiki*... ¡Ah! y el sexo, sea a solas o en compañía, si es bueno, también cuenta.

Lo de siempre: podría seguir, pero creo que ya tienes donde elegir, y si ninguna de estas propuestas te sirve y sigues sintiendo ansiedad a causa de tu imagen corporal, no te lo pienses más, busca ayuda psicológica.

Escanea este código para acceder a recursos (lecturas, películas, webs...) sobre los temas tratados en este capítulo.

# Epílogo

Llevaba poco escribiendo este libro cuando recibí un audio de Jenny Moix. Había topado con una pregunta estimulante: «Si tuvieras que ponerle un título a tu vida, ¿cuál sería?». No tardé en contestarle: «*Cosas que me hicieron feliz sin que me diera cuenta*». Me preguntó el motivo y, al explicárselo, me dijo que tenía que contarte esta historia. La incluí en el primer capítulo, pero acabé suprimiéndola por considerarla demasiado íntima. Hace poco fui a ver a *mi* oncóloga —mi visita anual— y se lo conté. Teresa Checa es de esas doctoras que te dedican su tiempo y que agradeces infinito tener a tu lado cuando una enfermedad te acecha. Muy seria, diría que apenada, me dijo: «Tienes que rescatarla. Has estado ahí y sabes cuánta ayuda se necesita para sobrellevarlo». El corazón me dio un vuelco y sus palabras llevan persiguiéndome dos semanas, las que he invertido en acabar este libro. Y sí, creo que tiene razón, o sea que, con sonrojo, un tanto incómoda, pero la comparto.

Inspiro y espiro lentamente. Tres veces. Voy.

El cáncer me trajo muchos regalos. Lo pasé mal, obvio, pero me dejó algunas lecciones muy valiosas, tanto que doy por buena esa durísima odisea. Una de ellas se produjo durante mi tratamiento de *quimio* (lo suelo escribir así, acortado, porque aún me impresiona la palabra). Salía poco, porque estaba débil, pero decidí dar un paseo sola. Cómo no, me agoté enseguida y me senté en un banco para reponerme. Frente a mí había un bar y, tras el cristal, unos veinteañeros charlando y riendo mientras compartían unas cervezas. Pensé: «No tenéis ni idea de lo felices que sois, lo especial de este momento... ¿Cuántas veces me habrá sucedido: vivir algo memorable y no ser consciente de ello?».

Puedes imaginar cuánto me sorprendió mi pensamiento y cuánto me emocioné. Sigo haciéndolo cuando lo recuerdo. Desde entonces, voy a la caza de esos instantes valiosos. El primero sucedió allí mismo: «Os estoy viendo y soy feliz, porque he entendido que, si no saliera de esta, lo vivido ha valido la pena. Incluso mucho más de lo que soy consciente». A ese han seguido muchos más *momentos:* extasiarme ante lo hermoso de un campo en primavera, cantar y bailar al son de una canción olvidada hacía tiempo, el primer mordisco de un plato con el que llevaba meses soñando, algunos encuentros impagables con mis amigas, ese cruce de sonrisas cómplices con una madre cuya cría la está liando, presenciar el emocionante encuentro de una familia en un aeropuerto (la de lágrimas empáticas que he derramado), ver a mi hijo y a su padre compartir unas risas (incluso a costa mía)... *Tanto con lo que disfrutar.* Llevo años registrando lo sencillo que me sucede o sucede a mi alrededor y vale la pena. Tal cual: tengo una libreta donde apunto estas cosas, porque lo grande es evidente, es fácil guardarlo en un paño, pero no quiero dejar escapar lo que, aun siendo simple, es oro puro.

De eso creo que va la vida, más aún cuando superas el listón de la mediana edad. De darte cuenta de lo valioso de todo. De vivir en presente. De agradecer.

...

Y ya está. Esto se acabó. Tres años de mi vida. Un propósito hecho realidad. Se me caen las lágrimas de la emoción, porque cuando empecé no lo veía posible. Mi único pesar es que voy a echarte de menos. Aunque solo hayas sido un producto de mi imaginación, me he pasado todo este tiempo conversando contigo. Quién sabe, quizá algún día nos conozcamos y me digas «Soy yo, ¿te acuerdas de mí?». Me darás una alegría. Pero suceda así o no, gracias por haberme acompañado.

# Agradecimientos

Sola no lo hubiera logrado. Han sido muchas las personas que me han ayudado y, aunque les he dado las gracias personalmente, no puedo dejar de mencionarlas aquí.

Primero, a las mujeres que me han acompañado a lo largo de estos tres años. Mucho tiempo animándome, aguantando estoicamente mi *monotema* y cualquier bola que les lanzase. En orden alfabético, porque cada una, por diferentes razones, ha sido (y es) importante para mí: **Beatriz Agustí**, **Sandra Araquistain**, **Cristina Beascoechea**, **Fely Briones**, **Mabel Gómez**, **Poppy Grijalbo**, **Lola Gulias**, **Maribel Iboleón**, **Àngels Marín**, **Jenny Moix**, **Cristina Pipó**, **Myriam Ribes**, **Encarni Ruiz**, **Eugenia Sanz** y **Xisca Sastre**.

Segundo, a todas las mujeres que me han dedicado su tiempo para explicarme su historia. Sería imposible nombrarlas a todas.

Tercero, a las y los profesionales que me han dedicado su tiempo con extrema paciencia. También por orden alfabético: **Dr. Josep Allué**, farmacéutico y miembro del grupo de Fitoterapia de la Asociación Española para el Estudio de la Menopausia (AEEM), **Leyre Andraca**, farmacéutica y secretaria de la Sociedad Española de Farmacia Clínica, Familiar y Comunitaria (SEFAC), **Isabel del Barrio**, especialista universitaria de Entrenamiento Personal, **Cristina Beascoechea**, *coach* de alta dirección, **Dra. Luciana Bergamaschi**, ginecóloga especializada en menopausia, (Barcelona), **Dra. Marilina Caldentey**, especialista en Medicina General y diplomada en Geriatría (Palma de Mallorca), **Dra. Victoria Carmona**, psicóloga especialista en *coaching,* estrés y salud, **Dra. Cristina Castellet**, ginecóloga (Clínica Sagrada Familia, Barcelona), **Dra. Maite Codina**, ginecóloga y referente de infecciones de transmisión sexual del Servicio de Salud Sexual y Reproductiva de Sabadell, **Dra. Sylvia Coll**, médico neurorradióloga y *coach* en salud y bienestar (@mujeresfit50), **Sylvia Comas,** profesora certificada del programa MBSR e instructora certificada del protocolo MBCL, **Eliana D'Alessandro**, psicóloga y sexóloga, **Silvia Fortuny,** farmacéutica y consultora especializada en *retail coaching* para farmacias, **Dra. Marita Frau**, ginecóloga (Ginecología Activa, Palma de Mallorca), **Dr. Pascual García Alfaro**, jefe de la Unidad de Menopausia de Dexeus Mujer Barcelona y Coordinador del grupo de trabajo de Osteoporosis de la AEEM, **Milena Gobbo**, psicóloga experta en dolor, **Dra. Silvia P. González**, ginecóloga, jefa de la Unidad de Menopausia y Osteoporosis de la Clínica HM Gabinete Velázquez (Madrid) y secretaria de la AEEM, **Dra. Eva Iglesias**, ginecóloga (Hospital de Valme, Sevilla) y coordinadora de la Unidad de Mama y del Grupo de Trabajo de Sexualidad de la AEEM, **Dra. Ana Rosa Jurado,** especialista en menopausia y sexualidad y vocal de la AEEM, **Marta León,** ingeniera química y dietista integrativa, **Dra. Pepa Manzano,** ginecóloga (Clínica Juaneda, Palma de Mallorca), **Dr. Fernando Losa,** ginecólogo (Clínica Sagrada Familia, Barcelona), **Dra. Milagros Martínez Medina,** ginecóloga responsable de la Unidad de Menopausia de Dexeus Mujer San Cugat, **Dr. Nicolás Mendoza,** catedrático de Obstetricia y Ginecología de Universidad de Granada, presidente de la Fundación Española para el Estudio de la Menopausia y vocal de la Sociedad Europea de Menopausia, **Dra. Neus Moll,** ginecóloga (Palma de Mallorca), **Dra. Jenny Moix,** profesora titular de Psicología de la Universidad Autónoma de Barcelona, **Dra. Leila Onbargi,** ginecóloga experta en menopausia (Centro Médico Teknon, Barcelona), **Dra. Begoña Pellicer Iborra,** jefa del Servicio de Ginecología del Hospital de Manises (Valencia), **Cristina Pipo,** psicóloga y terapeuta sexual y de pareja, **Eugenia Sanz Goena**, psicóloga, **Dra. Isabel Ramírez,** coordinadora de Salud Sexual y Reproductiva en el Centro de Salud Cayetano Roldán (San Fernando, Cadiz), **Dra. Myriam Ribes**, ginecóloga (Hospital Mateu Orfila, Menorca), **Dra. Nuria Roure,** psicóloga experta en trastornos del sueño, **Ketty Ruiz López,** fisioterapeuta especializada en suelo pélvico y fibrosis quística (Palma de Mallorca), **Dr. Javier Ruiz**

**Romero,** andrólogo (Barcelona), **Dra. Consuelo San Gabriel,** farmacéutica especializada en inmunología y genética, **Dr. Carlos San Martín Blanco,** médico experto en sexología clínica, **Navidad Sánchez,** farmacéutica, miembro del Grupo de trabajo de Respiratorio y Tabaquismo de la SEFAC, **Natalia de Santiago,** ingeniera y experta en finanzas, **Marta Torrón,** fisioterapeuta de suelo pélvico y fisiosexóloga, y **Dra. Esther de la Viuda,** ginecóloga (HM Gabinete Velázquez, Madrid) y vocal de la Junta Directiva de la AEEM.

Cuarto, a **Laura Gamundí,** por haber apostado por este libro, y a **Amanda Díaz,** por haber hecho llevadero un final de infarto.

Por último, gracias a **Quincy,** por unas palabras dichas en un ascensor que me hicieron tener fe cuando más lo necesitaba y han sido como un faro, y a **Pas**, por hacer posible que pueda dedicarme a lo que más me gusta y, sobre todo, por la paciencia de aguantar a esa mujer rara que vive en su mundo mientras escribe.